길들이기와 편가르기를 넘어
―한국 근대 100년을 말한다

박노자와 허동현의 지상격론

길들이기와 편가르기를 넘어

한국 근대 100년을 말한다

박노자 · 허동현 지음

푸른역사

들어가며 | 총체적, 다성적多聲的 역사를 위하여!

역사는 "해석"일 뿐이다

"역사 왜곡"은 국내 언론을 접할 때마다 자주 접하는 용어 중 하나다. 여러 국내 정파들을 보라. 툭하면 서로를 향해 "역사 왜곡 말라!"며 소리를 지른다. 어디 이뿐인가? 이웃 나라들의 한반도 관련 역사 서술에 대해서도 많은 경우 "왜곡"이라고 항변한다.

그런데 과연 우리가 이 단어를 정확하게 쓰고 있는 것인가? 사전에 보면 '왜곡distortion'은 "사실과 다른 서술"이라고 나온다. 예컨대 일부 일본 극우 세력들이 "위안소 운영에 황군이 개입하지 않았다"고 한다면 이는 바로 "왜곡"에 해당될 것이다. 왜냐하면 일본군이 위안소 운영을 주도했다는 사실을 각종 문서를 통해 입증할 수 있기 때문이다.

그럼 중국 교과서에서 고구려를 "소수민족 정권"이라고 지칭한다면 이는 좁은 의미의 "왜곡"에 해당되는가? 물론 "소수민족"이라는 개념 자체가 없었던 시대에 대해 이와 같은 용어를 쓰는 것은 대단히 근대주의적이고 자국중심적인 역사 해석이다. 하지만 좁은 의미의 "왜곡"과는 약간 차이가 있다. 없는 사실을 만들었다 기보다는 있는 사실(고구려와 역대 중국 정권 사이의 책봉 관계 등)을 근대 중화민족주의 입장에서 자의적으로 해석한 것이기 때문이다. 이와 같은 해석에 고구려를 "조상"으로 인식하는 이들이 반발하는 것은 당연한 일이다. 그러나 민족이라는 근대적 관념이 존재하지 않았던 삼국 시대에 대해 "한민족"이라는 용어를 쓰고, 고구려를 "한민족", "한국 역사의 일부분"이라고 규정하는 것도 결국 근대 민족주의를 고대에까지 소급하여 적용시키는 자기중심적 역사 해석 아닌가?

결국 우리가 알고 있는 담론으로서의 역사는 "해석"일 뿐이다. 이 해석은 늘 서술 주체의 현실적 이해관계에 좌우된다. 역사가에게 현재적 입장을 떠나 "진실"만 쓰라고 말하는 것은 무리한 요구다. 사실 확인 차원의 "진실"을 캐낼 수는 있어도(그것도 일부의 경우에는 힘들지만), 해석을 전제로 하는 역사 서술에서 서술 주체의 현재적 "상황"을 무시하는 것은 불가능하기 때문이다.

예컨대 제도적 자유민주주의를 중요시하는 우파의 경우 제도로서의 선거와 근대적 정당 등이 어느 정도 착근된 이승만 정권 시절을 말할 때 부정적 부분보다 긍정적 측면에 더 무게를 실을 것이다. 그러나 진보당의 평화통일, 복지국가 노선을 지금도 계승하는 좌파에게는 조봉암曺奉岩(1898~1959)을 법살法殺시킨 이승만 정권이 좋게 보일 리 만무하다. 기초 사실(근대적 선거 제도의 착근, 북한 간첩이 아니었던 조봉암에 대한 간첩 혐의 날조 등)에 대한 합의는 볼 수 있어도 해석과 서술은 각자 정치, 사회적 성향에 따라 달라지는 것이다. 이는 역사쓰기 현장의 당연한 풍경이다.

"총체적"이고 "초정파적"인 역사 서술, 어떻게 해야 하는가

그러면 정치, 사회적 이해관계에 따라 좌우로 갈라질 수밖에 없는 시민 공동체를 위한 "총체적", "초정파적" 역사 서술은 가능한가?

계급적 갈등이 존재하는 이상 좌우가 "하나가 되어" 서로 같은 역사 서술을 생산하는 일은 불가능하기도 하고 불필요하기도 하다. 하지만 서로가 좌우 성향의 차이를 인정할 경우 미래를 향해 같이 나아가야 할 "시민" 모두를 위한 "총체적" 역사 쓰기는 가능하다. 현재적 이해관계와 이념의 차이를 숨기고 호도하는 역사가 아니라, 바로 이 차이를 적극적으로 인정하고 토론을 통해 시민 스스로에게 "선택"의 권리를 주는, 그런 "다원적" 역사가 가능하다는 말이다.

《길들이기와 편가르기를 넘어》는 독자가 이념적으로 상반되는 두 사학도의 "역사에 대한 의견"을 읽고 저자들 사이의 논쟁을 통해 쟁점을 보다 확실히 이해함으로써 자신만의 역사관을 정립할 수 있게끔 하기 위해 쓰인 다원적, 총체적 역사 쓰기의 한 시도다. 이 책을 시작하면서 세운 전제 가운데 가장 중요한 것은, 논쟁을 벌이는 사학도 두 사람 모두가 "절대적 진실"에 대한 집착을 버리겠다는 의지의 수립이었다. 둘 다 역사 쓰기가 어차피 주관적일 수밖에 없다는 관점에 합의하여 논쟁 과정에서 서로의 주관을 비교함으로써 독자에게 "개인적 의향에 의거한 선택"의 권리를 주고자 했던 것이다.

지향하는 이념이 서로 상반됨에도 불구하고 자신의 의견이 어쩌면 불충분할 수도, 지나치게 자의적일 수도 있다는 점을 인정하는 자세, 바로 이 같은 태도를 전제하고 논쟁에 임한 이유는 과연 무엇인가? 서로 이념의 차이를 배제하고 무시하면서 자신의 의견만을 절대시하는 자세가 한국 사회의 발전에 매우 해롭다는 데에 의견을 같이하기 때문이다. 고구려를 "소수민족 정권"이라고 우기는 중국 관변학자의 서술에서 우리가 상처를 입는 부분은 바로 한반도인의 존재와 전통적 역사 인식을 무시하고 부정하는 배타적 "태도"가 아닌가? 적어도 한반도에 사는 이들은 자신들 사이에서 이와 같은 배타적, 자아중심적 태도를 가지지 말아야 한다. "나"와 역사에 대한 의견이 완전히 다른 상대방에게도 "진실의 일말"을 적극적으로 발견해보려는 관용의 자세를 가져야 한다. 우리 두 저자는, 비록 정치적 지향은 서로 다르지만, 한국 사회의 발전이 상호 배제와 폭력보다 대화, 설득, 비폭력적 방법들을 통해 이루어지는 것이 바람직하다고 본다. 《길들이기와 편가르기를 넘어》는 다양한 의견의 '소통'을 지향하는 이 같은 두 저자의 노력의 결과물이다.

지금 대한민국의 현실을 보면 좌든 우든 태심한 독선주의를 그 공통분모로 하고 있다. 논쟁을 통해 복잡다단한 현실에 접근하려는 노력보다 반대쪽을 무조건 짓누르고 부정하려는 움직임들이 더욱 두드러진다.

우리 두 사람은 이러한 유아독존적 경향들을 조금이라도 견제하기 위해 다성적多聲的, 다원주의적 저서를 냈다. 이 책이 과연 그러한 목적을 적절히 수행했는지의 여부는 독자 여러분의 심판에 맡긴다. 이 책을 본 뒤에 독자 각자가 자기만의 독자적 의견을 정립하여 우리와 한바탕 논쟁을 벌이게 된다면 더 이상의 경사는 없을 것이다.

희랍인들의 말대로 논쟁에서 진실이 태어나는지는 잘 모르겠다. 하지만 서로를 인정해주고 존중해주는 논쟁 과정에서 건전한 시민사회가 태어난다는 것만큼은 사실이다. 이 "건전한 시민사회" 발전에 《길들이기와 편가르기를 넘어》를 바치려고 한다.

2009년 2월 1일

허동현 · 박노자 識

들어가며 | 총체적, 다성적多聲的 역사를 위하여!　　　　　5

제1부 지식인과 친일
이광수가 지닌 두 개의 얼굴
사랑 예찬과 일그러진 근대 찬양 | 박노자　　　　　14
"민족을 위한 친일", 처단에 앞서 정밀한 이해 필요 | 허동현　　　　　38

〈민족개조론〉을 말한다
'우리 민족'이라는 이름으로 행해진 '지적 사기' | 박노자　　　　　52
국민국가 만들기 프로젝트로서의 〈민족개조론〉 | 허동현　　　　　68

제2부 여성
매춘 여성의 어제와 오늘
기생과 매음녀, 그리고 페티시 클럽 여종업원 | 박노자　　　　　88
성노예인가 성노동자인가, 한 세기 전과 오늘 매춘 여성의 꿈 | 허동현　　　　　108

신여성의 꿈
개화기와 그 후의 신여성 또는 욕망의 정치 | 박노자　　　　　126
내 몸의 주권? 민족의 독립? 계급의 해방? | 허동현　　　　　146

제3부 대중문화
한류韓流, 타자의 한국 보기
"서구의 한류"란 무엇인가 | 박노자　　　　　166
한류의 어제, 오늘 그리고 내일 | 허동현　　　　　190

| 차례 |

길들이기와 편가르기를 넘어

식민지 시대의 영화
근대의 가시성可視性과 동원의 정치 | 박노자   204
'해방의 무기'인가, '욕망을 파는 문화상품'인가 | 허동현   226

제4부 종교
무속과 기독교의 명암
무속 혹은 "마취제 판매 시장"에 대한 단상들 | 박노자   242
종교가 아편이면, 신도는 마약중독자? | 허동현   260

한국 불교를 보는 두 개의 시선
한국 불교의 "부끄러운 역사" | 박노자   276
시민의 눈으로 불교 역사 들여다보기 | 허동현   296

제5부 한국 근대 100년
한국 근대 100년을 말한다
지나간 100년? 우리가 얻은 것과 잃은 것, 복지와 여성 문제 | 박노자   314
지난 한 세기 역사가 우리에게 주는 교훈은 무엇인가 | 허동현   332

찾아보기   348

I
지식인과 친일

이광수가 지닌 두 개의 얼굴

사랑 예찬과 일그러진 근대 찬양 | 박노자
"민족을 위한 친일", 처단에 앞서 정밀한 이해 필요 | 허동현

〈민족개조론〉을 말한다

'우리 민족'이라는 이름으로 행해진 '지적 사기' | 박노자
국민국가 만들기 프로젝트로서의 〈민족개조론〉 | 허동현

이광수가 지닌 두 개의 얼굴

사랑 예찬과
일그러진
근대 찬양

박노자

한국사의 큰 수수께끼, 이광수

허동현 교수님, 안녕하십니까?

도스토예프스키는 청년 시절 "인간이라는 수수께끼를 풀고 싶다"고 말했다 합니다. 그의 말처럼, 확실히 인간은 모두 수수께끼입니다. 이 수수께끼 같은 존재인 인간들 가운데 저에게 가장 큰 수수께끼 중 하나인 사람은 바로 이광수李光洙(1892~1950)라는 작가입니다. 그는 한편에서는 "한국 근대소설의 아버지"(주요한)나 "최대 최고의 작가"(구인환)로 받들어집니다. 반면 다른 한편에서는 "친일적인 위선자이며 자기밖에 모르는 소부르주아"(김동석, 〈부르조아의 인간상〉, 1949)로 비판받기도 합니다. 그러나 이광수를 어떻게 평가하든 그가 해놓은 작업은 그냥 무시해버리기 어려울 만큼 너무나 중요합니다.

이광수가 남긴 것 가운데 소설은 다소 나이브naive한 계몽주의와 센티멘털리즘sentimentalism 때문에 오늘날의 독자에게는 그렇게까지 좋은 반응을 자아낼 것 같지 않습니다. 하지만 그가 개념화한 '근대', '민족', '민족의 개조', '지도자'는 지금도 남북한 양쪽에서 실생활의 근저에 흐르는 저류를 이루는 듯합니다.

이야기가 잠깐 다른 쪽으로 샜군요. 다시 처음으로 돌아가지요. 특히 이광수가 제게 수수께끼인 가장 큰 이유는 다작으로 유명했던 그가 써놓은 글에서 너무나 다른 두 모습이 동시에 보이기 때문입니다. 하나는 애정 문제 탐구에 몰두하기도 하고 부처의 자비와 예수의 사랑을 애써 본받으려 하는 과민한 구도자의 모습이고, 다른 하나는 힘과 살인과 "황인종의 단결"을 예찬하는 친일 파시즘의 특색이 강했던 국가주의자의 모습입니다. 물론 이 두 모습을 완전히 다르다고 말하기는 어렵습니다. '근대', '민족'이라는 공통분모가 존재하기 때문입니다. 하지만 '근대'나 '민족'으로 묶기에는 너무도 큰 간격 또한 존재합니다. 어떻게 한 사람이 이토록 상반된 자세를 취할 수 있었던 것일까요?

조선 청년의 자아 탐구

〈사랑인가愛か〉(1909)는 이광수가 최초로 쓴 소설로 추정됩니다. 겨우 18세밖에 안 된 이광수가 일본 유학 중에 메이지학원의 동창회보에 일본어로 발표한 작품입니다. 어린 나이에 근대적 형식의 문학 작품을 외국어로 써서 발표했다는 사실 자체는 이광수의 천재적인 어학적, 문학적 재능을 보여주는 예입니다. 이광수가 서재

필, 윤치호와 함께 한국 근대 초기 "어학 천재"의 반열에 속한다는 것은 의심의 여지가 없습니다. 하지만 저에게는 그러한 작품 외적인 측면보다 작품의 내용이 더 중요합니다.

주제는 조선 소년 문길이 일본 미소년 미사오에게 느낀 동성연애 감정입니다. 그런데 이것이 무척이나 뛰어나게 묘사됐습니다. 일찍 고아가 돼 남의 도움으로 어렵게 유학을 가 고학했던, 동경에서 대단히 외롭게 생활했던 문길은 작가 이광수의 분신으로 보입니다. 그렇다면 문길의 동성연애 감정이 이광수 자신이 누군가에게 느꼈던 감정이었고, 이광수는 그런 감정을 소설을 통해 고백했던 것일까요? 만약 그렇다면 동성연애가 터부시됐던 유교 사회 출신이 자신의 섹슈얼리티를 과감히 탐구한 데 대해 찬사를 보내야 할 것입니다. 지금도 동성연애자의 커밍아웃coming out이 여간 어려운 일이 아니지 않습니까?

또한 이 작품을 읽으면 문길, 즉 이광수의 고독과 마음의 상처들, 친구에 대한 사모의 감정과 사랑의 탐색 등에 저절로 동감하게 됩니다. 이역異域 생활에 지친 과민한 조선 청년의 자아 탐구에 글을 읽는 이가 자신도 모르는 사이에 흡인되는 것입니다.

이광수의 '소프트'한, 그리고 번민과 고독에 지친 인간적 얼굴은 〈어린 희생〉(《소년》 제14, 17호, 1910)이라는 초기 작품에서도 보입니다. 러시아 군인들에게 죽임을 당한 손자의 복수를 위해 폴란드 독립투사가 러시아 군인들을 독살한다는 줄거리입니다. 물론 정치적인 측면에서 '백인 호랑이 러시아'에 대항하는 '황인종 국가' 일본과 한국의 연합(한일병합)에 대한 예찬으로 읽을 수도 있겠지요

(이경훈, 《이광수의 친일문학 연구》, 태학사, 1998, p. 24). 사실 폴란드와 한국의 비극을 동병상련同病相憐으로 여기고 폴란드 독립운동에 흠모와 찬사를 보내는 것은 1900년대 계몽주의적 출판물의 전반적인 분위기이기도 했습니다.

이광수와 같은 지식인 청소년들이 《대한매일신보》 등의 주요 언론에 실린, "대저 폴란드의 옛날 영토에서 그 국민들이 러시아인들에게 당해온 도륙의 재앙, 체벌의 모욕, 유배의 고통을 참아 다 말할 수 없는 일이다. 심지어, 폴란드 문자를 학습하지도 못하고 폴란드어로 문답을 하지도 못하게 됐다!"(〈波瀾獨立說〉, 1906년 2월 4일) 류의 비분강개의 논설들을 읽으면서 얼마든지 폴란드 독립운동을 테마로 하는 작품을 구상할 수 있지 않았겠습니까?

이광수의 변신

그런데 재미있는 것은, 자신이 죽인 군인들의 시체를 보면서 손자와 같은 또래인 그들의 죽음을 탄식하고, 인간들이 서로를 죽여야만 하는 무자비한 세상을 개탄하는 마지막 구절입니다. 인종주의, 국민주의에 일찍 물들었던 이광수이지만, 근대적 살육은 자신의 아픔으로 여겼던 것이지요.

그렇다면 이해가 안 되는 것은, 살육을 개탄하고 자신의 은밀한 동성연애적 감정의 탐구에 몰두한 문학소년 이광수가 어떻게 해서 일본의 '힘'을 찬양하고 전쟁 준비를 "인류 최고의 수양"으로 신격화시키는 1930년대의 이광수로 변신하게 되었나 하는 점입니다. 파시즘에 매몰된 1930년대의 이광수는 물론이거니와 '거의 청교도적인 도덕성'의 계몽적 지도자 이형식을 이상형으로 그린 소설 《무정無情》(1917) 시절의 계몽주의자 이광수 또한 초기 작품의 부드럽고 개성적인 문학청년 이광수와 너무나 거리가 먼 듯 보입니다.

모순적인 사상과 이념의 혼재라고 해야 할까요? 아니면 표피적으로 내세우는 지적인 장식품들과 핵심으로 삼았던 이념 사이의 거리라고 이야기해야 할까요? 이미 파시스트로서의 이광수의 면모가 다 자리 잡힌 1931년에 이르러서도 이광수는 자신의 오래된 톨스토이주의적인 화두인 '비폭력'을, 적어도 외피적으로는 계속 붙들고 있었습니다. 예컨대 그는 위대한 비폭력 반제 저항의 영웅 간디를 두고 다음과 같이 비폭력 저항의 장점을 찬양합니다.

간디가 인류의 역사에 끌어들인 비폭력이라는 민중운동의 전술은 전세계 민중혁명운동의 전선을 혁명할 운명을 암시한다. 비폭력이라는 전술의 이익은 (1) 생명의 희생이 적은 것 (2) 운동 전선에 선 자 이외의 인민에게 해를 미치지 아니함으로 민력民力의 피폐가 적고 따라서 민원民怨을 아니 받는 것 (3) 비폭력인 고로 희생자의 형기刑期가 짧아서 곧 운동선運動線에 복귀할 수가 있는 것 (4) 운동의 상대자인 지배계급 또는 민족에게 심각한 적개심을 일으키지 않아 언제나 의사와 감정의 소통을 도모할 수가 있는 것 (5) 형량刑量이 적기 때문에 다수인多數人이 겁없이 몸으로나 재산으로나 참가할 수 있는 것 (6) 지구적持久的, 침투적일 수가 있는 것—이것은 무력을 진압수단으로 가진 지배계급이 가장 고통으로 하는 바이다 (7) 최후에 비폭력적非暴力的 해결 상대자에게 원한을 끼치지 아니함으로 해결 후의 적개심과 따라서 전쟁의 위기를 포장하지 아니하는 것 등이다.

―〈비폭력론〉(《동광》 제20호, 1931년 4월)

물론 간디에 대해 그가 일차적으로 매력을 느낀 부분은 "비폭력" 문제라기보다는 간디의 "무비無比의 지도력", 즉 전 민족적 카리스마였을 것입니다. 이광수가 잘 알려진 〈지도자론〉(《동광》, 1931년 7월)에서 간디를 스탈린, 무솔리니와 똑같은 "위대한 민족적 지도자"의 반열에 올린 사실만 보더라도 이를 알 수 있습니다. 또한 간디를 성인시聖人視한 것은, 이광수뿐만 아니라 당시의 비非사회주의적 지식인, 즉 "부르주아" 지식인 다수의 공통된 의견이기도 했습니다. 그런데 그렇다 하더라도 〈비폭력론〉을 쓸 정도라면 이광수는 간디의 지도자로서의 "힘"뿐만 아니라 그 "주장"에 대해서도 어느 정도 호의적 관심과 이해를 가졌을 것입니다.

이 정도면 벌써부터 조금 이상하게 들리지 않습니까? 같은 해에 〈힘의 찬양〉 같은 작품을 발표하여 일본군의 힘, 그리고 힘이라는 "생명의 에너지"가 발휘되는 전쟁을 사회진화론적인 어투로 찬양한 사람이 갑자기 "상대방에게

인도의 민족주의 지도자이자 비폭력주의 제창자 간디
이광수는 〈비폭력론〉을 통해 "상대방에게 원한을 끼치지" 않는 간디의 비폭력 투쟁 방법을 옹호한다. 〈힘의 찬양〉에서 일본군의 힘과 전쟁을 찬양하던 모습과 전혀 다른 수수께끼 같은 모습이다.

원한을 끼치지" 않는 투쟁 방법에 대해 관심을 가지는 것부터 범상하지 않은 일로 비쳐집니다.

이뿐만이 아닙니다. 이미 반일운동의 전선을 떠난 지 거의 10년이 된 전향자가 민중투사들의 형기, 형량, 민중에 지구적인 영향을 끼칠 가능성 등을 이야기하고 있습니다. 〈민족개조론〉(1922)에서 조선의 민중을 "민족성"이 형편없이 나빠 현명한 "지도자"와 "개조단체" 등의 엘리트에 의해 구제되지 않고서는 역사에서 빛날 수 없는 우둔하고 무력한 존재로 그려 민중의 주체적 운동의 가능성 자체를 부정한 이광수와 다른 동명이인同名異人이 쓰지 않았나 싶은 생각이 들 지경입니다.

이광수의 수수께끼적 측면은 여기에서 끝나지 않습니다. 극단적인 반反민중적 친일 지성인 이광수가 인도 반영反英 투쟁의 민중 영웅 간디를 찬양하는 것을 넘어서는 수수께끼가 존재한다는 말입니다. 1939년, 이광수는 자신이 평소 열심히 찬양한 '야마토大和 민족의 힘'의 화신인 "무적황군"이 중국을 짓밟고 무수한 중생들을 도륙하고 있을 때 "총후보국銃後報國", 즉 제국주의적인 강제 총동원의 최전선에서 활약합니다. 그러면서 부처님의 자비심에 대한 장문의 글을 발표합니다. 그는 나 자신을 잊은, 이기심이 없는 나눔 등이야말로 불교의 본질이라고 밝힌 후 불교의 수행 도리인 6바라밀波羅蜜에 대한 감동적인 설명을 덧붙입니다. 예컨대 보시布施라는 불자의 가장 중요한 덕목에 대한 이광수의 이야기를 들어보시지요.

보살의 기쁨은 줌에 있습니다. 그에게는 이기욕利己慾이 없기 때문에

받기를 바라는 마음이 없습니다. 받기를 바라는 것은 거지의 심사心事입니다. 보시심布施心을 두루 갖춘 이는 우주를 다 내 소유로 한 것과 같은 대부자大富者입니다. 부자富者에게는 줄 일뿐이오 받을 일이 없는 것입니다. 아我가 공空이오 아소我所가 무상無相이기 때문에 아我에 대한 현원願은 공空입니다. 오직 중생을 제도하려는 대원大願과 대욕大慾이 있을 뿐입니다. 그는 …… 한없이 주는 데서 한없는 희열을 느낍니다. 배고파하는 아기에게 줄 젖이 있는 동안 어머니에게는 부족이 없습니다. 어머니의 슬픔은 오직 줄 것이 없는 때에만 생깁니다. 아기에게서 받고 싶어 하는 생각은 터럭 끝만치도 없기 때문에. 받고 싶어 하는 자가 있을 때에 내가 줄 것이 있는 것이 보살의 유일한 기쁨입니다.

–〈대성석가大聖釋迦, 석가여래釋迦如來의 가르치심〉

《삼천리》, 1939년 4월

살인 그 자체를 "힘으로 돌아가는 우주"의 필연적인 부분으로 생각하고 "황군"이라는 살인자의 한 무리를 찬양한 이광수, 자신의 고용주이자 결코 보살처럼 욕망 없는 존재가 아니었던 《동아일보》 재벌의 주인 김성수金性洙에게 "조선의 거인, 겸양, 의리, 명민함의 화신"(〈人物月旦, 金性洙論〉, 《동광》, 1931년 9월)이라는 '사모의 말씀'을 바친 이광수. 그런 이광수의 입에서, 현실적으로 폭력과 탐욕의 세계에서 너무나 편안하게 지내고 있었던 이광수의 입에서 도저히 나올 것 같지 않은 이야기로 보이지 않습니까?

당시 불교가 아무리 친일화하여 제도권에 잘 편입되어 있었어도 '나눔의 윤리'를 들먹였다면 바로 그 윤리에 입각한 새 사회를 건설하기 위해 목숨을 내던지던 공산주의자들을 생각했을 법도 합니다. 그러나 텍스트에서는 근·현대식의 "보살정신"의 소유자인 그들에 대한 언급은 단 한 줄도 없지요. 이광수와 한때 가깝게 교류했다가 그의 친일행각이 절정에 이르러서야 그와 드디어 절교한 만해卍海 한용운韓龍雲(1879~1944)은 바로 불교와 사회주의를 겸한 인물이었습니다. 그러니 이광수도—당시 일본에서도 일부 소장파 승려 사이에서 유행했던— '불교 사회주의'를 몰랐을 리 없습니다. 그런데 이광수는 철저하게 반공주의적인 입장을 고수하면서 동시에 이처럼 '나눔의 도덕'을 설교하고 있습니다. 놀라운 일입니다. 특히 비폭력 이론과 가장 가까운 관계에 있는 불교의 또 다른 덕목, 즉 '인욕忍辱'(모욕을 참고 폭력이 아닌 사랑과 베풂으로 응수하는 마음과 행위)에 대한 이광수의 이야기는 정말로 압권입니다.

자기중심인 생각을 없애고 불태울 때 화냄은 일어날 리가 없습니다. 분노란 남이 내게 좋지 못하게 할 때에 일어나는 범부의 반응입니다. 사랑하는 아기가 어머니의 뺨을 할퀼 때에, 머리카락을 잡아 뜯을 때에 어머니가 성을 냅니까? 원심怨心을 품습니까? 전도顚倒한 중생이 나를 욕하고 구타하고 피해를 끼칠 때에 내가 진정한 불자일진대 나는 분노의 마음을 일으키기 전에 번민憐憫하는 자비심을 일으켜서 그를 제도하기만 힘쓸 것이니, 내가 분노의 마음을 일으키지 아니한 때에 나는 벌써 그 중생을 제도한 것입니다.

―〈대성석가, 석가여래의 가르치심〉

자신을 때리는 아이까지도 사랑해주는 어미의 정신, 즉 인욕忍辱과 박애의 정신으로 돌아가자고 역설하고 있습니다. 그러나 이광수는 3년 뒤 "남아의 숙원이란 군대에 자원입대하여 용약 출정해 역투해서 전사戰死하는 일"(〈병역과 국어와 조선인〉, 《신세대》, 1942년 5월)이라면서 조선인들을 침략 전쟁에 적극적으로 동원합니다.

그가 진정 그의 표현대로 "천황의 방패"가 되는 사람이 모욕을 참고 중생을 제도濟度할 것이라고 생각했을까요? 천황을 "부처와 같은 본질의 신神" 내지 "금륜성왕金輪聖王"(전 세계를 통일시키고 불교를 보호해주는 신성한 임금)으로 보는 당시 제국 일본의 어용적 불교 이데올로기 입장에서라면 전혀 불가능한 이야기도 아니겠지만, 그럼에도 "착함의 찬양"과 살인의 찬양 사이의 간극은 그렇게 쉽게 메워지지 않습니다. 특히 만년의 이광수는 읽으면 읽을수록 그 종교적인 수사의 화려함과 정치적인 입장의 비열한 잔인함 사이의 간극이 아주 넓어 보입니다. 그러면 간디와 톨스토이와 석가와 예수에 대한 이광수의 설교문들을 단순히 위선 내지 일종의 종교적 현학衒學, 자신의 '수양' 수준에 대한 고도의 자랑으로만 보아야 할까요? 이광수의 실체를 오로지 집단과 집단주의적인 폭력에 대한 찬양, 위로부터의 계몽주의에 대한 엘리트적인 신념만으로 정의해야 할까요? 종교적인 '구도求道'와 정치적인 파시즘 사이에 어떤 상관관계가 없었을까요?

그의 자서전

이광수가 지닌 두 얼굴의 수수께끼를 약간이나마 풀어준 것은 《그의 자서전》이라는, 이광수가 만년에 쓴 자서전적 작품(《조선일보》, 1936년 12월 11일부터 1937년 5월 1일까지 연재)입니다. 1910년대 초반 동경 유학 시절의 이광수는 톨스토이의 가르침에 심취하고 일본의 기독교적 사회주의자들과 교제했습니다. 그의 동경 친구들 중에는 인류애의 입장에서 러일 전쟁을 비판했다가 급우들에게 심한 이지메와 구타를 당한 "야마사끼山崎"라는 이름의 기독교 청년들이 있었습니다. 예민한 감수성을 가지고 있던 천재 이광수에게는 톨스토이가 자애와 상부상조 지향의 새로운 세계를 열어준 셈이었지요. 나중에 그는 야마사끼, 그리고 야마사끼와 사귀었던 시절을 이렇게 회고했습니다.

우리는 전쟁을 부인하였다. '죽이지 말라', '심판하지 말라'는 마태복음에서 배운 말을 그대로 믿어서 톨스토이와 함께 비전론자非戰論者이었다. 그 때는 일로전쟁日露戰爭이 끝난 다음해여서 누구나 전쟁의 승리를 찬미하던 때임으로 야마사끼와 같은 비전론자는 반班의 다른 아이들에게는 비국민非國民의 지목을 받았다. 수신 시간에 야마사끼가 하나님의 뜻에 어그러진 일이라는 영어연설을 했기 때문에 오가와니 이시모도니 하는 애국주의자들이 기숙사 뒤 으쓱한 데에서 야마사끼에게 '철권 제재'를 가하

그리스도 사상을 바탕으로 자애와 상부상조가 살아 숨쉬는 세계를 열망했던 톨스토이 이광수는 청년 시절 이러한 톨스토이의 영향을 받아 한때 박애와 선행의 실천에 힘쓴다.

였다. 그래도 야마사끼는 '악을 악으로 대적하지 말라'는 예수의 말씀을 지켜서 오른 편 뺨을 맞고는 왼편 뺨을 돌려대고 도무지 저항하지 아니하였다.

-《그의 자서전》(광영사, 1959, p. 76)

이광수는 이와 같은 순교자적 자세와 톨스토이 식으로 해석된 성경의 가르침에 감동을 받아 한때 박애와 선행善行 실천에 힘을 씁니다. 그러나 톨스토이의 갈망과 달리 유럽 국가들은 1914년부터 인류사상 최대의 살육극인 제1차 세계대전에 들어갑니다. 힘없는 조선은 힘 있는 일본의 통치 밑에 움직이지 못합니다. 이와 같은 대세를 관망하던 와세다대 학생 이광수는 1915~18년에 사회진화론을 새로이 발견합니다. 그리고 "힘이 있는 자만이 자유와 개성을 논할 수 있다"는 입장에서 '패배주의자'인 톨스토이를 저주합니다.

그때부터 만년까지 이광수의 주된 신조는 바로 사회진화론의 '적자생존', '약육강식"이 됩니다. 그러나 그렇다고 해서 어린 시절에 익혔던 '인류애'의 이상을 완전히 폐기처분하지는 않습니다. 〈사랑〉(1938)과 같은 작품을 보면 톨스토이주의와 불교적 자비론이 얽히고설켜 있지 않습니까?

명실상부한 일본형 파시스트가 된 1930년대에 이광수가 '사랑과 섬김'의 이야기를 내팽개치지 못한 것은 무슨 이유에서였을까요? 단순히 아직 주류 문인이 되기 전의 순수했던 청년 시절에 대한 향수 때문만이었을까요? 물론 그러한 자신의 뿌리에 대한 의식도 어느 정도 남아 있었을 겁니다. 하지만 그것보다는 파시스트 이광수에게 "사랑을 통한 자기 극복" 등 '구도자' 투의 이야기가 중요한 담론적 역할을 했다고 보는 편이 더 적절하지 않나 싶습니다.

일본형 파시스트의 간디에 대한 애착

예컨대 쉽게 이해가 되지 않는 부분인, 그의 간디에 대한 애착을 봅시다. 그는 간디의 반전反戰 논리, 그리고 꾸준한 독립 지향이나 민중적인 면모 등에 대해서는 그리 큰 관심을 보이지 않습니다. 반면 간디라는 카리스마적인 지도자를 구심점으로 한 인도 민족주의와 민중의 단결에 대해서는 감동을 표합니다.

> 비폭력운동에 있어서는 강제라는 것이 전혀 없기 때문에 오직 굳은 단결만을 힘으로 하는 것이다. 만일 수만의 다수 민중의 굳은 단결이 있고 그 단결이 비폭력으로 불복종, 보이콧 운동을 개시한다고 하면 그것은 동수同數의 민중이 무기를 가지고 폭동을 가지고 폭력을 일으키는 것보다 효과가 클 것이 상상된다.
> ─〈비폭력론〉

간디의 비폭력 운동이 '단결에 의한 집단의 힘'으로 나타났기에 힘과 집단의 숭배자 이광수가 거기에 관심을 보였던 것입니다. 앞에서도 이야기했지만 파시스트로서의 '선언문'이라 할 수 있는 〈지도자론〉(1931)에서 그는 간디를 스탈린이나 무솔리니와 같은, 의지력과 가시적인 용감함으로 비겁한 대중들을 단결시키고 이끌어주는 '지도자'의 반열에 올립니다. 왜 그랬을까요? 본인도 은근히 간디와 같은 "지도자적 자세"를 취함으로써 조선인들을 자신을 중심으로 "단결"시켜볼 꿈을 가졌던 것은 아니었을까요? 아니면 자신의 스승 격인 안창호安昌浩(1878~1938)나 고향 정주와 가까운 평양의 부르주아 민족주의 진영의 실력자 조만식曺晚植(1883~1950)에게 간디의 "민족 단결의 중심축"으로서의 역할이 맞는다고 본 것일까요?

분명 '사랑'에 대한 향수도 있을 겁니다. 하지만 1931년쯤이면 이광수가 종교나 도덕 등이 얼마나 강한 대중적 영향력을 가지는지, '박애와 봉사'의 수사가 얼마나 엘리트에 의한 '대중 단결'에 유효한지를 깨달은 시기였을 겁니다. 이광수가 과연 복고주의적, 전통주의적 색깔이 강하고 계급 문제의 해결보다 민족 문제의 해결을 우선시한 간디의 운동이 인도에서 아래로부터의 혁명의 가능성을 봉쇄했다는 사실까지도 알고 있었을까요? 알고 있었다면 그것은, 반反혁명 사상이 철저한 그가 간디를 좋아할 만한 또 하나의 이유가 됐을 것입니다.

이광수와 불교의 인연도 '박애정신'에 대한 순수한 갈망만으로 설명하기는 어렵습니다. 오히려 사회진화론적인 집단주의에 바탕을 둔 그의 총체적 사상구조와 연결시킬 수 있는 부분들이 많습

식민지 조선에 파시즘이 꿈틀대던 1932년 《조선일보》에 실린 삽화 간디(왼쪽) 외에 무솔리니(가운데)와 장개석(오른쪽)이 보인다. 〈가장영웅출현假裝英雄出現—내 꿈에 본 내 탈선脫線, 「만화자漫畵者가 예상像想한 1932—一九三二」(1)〉, 《조선일보》 1932년 1월 16일

니다. 1920년대부터 《법화경法華經》이나 《화엄경華嚴經》 등 후대에 성립된 방대하고 추상적인 대승경전大乘經典을 탐독하고 습선習禪도 즐겼던 이광수를 본격적인 '법화의 행자行者'로 만든 것은 아들의 죽음(1934)과 우파적 민족운동의 좌절 등 여러 가지 개인적, 사회적 상처들이었습니다. 그러나 이미 파쇼화된 이광수의 정신세계에서 불교의 '보시' 논리는 '봉공奉公', 즉 '천황의 은혜에 대한 보답'을 중심으로 한 '제국에의 봉사'로 해석되는 것 같습니다.

앞에서 언급했던 〈대성석가, 석가여래의 가르치심〉과 같은 설법說法 성격의 글에서 그는 '임금의 은혜'를 부처나 부모의 은혜, 그리고 뭇 중생의 은혜보다 더 높은 위치에 올립니다. 그리고 그 은혜에 대한 "사심私心 없는 보답"을 '인간 수행'의 중심으로 삼으라고 합니다. 우습기도 하고 슬프기도 한 일 아닙니까? 초기 불교의 경전 같으면 임금이라는 존재는 단순히 인간들 간 다툼의 조정자, 일종의 '사회적 계약'에 의해 그 역할을 맡아 하는 한 중생일 뿐이지 중생 위에 서는 자는 아니지 않습니까?

그런데 이광수는 가히 독신瀆神이라 할 수 있는 '불교적인 전체주의' 세계관을 수립합니다. 이는 그의 불교 이해가 승단僧團이 아소카왕의 절대권력 구조와 타협한 이후의 불교, 다시 말해 왕권신수설王權神受說의 색깔이 다소 짙은 대승 경전에 입각한 것에서 기인합니다. 또한 동시대의 일본과 조선 제도권의 '황도皇道 불교', 즉 어용화되어 반反불교

징병되어 입영을 앞두고 고향집에서 사진을 찍는 농촌 출신 젊은이의 모습

적인 사이비 불교를 절대시한 결과입니다.

따라서 그에게는 노예적인 조건 하에서 고생하는 노동자와 그들을 대표하는 사회주의자들의 정당한 처우개선 요구가 "안락에의 욕심"(《인간수행론》, 1941), "나 자신만을 내세우려는 잘못"(《오복五福을 얻는 길》, 1940), "구복口腹의 욕심만을 내세우는 자본주의 내지 공산주의 등 물질 만능 체제의 망상"(《신시대의 윤리》, 1941)으로밖에 안 보입니다. 반면 전범 히로히토裕仁나 일본 및 조선의 재벌들을 위해 부림을 당하다가 전선戰線에 죽으러 끌려가는 것은 "나 자신의 진정한 극복, 탐욕의 극복"(《근로와 문화 · 근로삼매에 대하여》, 1941), "나 자신을 죽임으로써 관세음보살이 되는 길"(《인생과 수도》, 1941)로 찬양됩니다.

결국 태평양전쟁(1937~1945) 시절의 이광수에게 자유주의나 개

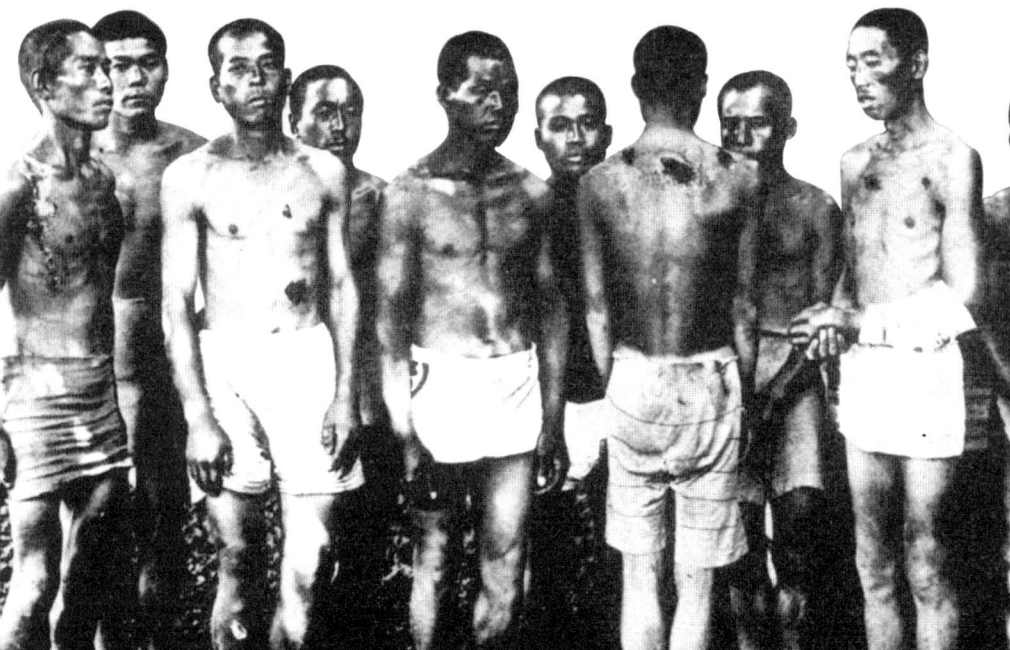

홋카이도北海道 개척 사업에 강제 징용된 조선인 토목 노동자들

인적인 권리의식, 개인주의, 계급의식이나 계급대립 등은 바로 "우리와 태생적으로 이질적인 백인 문명의 주술呪術"이 됩니다. 반면 "아시아 민족들의 이상"은 집단에의 몰두로 해석된 "불교적 무아無我 사상", "천황과 민족을 위해서 자신을 기꺼이 죽여주는" 것으로 해석된 보시, 인욕 등 6바라밀의 수행으로 정리됩니다.

톨스토이와 예수는 거의 팽개쳐지고, 붓다가 "우리가 절대적으로 사랑하고 목숨을 바쳐야 할" 대大가부장, 즉 천황의 다른 이름이 된 것입니다. "구도, 비폭력, 사랑, 박애, 종교 정신"은 다 전체주의적인 몽상 안으로 포섭, 왜곡되고 맙니다. 하기야 당시 "동양적 가치"로 포장된 전체주의를 "근대의 창조적 극복", "자본주의의 한계성을 뛰어넘은 새로운 문명"으로 생각한 것이 이광수뿐이었겠습니까? 1941년 11월부터 1942년 11월까지 일본의 주요 지식인 잡지인 《중앙공론中央公論》에 실린 〈세계사적 입장과 일본〉, 〈동양 공영권의 윤리성과 역사성〉, 〈총력전의 철학〉과 같은 보수 학계 거물들의 좌담에서는 이와 같은 유의 주장들이 무수히 쏟아져 나왔지요. 예컨대 일본 보수 철학계의 지도적 인물이라 할 니시타니 게이지西谷啓治(1900~1990)는, "자유주의 속에 감추어진 불순한 욕망들"을 성토한 뒤 "총력전" 때에 생기는 "정화된 정신", "전시 생활이 낳는 새로운 형태의 인간", "절대적 입장을 내포하는 세계 유일의 일본 정신", 그리고 "목숨을 초개처럼 여기는 것을 가르치는 세계 무비의 일본 무사도"를 "새 시대의 지도 이념"으로 설정하지 않았던가요?(나카무라 미츠오·니시타니 게이지, 이경훈 외 옮김, 《태평양 전쟁의 사상》, 이매진, 2007, pp. 346~388) 불교까지 끌어들여 왜곡시킨 이광수의 논리는 니시타니와 같은 거물 전체주의 철학자의 아류로 보이기도 합니다.

근대를 '힘' 위주로 배우다

이광수라는 한국 근대문학의 천재의 마음속에서 한때 논쟁을 벌였다가 결국 "야마토 민족과 천황"의 이름으로 통합되고 말았던 두 개의 이념, 즉 원칙상 비폭력적인 불교와 스펜서Herbert Spencer의 잔인한 사회진화론은 결국 불교의 수행이 "우리 모두의 생존과 번영"을 책임진다는 천황을 위한 하나의 방편으로 자리 매김됩니다. 스펜서가 붓다를 포로로 잡은 셈이지요. 이로 인해 '사랑'은 "임금과 민족"을 다른 무엇보다 우선시하는 감정으로 화化합니다. 또한 개인의 주체적인 인식을 완전히 해체시키고 제국을 위한 살인기계로 만드는 하나의 기제로 전락합니다. 어떤 긍정적 의미도 다 상실하고 만 것입니다.

참 이상합니다. 청년 시절 폭력의 추악함에 대해 나름대로 진지하게 고민하고 불교 경전을 탐독하여 자비의 논리에 꽤나 정통하게 된 식민지 시대의 이 천재가 제국주의적 살인의 '정당성'을 이렇게도 열렬하게 받아들인 것, 의아하지 않습니까?

제가 보기에는, 한때 종교적인 구도와 민족주의 사이에서 머뭇거리기도 하고 인생과 우주를 포함한 모든 것에 나름의 진지한 회의도 해본 이광수를 결국 파시스트의 전형典型으로 만든 중요한 요인 중의 하나는, 그가—니시타니류의 일본 보수주의자들과 마찬가지로—근대를 배우면서 독립적인 개인의 존엄성과 권리, 개인의 생명과 자존 같은 부분을 거의 처음부터 제외시켰다는 점입니다. 초기에(1910년대) '민족'과 '문명'에 부속화됐던 '개인'은 나중에(1920년대) '민족 개조', '인간 수행' 등의 거대한 프로젝트에 또다시 부속됐다가 결국에는(1930년대) "황도皇道"의 한 '부품'이 되고 만 것입니다. '계급'을 아예 "이기적 욕망의 결과물"로 치부해 배제시키고 '개인을' 개인 그 자체가 아닌 하나의 부속으로만 인식하는 거대 담론으로부터 출발한다면 이와 같은 비극적 결과는 거의 필연적이지 않나 싶습니다.

끝내 해체시키지 못한 국가의 신화

이광수에게 파시스트가 될 수 있는 발판을 만들어준 것은 '개인의 부재'와 함께 그가 끝내 해체시키지 못한 '국가의 신화'였을 것입니다. 그가 도쿄에서의 학창 시절에 유학생 잡지나 최남선의 《소년》에 첫 논설들을 실었을 때(〈조선사람인 청년에게〉, 1910) 그에게 '국가'란 '단군이 창조하신 조선'이었습니다. 1930년대에는 그것이 '대일본제국'으로 바뀌었지만, 초기에나 만년에나 소수의 지배자들이 대다수를 분류, 통제, 착취, 우민화하는 폭력단체인 국가가 그에게는 당연히 존재해야 할 '문명의 단위'이자 '국민'이 당연히 충성해야 할 대상이었습니다.

한때 그의 우상이었던 톨스토이는 그야말로 저명한 국가 해체론자였습니다. 그러나 이광수에게서 톨스토이 찬양은 찾을 수 있어도 국가 해체론적 경향의 글은 발견되지 않습니다. 이 같은 '국가 신화'의 연장선상에서 그는 엘리트에 의한 대다수 '국민'의 계몽, 교화, 개조 등을 늘 세상의 당연한 이치로 알고 살았던 것입니다.

국가의 물신화物神化가 반드시 파시즘으로 이어질 수밖에 없다는 결과론은 펴고 싶지 않습니다. 하지만 '개인의 부속화'와 '국가의 신화'가 서로 합쳐질 경우 잘못하면 파시스트로 자란다는 말은 가능할 것 같습니다. 이러한 측면에서, '민족'과 '국가'에 지속적으로 매달리면서 동시에 '종교'와 '연애'를 탐구했던 1910년대의 이광수에게 파시즘의 씨앗이 이미 내재돼 있었다고 보면 지나친 비약일까요?

이광수가 한때 몰두했던 '황인종 단결론'이나 '황도皇道 불교'는 이미 역사의 쓰레기통에 버려져 있는 상태입니다. 그러나 그렇다고 해서 이광수를 붙잡아 포로로 만든 이 귀신들이 우리를 가만히 놔두었다고 볼 수 있을까요?

꼭 그렇지는 않은 것 같습니다. 수많은 한국인들이 지금도 불살생不殺生을 제1계율로 삼는 불교를 믿는 것과 군에 가서 살인훈련을 받거나 권투나 이종격투기와 같은 살인에 가까운 극단적 폭력을 눈으로 즐기는 생활 사이에서 별다른 괴리를 느끼지 않으면서 살지 않습니까? 이뿐만이 아닙니다. 생명체인 난자를 과학을 빙자한 사기의 도구로 삼은 황우석을, 생명을 최우선시해야 할 한국의 불교계가 오랫동안 전면적으로 지지하고 지원하지 않았던가요? 왜 그랬을까요?

불자를 자처하는 황우석의 명세가 기독교와의 경쟁에서 유리하게 작용될 수 있다는 판단에 의해서 그랬으리라 짐작됩니다. "경쟁"이 개입되면 "불살생"도 "생명"도 더 이상 눈에 들어오지 않나 봅니다. 하기야, 한국에 본래 의미의 불교, 즉 기복祈福이 아닌 자비를 본위로 삼는 불교가 제도권에 남아 있기라도 하나요?

사실, 학벌 카스트 체제와 아이들에게 '목숨을 거는 공부'를 요구하는 입시제도는 군대나 이종격투기와 진배없는 폭력입니다. 그럼에도 사찰에 가서 '입시기도'를 하는 것이 소위 우리 불교의 수준이지 않습니까?

초기 불교의 사회경제관에 따르면, 재물을 모으는 유일한 정당한 근거는 '남에게 나누기 위함'입니다. 주인은 재물이 모이는 대로 고용인들과 이웃, 수행자 등에게 그대로 베풀어야 합니다. 지금 그 사회경제관을 실천하는 불자가 얼마나 될까요? 일본의 유명한 불교학자 나카무라 하지메中村元(1912~1999)가 아주 정확하게 "일종의 전통사회형 사회주의"라 불렀던 그 논리대로 살고 있는 자칭 '불자 기업인'들이 과연 몇 명이나 될까요?

아나키즘과 사회주의적인 지향, 즉 국가폭력과 재물 모으기에 대한 부정적 시각으로는 붓다보다 한수 위였던 예수님을 믿는다는 사람들과 불자들을 합치면 대한민국의 인구 절반을 넘을 겁니다. 그럼에도 국가와 이윤추구를 중심으로 한 폭력이 이 사회의 기본적 현실로 남아 있는 이유는 무엇입니까?

이광수의 '황도皇道 불교'의 오류야 우리가 지금 흔히 볼 수 있습니다. 그럼 왜곡될 대로 다 왜곡돼 건전한 부분 하나 남은 게 없는 지금 우리들의 기독교나 불교 신앙 양태에 대해서는 후손들이 뭐라 할 것 같습니까?

불교든 기독교든 사회주의적 실천이야말로 두 종교의 원래적 현실론입니다. 그러나 지금 대한민국의 주류 종교들은 자본주의적 기업, 그것도 투명성도 합리성도 없는 후진형 기업의 수준을 넘지 못하고 있습니다.

이광수는 미사여구를 엄청나게 좋아하지 않았습니까? "고상한 인격", "자아의 극복", "아집을 버리고 자아의 진정한 실천을 이루자"……. 선호되는 단어들이 약간 바뀌었지만 지금도 웬만한 종교적 에세이집이나 법문 내지 설교에서 "나누기", "베풀기", "돌봐줌의 이상", "맑고 향기로운 삶"과 같은 말이 넘쳐나지요. 그러나 정작 중요한 것은 말해지지 않습니다. 국가와 자본이 존재하는 상황에서 맑고 향기롭고 섬기는 삶이 과연 어느 정도까지 가능한가에 대한 이야기, 그리고 우리가 종교적 차원에서 국가와 자본을 퇴치·해체시키는 방법이 무엇인가에 대한 이야기는 대개 빠져 있습니다.

진정 우리 종교계가 이광수의 수준을 넘었던가요? 과문한 탓일 수도 있지만 적어도 종교계의 주류는 그 충성의 대상이 일본제국에서 대한민국이라는 아류 제국주의적인 재벌국가로 교체됐을 뿐, 그냥 그 자리에 그대로 머무르고 있는 것 같습니다. 물론 이는 종교계에 국한된 이야기가 아니고요.

캄캄해지는 오슬로에서
박노자 드림

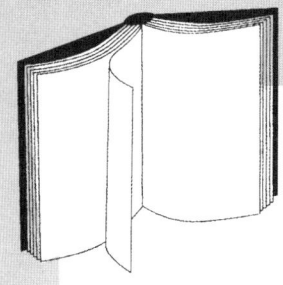

더 읽을 만한 글

권보드래, 《한국 근대소설의 기원》, 소명출판사, 2000.

나카무라 미츠오・니시타니 게이지, 이경훈 외 옮김, 《태평양 전쟁의 사상》, 이매진, 2007.

양문규, 〈이인직과 이광수 문학에 나타난 식민지 근대와 민족 문제〉, 《민족문학사연구》 제13호, 1998, pp. 50~73.

윤명구, 〈이광수 문학의 평가〉, 《한국문학사의 쟁점》, 집문당, 1996, pp. 635~645.

이경훈, 《이광수의 친일문학 연구》, 태학사, 1998.

Ann Sung-hi Lee, "The Early Writings of Yi Gwang-su", *Korea Journal* Vol. 42, No. 2, 2002, pp. 241~279.

이광수가 지닌 두 개의 얼굴

"민족을 위한 친일", 처단에 앞서 정밀한 이해 필요

허동현

극과 극의 인물

박노자 선생님, 안녕하세요.

춘원春園 이광수가 세상을 떠난 지 이미 반백년이 지났지만, 그에 대해서는 여전히 호평과 혹평의 십자포화가 엇갈리고 있습니다. 왜 이렇게 극과 극으로 평가가 엇갈리는 것일까요? 아마도 그가 남긴 글들이 읽는 사람의 지향과 시·공간에 따라 달리 읽힐 소지가 크기 때문이겠지요. 예를 들어 선생님께서 지금도 금기시되는 동성애를 탁월하게 묘사했다고 평가하신 〈사랑인가〉에 대해서도 "정치경제학적으로 읽으면 일본적 근대화 추구"(안태정), 즉 식민지적 근대화를 내비친 것에 지나지 않는다고 보는 이도 있습니다. 그러나 해방 이후 이광수에 대한 평가는 대체로 부정적인 쪽에 기울어져 있었다고 봐야 할 것 같습니다.

아버지는 일제 시대에는 일본인에게 잡혀 다녔고, 대한민국에서는 반민反民법으로 잡혔고, 공산당은 반동이라고 잡아갔다.

－〈아버님 춘원〉(광영사, 1956)

　이광수의 딸 이정화의 넋두리는 그가 '민족'과 '민중(계급)'을 내세우던 이들에게 어떤 평가를 받았는지를 웅변합니다. '민족'을 앞세우는 쪽의 눈으로 볼 때 그는 "반민족적 친일파"였고, '민중'을 중시하는 쪽의 눈에는 "반민중적 부르주아 세력"으로 비칠 뿐이었습니다.

　박 선생님도 "국가와 자본이 존재하는 이상 종교가 설파하는 향기로운 섬기는 삶"이 불가능하기 때문에 "국가와 자본을 퇴치, 해체시켜야 한다"는 입장이기에 국가와 자본에 복무한 이광수를 부정적으로 보는 것 같습니다. 또한 박 선생님의 평가는 이광수가 겉으로 박애와 자비 같은 "화려한 종교적 수사"를 구사했지만 실제로는 국가나 자본의 "집단주의적 폭력을 찬양하는 비열하고 잔인한 정치적 입장"을 견지한 "극단적인 반민중적 친일 지성인"이나 "명실상부한 일본형 파시스트"로 파악한다는 점에서 '민중'을 중시하는 쪽에 가까운 것 같습니다.

　모든 역사가 현재의 역사이자 과거와 현재 사이의 끊임없는 대화의 과정이라면, 역사는 오늘 우리의 지향이 썩지 않게 하는 성찰의 기억으로 쉼 없이 다시 쓰여야 하겠지요. 그때 거기를 산 이들의 삶을 어떻게 기억하는가는 오늘 여기를 사는 이들이 바라는 내일이 어떠한지를 알려주는 시금석이니 말입니다.

　이광수가 국민국가의 틀 안에 머문 자본들이 쟁패하던 제국주의의 시대를 살았다면, 오늘 우리는 자본이 국민국가의 경계를 넘어 전 지구적 그물망을 형성한 제국의 시대를 살고 있습니다. 이광수의 시대에 자본은 노동을 착취하고 국가는 개인을 억압하는 폭력만 행사했다고 볼 수도 있겠지만, 오늘 우리의 시대에 존재하는 자본과 국가를 그렇게만 보는 것은 지나친 단순화일 것입니다. 왜냐하면 오늘 우리가 꿈꾸는 사회는 자본가와 노동자, 도시민과 농민, 남성과 여성, 정규직과 비정규직, 그리고 시민권자와 이주노동자처럼 지향과 이해를 달리하는 이들이 함께 살아가는 다원화된 시민사회이기 때문입니다. 이광수의 시대에 제국주의에 맞서 싸운 이는 '민족'이나 '민중'과 같은 집단이었지만, 오늘 제국에 맞서 우리의 양심을 지킬 이는 각성된 개체이자 주체로서 시민이 아닐까 합니다. 그렇다면 '민족'과 '민중(계급)' 같은 거대담론을 내세워 어느 쪽이 역사의 주도권을 쥐는 것이 정당한가를 다툰 이데올로기가 지배하던 냉전 시대의 이분법적 역사 평가는 이미 유효기간이 지난 것이 아닐까요?

사실 그 자체가 말하게 하라

따라서 저는 이광수라는 사과를 '민족'이나 '민중'이라는 커다란 칼로 두 쪽 내는 것이 아닌 다른 방법을 통해 보고자 합니다. 즉 각성된 주체로서의 시민의 입장에서, "사실 그 자체가 말하게 한다"는 실증적인 칼날로, 사과껍질을 얇게 벗겨 드러난 과육을 고루

저며 고운 체로 체질해 나가는 미시적 방법으로, 그의 삶에 보이는 층위를 세세히 살펴보려 합니다. 왜냐하면 이와 같이 얇게 벗기기와 체질해 나가기를 통해 이광수의 내면을 들여다보는 것이 다양한 편차를 보이는 그의 사상의 스펙트럼을 보다 잘 이해하게 해주리라고 보기 때문입니다.

박 선생님 말씀대로라면, 이광수는 1차 유학이 끝날 무렵인 1910년 초에 톨스토이 사상에 빠졌고, 2차 유학시기인 1915~1918년 사이에 사회진화론의 지적 세례를 받은 것이겠지요. 그러나 이는 이광수의 기억이나 실증적 사실과 정면으로 배치됩니다. 사실 이광수는 손병희孫秉熙의 지원으로 도일渡日해 1905년 8월에서 명치학원 보통부 중학 5학년을 졸업하고 오산학교 선생으로 부임하는 1910년 3월까지, 그리고 김성수의 후원으로 1915년 9월 다시 도일하여 와세다 대학 고등예과를 마치고 동 대학 철학과 3학년이던 1919년 2월 〈2·8 독립선언서〉 홍보를 위해 상해로 떠나기까지, 두 차례에 걸쳐 일본에 유학했습니다.

자! 그의 기억 속으로 들어가 볼까요. 그는 12살 나던 1903년 11월부터 정주 지역 동학당 책임자인 박찬명 밑에서 동학 조직에 비밀문서를 전달하는 심부름꾼으로 활약하면서 '포덕천하布德天下 광제창생廣濟蒼生 보국안민지대도保國安民之大道'를 도모하는 동학에서 "겸손과 친절의 정신, 평등의 정신, 그리고 민족주의 정신"을 배웠다고 합니다. 특히 그는 손병희의 사상, 그 중에서도 약육강식의 세상에서

손병희
이광수는 그가 쓴 〈삼전론〉에 담긴 사회진화론과 민족주의에 많은 영향을 받았다.

민족이 살아남기 위해 인전人戰(사람의 싸움), 언전言戰(말의 싸움), 재전財戰(재물의 싸움) 등 삼전三戰이 필요하다는 〈삼전론三戰論〉에 담긴 사회진화론과 민족주의에 많은 영향을 받은 것 같더군요.

평양과 진남포가 모두 일본 사람의 판이요, 배도 차도 다 일본 사람의 것임을 보고는 어린 마음에도 우리나라의 운명을 슬퍼하지 아니할 수가 없었다. 일찍 일본 동경에 있는 도주님, 즉 손병희 선생으로부터 국내 각 도인에게 보낸 〈삼전론〉이라는 글을 생각하였다. 〈삼전론〉에 의하면, 지금 세계는 우승열패, 약육강식, 즉 잘난 놈은 이기고 못난 놈은 져서 약한 놈의 살을 강한 놈이 먹는 생존경쟁의 시대다 …… 잘난 사람이 많고 말을 잘하고 재물이 많은 자는 이기고, 그것들이 없는 자는 진다 …… 교육과 산업으로 민족의 실력을 기르자는 것이었다. 나도 지금 공부하러 떠난 길이었다.

-〈나의 고백〉(1948)

1905년 1월경 일본 유학을 위해 서울로 올라오는 길에 일본 사람들이 판치는 평양과 진남포를 보면서 손병희의 〈삼전론〉을 되새겼다는 이광수의 기억에 따르면, 그가 사회진화론을 접한 것은 1903~1904년 무렵이 되겠지요. 그는 1차 일본유학 시절인 1907년경에 기독교와 톨스토이의 무저항주의에, 그리고 2차 일본유학 시절인 1917년 무렵에 비폭력Ahimsa을 통한 진리파지Shata Graha를 외친 간디의 무저항 민족운동에 심취했지만, 이를 받아들인 "정신의 터"는 민족종교인 동학이었다고 술회합니다.

나는 중학교 3학년 적에 성경을 배웠고, 또 톨스토이의 저서를 애독하여 그의 무저항주의에 공명하였고, 또 그로부터 십년쯤 지나서는 간디의 진리파지眞理把持와 무저항 운동에 심취하였거니와, 이것은 아마 내가 동학에서 배운 정신이 터가 된 것일 것이다.

-〈나의 고백〉

일관된 민족주의자로 보는 것이 합리적이다

격동기를 산 이광수는 10대 이전에는 무속신앙을 믿는 할머니와 어머니, 그리고 유학의 마지막 끝자락을 놓지 않고 있던 할아버지와 아버지의 영향을 받았고, 10대에 들어와서는 동학사상, 톨스토이의 박애주의, 기독교, 불교, 그리고 사회진화론과 같은 다양한 사조의 지적 세례를 받았습니다. 그러나 그의 삶을 일관되게 꿰뚫은 것은 '민족' 혹은 아직 존재하지 않은 미래에 올 '국가'였습니다.

그는 박 선생님이 생각하시는 1915~1918년 사이가 아니라 1910년에 이미 사회진화론을 신봉하는 '애국주의자'가 되어 있었습니다.

국가의 생명과 나의 생명과는 그 운명을 같이하는 줄을 깨달았노라 …… 나는 이름만일 망정 극단의 크리스천으로, 대동주의자로, 허무주의자로, 본능만족주의자로 드디어 애국주의에 정박하였노라.

이광수가 1910년에 쓴 〈나余의 자각한 인생〉에 나오는 말입니다. 그가 힘을 앞세우는 사회진화론의 세례를 받았음을 여실히 보여주는 〈우선 짐승獸이 되고 연후에 사람人이 되라〉(1917)를 쓰기 훨씬 전부터, 관념적 '민족'이나 '국가'를 최고의 가치로 삼고 있었음을 확인할 수 있는 글이지요. 제 판단으로는, 이광수가 한 얼굴로는 종교적 사랑을 예찬하고 다른 얼굴로는 일그러진 근대를 찬양한 두 얼굴의 야누스적 존재이기보다는 '민족'이라는 실에 자신이 삶의 궤적에서 만난 다양한 사조라는 구슬들을 꿴 일관된 민족주의자로 보는 편이 합리적일 것 같습니다.

그렇다면 "1910년대 초반에는 톨스토이의 박애주의에, 1915~1918년 사이에는 사회진화론에 영향을 받은 이래 서로 다른 두 사상 사이에서 갈등했다"는 박 선생님의 진단과는 달리, 그가 일관되게 추구한 가치는 국가주의 내지 민족주의였고, 기독교나 불교를 비롯한 여러 사상들은 민족과 국가에 유익한지 그렇지 않은지에 따라 취사선택됐던 종속적 가치에 지나지 않았다고 봐야 하지 않을까요?

1910년 명치학원을 졸업한 그는 오산학교의 교사로서 민족운동의 첫 실천에 나섰다고 합니다.

내가 민족운동의 첫 실천으로 나선 것은 교사로였다. 열아홉 살 먹은 중학교 졸업생이 교사가 된다는 것이 지금에 생각하면 우스운 일이었으나 그 때에는 애국지사의 행동이었다. 고등학교에 들어가는 것을 버린다는 것은 평생의 개인적 영화의 야심을 버리는 것이었다. 나는 '고주孤舟'라는 호를 가졌으나 교사가 되어서는 '올보리'라고 자칭하였다.

올보리란 맛있는 곡식은 아니나, 다른 것이 아직 나기 전에 굶주림을 면하는 양식이다. 나도 좋은 양식이 되려는 야심을 버리고 급한 데 임시로 쓰이는 올보리가 되자는 것이었다.

-〈나의 고백〉

민족의 '올보리'로서 살려던 그의 꿈은 톨스토이 사상과 다윈의 생물진화론을 학생들에게 전파해 신앙심을 타락시켰다는 이유로 오산학교를 운영하던 교회의 배척을 받아 3년 만인 1913년 학교를 떠나게 됨으로써 물거품이 되어 버립니다. 그 후 그는 중국·러시아 여행(1913~1914)과 2차 일본 유학(1915~1919)을 거쳐 1921년 귀국합니다. 그리고 3·1운동 이후 일제가 취한 소위 문화통치에 타협해 실력양성운동을 전개해 나갔습니다.

쓰루미 순스케鶴見俊輔가 쓴 전시 일본(1931~1945)의 정신사인 《전향轉向》이란 책을 읽다보니 당시 전향은 투옥과 고문에 의해서만 이루어진 것이 아니더군요. 당시 사상경찰이 급진파 대학생들의 생각을 바꾸기 위해 즐겨 쓰던 기술의 하나가 '오야꼬 돔부리親子丼'(닭고기덮밥. 달걀과 닭고기가 그릇 안에 있는 밥 위에 올라 있는 것으로, 부모[親]와 자식[子]의 관계를 떠올리게 하는 음식)를 사주며 전향을 유도하는 것이었습니다. 그런데 이광수는 이미 1921년 귀국 시에 신의주에서 경찰의 검문에 걸려 구치되어 있을 때 '오야꼬 돔부리'를 먹었더군요. 그 때 이미 그는 당시 말로 소위 '전향'을 한 것일까요?

갑갑한 몇 시간이 지나서 시장함을 느낄 때에 나는 다시 사범 주임실에 불려 나갔다. 거기는 박주임이 있고 '오야꼬 돔부리' 한 그릇이 있었다. 나는 맛있게 먹었다 …… 오후 네 시나 되어서 나는 서장실로 불려갔다. 그는 '야마구치'라고 쓰인 전보 한 장을 들고 앉아서 나더러 밤차로 서울로 가라고 하였다. 뒤에 알고 보니 '야마구치'는 그 때 경무국 고등경찰 과장이었다. 징역을 각오한 아我로도 제 발로 서울까지 가라는 것이 기뺐다 …… 그 때는 소위 제등齋藤(사이토) 총독의 문화정책으로 해외에서 독립운동자가 들어오면 내버려 두는 것이었다.

-〈나의 고백〉

어쨌건 이광수는 귀국 후 민족성을 바꿔 민족 산업을 키우고 근대 시민으로 거듭나라고 주장하는 〈민족개조론〉(1922)과 자치론을 설파한 〈민족적 경륜〉(1924)과 같은 글을 세상에 내놓는 등 민족주의 우파 실력양성운동 계열의 대표적 논객으로 활동했지요. 당시 그는 문인, 사상가, 교육자로서 자신이 펼친 모든 활동이 "조선과 조선민족을 위하는 봉사 의무의 이행"(〈여余의 작가적 태도〉, 1931)이었다고 자부했으며, 장편소설 〈흙〉(1932)에서도 주인공 허숭의 입을 빌려 "차라리 이태리의 파시스트를 배우고 싶다"고 할 만큼 '국가'를 하나의 절대적 귀의처로 삼고 있었습니다. 또한 그는 자신의 묘비에 "이광수는 조선 사람을 위하여 일하던 사람이다"(〈나의 묘지명〉, 1936)라고 쓰이기를 바랐습니다. 자신이 후세에 '민족주의자'로 기억되기를 희망했던 것이지요.

이광수는 자신의 사상적 지주였던 '비폭력 민족운동'의 대부 안창호가 병사(1938)한 이후 '민족을 위한 친일'의 대표적 논객("친일

학도병 환송행사에 참석해 사열하고 있는 영왕英王 이은李垠의 모습

이광수는 일제의 징병이 우리 민족의 군사 실력을 향상시킬 것이라며 기대감을 표명한다. 나아가 이 징병에 조선 청년들이 자발적으로 동참할 것을 독려하기도 한다.

내셔널리스트")이 되어 "자손의 행복이라는 '공공'의 가치를 실현하기 위해 '일본인'이 되고자" 했습니다(조관자). 따라서 그는 실력양성을 이야기하며 몸을 움츠리던 과거의 자세에서 벗어나 '내선일체'로 상징되는 제국 일본의 하늘 아래 '조선민족'과 '일본민족'의 '하나됨'이라는 대의를 깨닫지 못하는 '일본인'의 미욱함을 질타하고 훈계하기까지 했습니다(〈진정 마음이 만나서야말로〉(1940), 〈그들의 사랑〉(1941)).

나아가 "징용에서는 생산 기술을 배우고 징병에서는 군사 훈련을 배울 것이다 …… 산업훈련과 군사훈련을 받은 동포가 많으면 많을수록 우리 민족의 실력은 커질 것"이라 하여, 조선인이 제국 일본의 성장에 공헌하는 만큼 보상받을 것이라는 확신을 보이기도 했습니다. 심지어 태평양전쟁이 한창이던 1942년에는 "그대들이 피를 흘린 뒤에도 일본이 우리 민족에게 좋은 것을 아니 주거든,

내가 내 피를 흘려 싸우마"(《나의 고백》)라며, 조선 청년들에게 침략전쟁에 자발적으로 동참할 것을 호소하기까지 했습니다. 그렇기에 그는 해방 후 반민특위의 신문을 받으며 "나는 민족을 위해 친일했소. 내가 걸은 길이 정경대로正經大路는 아니오마는 그런 길을 걸어 민족을 위하는 일도 있다는 것을 알아주오"라고 당당하게 말합니다. 소신을 굽히지 않은 확신범이었던 것이지요.

우리 안의 파시즘을 돌아보아야

따라서 저는 "그의 친일을 '훼절' 내지 '변절'의 문제로 파악하거나, '문학적 공功, 정치적 과過'의 문제로 접근하는 것은 아무 의미도 없다"는 김철의 지적에 동의합니다. 또한 "강자의 문명과 패권을 욕망하는 '친일 내셔널리즘'이 '민족주의적'인가, '친일적'인가, '친미적'인가 하는 문제는 상황변수에 불과하다"고 보면서, 친일이라는 죄과를 기준으로 그들을 심판하는 이면에 도사리고 있는 파시즘의 망령을 경계하는 조관자의 생각에 공감합니다. 남북분단 이후 진정 하나 되는 민족을 가져보지 못한 우리들이 실재하지도 않은 민족의 이름으로 이광수와 같은 "친일 내셔널리스트"를 처단한다고 해서 우리의 일그러진 근대가 사라지지는 않을 터이니 말입니다.

또한 박 선생님이 "'나눔의 윤리'에 입각한 새 사회를 건설하려고 목숨을 내던지고 있었다"고 본 공산주의자들조차도 대다수가 '오야꼬 돔부리'를 먹고 전향했던 것이 역사적 사실입니다. 쓰루미 순스케에 의하면, 유명한 공산주의자였던 일본 공산당의 위원장 사노 마나부佐野學 그리고 그와 함께 최고지도자로 중앙위원회 위원이었던 나베야마 사다치카鍋山貞親가 감옥에서 공동성명을 내고 전향을 발표한 것이 1933년이었습니다. 자본과 국가의 지배에 반대하던 이들 공산주의자들도 그때까지 주장해 왔던 천황제 폐지나 식민지 민족들의 자치 등 제국 일본의 정책에 대한 반대를 철회했습니다. 이들이 전향한 후 투옥 중이던 공산주의자의 74퍼센트가 3년 내에 그들의 뒤를 따랐다고 합니다. 순스케에 의하면 그들의 사상 변화에는 국가권력이 행사한 물리력만이 아니라 당시 일본 대중들의 보여준 만주사변에 대한 열렬한 환영에서 받은 충격—"스스로의 몸을 소모시켜가며 헌신의 대상으로 삼았던 인민들이 그들의 신념과는 전혀 반대되는 목표를 지지하는 데서 온 인민으로부터의 고립감"—이 더 크게 작용했다고 합니다. 파시즘이 지배하던 시절, 공산주의자조차도 시대의 광기에서 자유롭기란 지난한 일이었던 것 같습니다.

따라서 저는 신화화된 '민족'이나 '민중'의 이름으로 이광수 같은 친일세력을 심판하는 것보다는, 그들이 신념처럼 여겼던 '민족을 위한 친일'의 논리구조를 파헤치고, 필경 시민적 자유의 적이 될 '우리 안의 파시즘'의 어두운 그림자를 지우는 데 힘을 보태는 것이 오늘의 우리들이 풀어야 할 우선과제가 아닐까 생각합니다.

가을의 중반을 넘어서는 수원의 연구실에서
허동현 드림

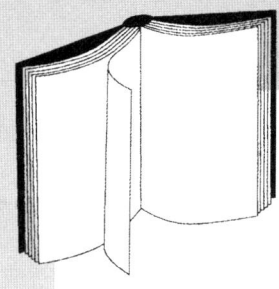

더 읽을 만한 글

김윤식, 《이광수와 그의 시대》, 한길사, 1986.

김철, 〈친일문학론: 근대적 주체의 형성과 관련하여, 이광수와 백철의 경우〉, 《민족문학사연구》 8, 1995.

쓰루미 순스케, 최영호 옮김, 《전향》, 논형, 2005.

안태정, 〈이광수, 부르주아지의 욕망을 대변한 식민지 근대화론자〉, 《내일을 여는 역사》 8, 2002.

조관자, 〈'민족의 힘'을 욕망한 '친일 내셔널리스트' 이광수〉, 도서출판 삼인 편집부 엮음, 《기억과 역사의 투쟁》, 삼인, 2002.

#〈민족개조론〉을 말한다

'우리 민족'
이라는
이름으로
행해진
'지적 사기'

박노자

〈민족개조론〉을 읽으면

허동현 교수님, 안녕하십니까?

아무래도 저는 종교적인 방면으로 보나 학술적인 방면으로 보나 아직 훈련이 아주 덜 된 사람인 듯합니다. 불교든 기독교든 이슬람이든 종교는 감정의 자제와 순화를 권하는 것이고, 학자로서의 자세 또한 되도록이면 감정을 멀리하여 연구 대상과 연구 주체 사이의 거리를 두는 것이지 않습니까? 물론 자신의 입장으로부터 완전히 벗어난 학자란 현실적으로 존재하지 않지만 그래도 '태도 중립화에의 노력'을 대개 학문의 전제 조건으로 여기곤 하지요. 그럼에도 저는 이미 80여 년 전인 1922년 《개벽》지에 실린 이광수의 〈민족개조론〉을 읽으면 읽을수록 분노라는, 아주 좋지 않은 악감정을 강하게 느낍니다.

물론 〈민족개조론〉을 접하는 순간 그러한 감정에 휩싸이는 것이 제게만 해당되는 일은 결코 아닐 겁니다. 〈민족개조론〉이 나온 뒤 이광수의 일제에의 '항복'을 혐오했던 비타협적 민족주의자들에게서도, 또 〈민족개조론〉의 몰(沒)계급성과 '개조 단체' 라는 미명 아래 강조된 부르주아 헤게모니에 도저히 동의할 수 없었던 공산주의자들에게서도 강력한 반론이 제기되는 등 치열한 논쟁이 일어나지 않았습니까? 저의 분노는 후자의 경우, 즉 이광수의 계급론적 비판자들의 경우와 그 성질이 거의 같습니다.

저는 이광수의 일제에의 '항복' 그 자체에 대해서는 별 감정이 없습니다. 즉 이광수가 잠깐 몸 담았던 독립운동을 등지고 식민지 권력에 항복하여 조선에 돌아와 예속 부르주아의 기관이라 할 《동아일보》에 아주 좋은 조건으로 취직한 것(1921)을 가지고 '훼절(毁節)' 이라고 하면서 그를 인신공격의 표적으로 만들려는 생각은 전혀 없습니다. 훼절하려면, 즉 '절개를 훼손' 하려면 훼손할 절개가 약간이나마 있어야 합니다. 그러나 일본 경찰의 도움으로 조선 노동자의 파업을 분쇄하는, 일본 상전들의 자기 민족 중심주의나 횡포에 분노하되 결코 그들과 투쟁하려고 하지는 않았던 조선의 예속 부르주아 그리고 그들의 대변인 격인 이광수라는 사람에게는 그것이 없었습니다. 계급으로서의 살아남기에 대한 계산은 있어도 과거 유교 사회에서와 같은 절개는 없었습니다. 자신을 상품화하고 외세와 유착하는 것은 이광수가 속했던 계급의 태생적인 특질이었습니다. 그렇기에 총독부에 항복하여 〈민족개조론〉이라는 일종의 '반성문' 을 제출한 데 대해서는 이광수 개인보다 그 계급 자체를 혐오 내지 경멸하는 것이 더 옳을 겁니다. 사실, 굳이 혐오할 것도 없지요. "재물이 있는 곳에 마음도 같이 있다" 는 것, 즉 이재

理財를 둘러싼 외적 조건의 변화에 따라 내면도 발 빠르게 대응한다는 것은 원래부터 '가진 자'의 본질이 아닌가요? 자본에 "민족"도 도덕도 없다는 것은 어쩌면 당연한 이치일 뿐이지요.

민족이라는 집단적 '우리'에 대한 수사修辭

제 분노를 자극한 것은, 〈민족개조론〉의 서두부터 무수히 등장하는 민족이라는 집단적 '우리'에 대한 수사修辭들입니다. 〈민족개조론〉은 민족과 그 역사, 성격, 장점과 결점, 성격의 근본적인 부분과 가변적可變的인 부분들 등 민족을 둘러싼 다양한 내용을 다루고 있습니다. 그러나 그토록 다양한 민족 관련 언술에도 불구하고 〈민족개조론〉의 핵심은 간단합니다. 조선 민족이 "비사회적이고 이기적이고 나태하고 겁이 많고 진실성이 없는, 아주 열등한 이차적 성격" 때문에 식민화 당했지만 "중심인물과 개조 단체의 목적의식이 뚜렷한 개조 노력이 있으면 그 아름다운 근본적 성격이 회복되어 우등민족이 될 수 있다"는 것입니다.

그렇다면 이광수에게 '민족'이라는 주인공은 과연 무엇일까요? 간단히 이야기하자면 한 개인이나 한 집과 같은 "유기적인 단체", 일종의 "한 몸"입니다. 이광수는 이 "한 몸"으로서 민족의 근본 성격을 변하지 않는 것으로 파악합니다. 유년기에 형성된 한 개인의 성격이 이후 상황에 따라 약간 변하기는 해도 그 근저는 유지하듯이 "영국인의 자유에 대한 사랑, 라틴 민족의 평등과 전제 정치 애호"와 같은 한 민족의 근본적인 성격은 불변한다는 이야기입니다. 또한 이광수에게 개인은 유한하되 단체의 생명은 무한합니다. 이광수류의 '민족 본위주의'를 사실상 수용한 북한에서 요즘 쓰는 표현대로 "민족(내지 "민족의 지도자")이 영생한다"는 것이지요. 민족은 단체 중에서도 '근본 단체' 입니다. 따라서 "영국인의 사회봉사 정신"과 같은 민족에 대한 "멸사봉공, 자신을 버리고 단체를 섬기는 정신"은 이광수가 꿈꾸는 개조의 방법이자 목표가 됩니다.

'민족', 좀 더 정확하게 이야기하자면 민족의 중심이 되어야 할 '개조 단체', 그리고 개조 단체의 '중심인물', 즉 '민족지도자'에 대한 "봉사와 복종"이 없다면 "민족의 개조"가 불가능하다는 것입니다. 그리고 개조된 민족은 저 위대하기 짝이 없는 영국인이나 일본인처럼 "봉사 정신에 충만한 민족"이라는 것입니다.

1900년대의 순박한 계몽주의, 국가유기체론, 국가/민족 지도자인 "영웅"에 대한 "숭배" 이야기와 1930년대 한국 예속 부르주아의 파시즘 간 중간 연결고리에 해당되는 1922년의 이 민족 서사시의 문제는 무엇입니까?

사실, 〈민족개조론〉을 읽을 때 기억난 것은, 몇 년 전 한국 매체에서 나왔던 한 네팔 노동자에 대한 이야기였습니다. 아주 일찍이—대략 1990년대 초반에—한국에 와서 소위 "불법 노동"을 시작한 그는, 그를 "동생" 내지 "아들"로 대접한 한 "사장님"을—당시 생각으로—"잘" 만나서 다른 업체에 비해 월급을 덜 받았지만 "가족과 같은 보살핌"에 마음이 흡족했답니다. 문제는 그 노동자가 떠나기 몇 개월 전부터 "자금이 부족하다"고 "인간적으로" 접근한

"아버지나 형과 같으신 사장님"이 월급은 체불하다가 결국 그를 네팔로 보내면서 수백만 원에 달하는 체불 임금을 "나중에 네팔로 보내겠다"고 한 데 있었습니다. 이 네팔 노동자가 돈을 영원히 받지 못했다는 사실, 굳이 기사를 읽지 않아도 벌써 아실 수 있으시겠지요? 즉 수완이 좋은 악덕 기업주가 의사擬似 가족과 같은 분위기를 만들어 이역만리에서 가족을 그리워하는 한 젊은이의 심정을 적절히 이용해 본인의 유일하고 진실한 목적인 임금 착취와 금전 사기를 훌륭하게(?) 수행한 셈입니다. 물론 최근 들어 국내에서 근무하는 약 10여 만 명의 근로자가 체불되어 받지 못한 연간 체불 임금 총액 1조 2~3억 원 중에서 그 네팔 노동자가 받지 못한 돈은 극히 작은 일부에 불과할 것입니다.

구체적인 상황이야 당연히 다르지만, 본질을 따진다면 1920년대 초반의 예속 부르주아들의 '한 몸, 한 집과 같은 영원한 민족'에 대한 사이비 언술은 꼭 악덕 기업주의 "아들처럼 챙겨 줄께, 돈 문제 조금만 참아줘, 응?"과 같은 궤변과 매우 흡사합니다. 이광수가 조선 민족이라고 호명한 일본인 내지 중국인을 제외한 한반도의 토착 주민 집단이 당시 어떻게 구성되어 있었는지 한번 볼까요? 농민이 대다수를 차지하던 한반도에서 전 농토의 65퍼센트가 소작지였습니다. 《동아일보》의 대주주 김성수는 이광수가 1920년대 후반부터 1930년대 초반까지 "이상적인 인격자, 조선 민족 개조

김성수
〈경성방직〉을 설립하고 《동아일보》를 창간한 일제 강점기 우익 세력의 대표자.
이광수는 그를 조선 민족을 개조할 수 있는 중심인물이라고 찬양했다.

의 중심인물"이라고 찬양했던 그의 고용주였습니다. 이런 그의 경제적 기반 역시 소작인들에 대한 착취였지요. 소작료를 한일병합 이전의 30~50퍼센트에서 최고 거의 70퍼센트까지 올리고 소작 계약을 1년이나 3년 등 단기간으로 맺어 소작인을 늘 불안에 떨어야 하는 극빈자로 만든 것은 일본 지주나 조선 지주나 매한가지였습니다.

조금 더 늦은 시기의 통계지만 1929년에 일본인들이 구성한 철도협회의 통계에 따르면 조선에서 노동자, 즉 '비非농민'으로 분류된 조선인들은 약 백십만 명이었습니다. 그 중 언제 쫓겨나서 굶어 죽을지 모를 '막벌이꾼', '심부름꾼', '심부름꾼 아이'는 거의 절반을 차지했지요. 비교적 신분이 나은 공장, 광산 노동자는 6만 명뿐이었습니다. 하지만 그들도 역시 하루에 적으면 20~30전, 많아 봐야 1원 20전이라는 기아 월급에 시달리고, 휴일 없이 하루 10~13시간의 노동을 감수해야 했습니다.

요컨대 〈민족개조론〉이 쓰였던 당시의 조선에서 이광수가 조선 민족이라고 부르는 사람 가운데 대다수는 당장 내일이라도 굶어죽지 않기 위한 처절한 싸움을 전개해야 했지요. 하루에 20전도 못 받아 하얀 밥 한 번 먹는 것이 꿈이었던 10대 후반의 여공들이 한 신문 기자의 말처럼 "어두컴컴한 공장에서 감독의 무서운 감시와 100도에 가까운 열도 속에서 뜨거운 공기를 마시며 골육이 쑤시고 뼈가 으스러지도록 노동을"(《조선중앙일보》, 1936년 7월 2일) 해야 했던 것이 바로 당시 식민지 조선의 현실이었습니다. 그런데 이 같은 상황에서 자칭 "민족 개조"의 "선구자" 이광수는 어떻게 살았습니까? 그의 집을 방문한 잡지 기자는 " 유리창 안으로 대청에는 풍금

면사공장에서 값싼 일당으로 혹사당하는 부녀자들
이광수가 "이상적인 인격자"라고 찬양했던 김성수의 경제적 기반은 이러한 노동자들의 착취였다.

(피아노), 축음기들의 악기며 문학文學, 의학서류醫學書類 들을 넣은 책장이 먼저 보이는" 안락한 "스위트 홈"을 발견합니다. 또 그의 부인으로부터 '8시 반에 출근하고 6시에 퇴근, 귀가하고 9시에 꼭 자고, 일본 반찬을 좋아해도 마늘을 아주 싫어하는", 즉 요즘 말로 '웰빙'에 신경을 충분히 쓸 수 있는 여유 있는 생활 이야기를 듣습니다(〈스위트 호-ㅁ 李光洙氏 家庭訪問記〉, 《별건곤》 34호, 1930년 11월).

허동현 교수님, 고된 일에 시달리며 어린 나이부터 죽기 전까지 하얀 밥 한번 제대로 못 먹는 여공과 스위트 홈에서 피아노 소리를 즐길 수 있었던 성공적인 베스트셀러 작가 이광수가 정말 "한 몸인 한 민족"에 똑같이 속한다는 것입니까? 그들이 같은 언어를 썼는지는 모르겠습니다(실제 일본 유학을 갔다 온 엘리트들의 언어는 서민들의 언어와 꽤나 달랐지요). 하지만 그들은 이해관계도, 이해관계의 관철 방식도, 이해관계 관철의 과정에서 단련되는 성격, 소속 의식, 역사의식도 퍽이나 다를 수밖에 없었습니다.

〈민족개조론〉에서 '민족 개조의 역사', 즉 근대 자본주의를 지향하는 친일적 고급 지성인의 입장에서 본 한국 근대의 주된 사건으로 갑신정변, 독립협회, 1900년대의 계몽운동, 청년학우회 결성 등이 부각되었습니다. 그러나 이광수가 그렇게도 개조시키고 싶었던 민족의 9할 이상은 완전히 다른 역사를 갖고 있었지요.

이광수의 사회진화론적 사고방식

독립협회가 서울에서 "충군애국, 국가를 위한 분골쇄신"의 가치(?)를 선양하고 항일 의병이나 동학도들을 "도적, 비적"이라고 비난하면서 기독교와 자유무역 중심의 "문명 진보"를 외치던 1898년, 목포 부둣가의 한국, 중국 짐꾼들은 한국 역사상 최초의 동맹파업에 들어갔습니다. "애국계몽운동"이 부국강병과 "후진적인 조선인의 폐습 개조"를 외친 1905~1910년, 평남 지역에서는 비록 소규모였지만 최초의 노동조합들이 생기기 시작했지요.

이광수가 일본 등지에서 근대를 신나게 배우며 "조선인들을 근대로 지도할" 꿈을 키우던 1910년대에 조선 안에서는 약 1만 명 정도의 노동자들이 가열차게 170여 건의 쟁의에 참여했습니다. 러시아 혁명으로 전 세계가 떠들썩했던 1917년, 이광수의 고향 정주와 가까운 평양에서는 1,300여 명이 참여한 노조가 만들어지기도 했습니다. 〈민족개조론〉이 나왔던 1920년대 초반에는 공산주의, 사회주의, 아나키즘 이데올로기가 도입되어 노동자, 농민 투쟁의 이념성과 조직성 등이 한층 높아졌지요. 파업하는 노동자에게 고용주의 국적은 아무 의미가 없었습니다. 그들의 피땀을 빨아먹는다는 점에 있어서는 큰 차이가 없었던 것이지요. 이광수의 후견인 김성수도 경성방직에서 노동자들을 함부로 해고하고 부당하게 대우했다가 1926년 5월 7~12일 대규모(360여 명)의 파업을 경험하지 않았습니까?

물론 일제에 의해 "조선인"이라고 멸시 당하고 민족차별적인 임금 착취를 당하고 조직이 늘 탄압 당하던 조선의 피착취 대중들이 민족 해방을 열망한 것은 당연한 일이었습니다. 1920년대 초반부터 그들의 선봉이 된 공산주의자 등 사회주의 성향의 진보적 지식인들 또한 민족 해방을 민족적 배타성, 폐쇄성과 헷갈릴 정도로 몰상식한 사람들이 아니었고요. 이르쿠츠크파 공산당의 창당 대회에서 "조선의 해방이 되면 조선에 이주 온 일본 빈농에게까지도 똑같이 땅을 나누어주고 그들과의 계급적 연대를 세계 혁명의 출발점으로 삼겠다"는 의지를 밝힌 것을 보십시오. 진정한 의미의 민족과 세계의 개조를 계획했던 쪽에서는 민족해방과 세계혁명은 둘이 아닌 하나였습니다. 이는 민족들 사이의 영원한 우열의 차이, 그리고 영원한 패권 투쟁을 전제로 한 이광수의 사회진화론적 사고방식과는 질적으로 다른 사고였습니다.

일제의 식민주의가 만들어낸 민족 모순과 급속한 자본화로 인한 계급 모순이 중첩적으로 결부됐기 때문일까요? 아니면 유교적인

"민생, 애민, 상부상조" 이념에 가장 근접한 것이 바로 근대 사회주의라는 점을 발견하고는 빠른 속도로 급진화된 수많은 주변적 지식인들, 소위 '전위 분자'들의 헌신적 노력 덕분일까요? 1920~1930년대의 조선은 아시아에서 계급운동이 가장 활발한 지역으로 꼽혔습니다. 1980년대의 계급운동은 일제 말기의 '1차 파쇼화'와 이승만 시대의 학살, 박정희 시대의 병영화와 '2차 파쇼화'가 단절시킨 이 전통을 다시 '부활' 시킨 것이지요.

외세 및 늘 친외세적이지 않을 수 없는 예속 자본으로서는 단순히 탄압만으로 조선의 진정한 역사, 즉 계급적 해방운동의 역사의 전개를 차단시키기 힘들었습니다. 지식인들은 굶어죽는 민중을 늘 가까이에서 지켜보는, 그러다가 어느 순간 피해자의 쪽으로 넘어가버릴 수 있는 존재였습니다. 그런 지식인들의 마음을 잡기 위해 김성수 등 조선 사회의 '보스'들은 그람시Antonio Gramsci(1891~1937)가 이야기했던 '이데올로기적 헤게모니'를 확보할 만한 대안적 프로젝트를 제안해야 했습니다. 그래야 적어도 '중급' 유식층 사회의 급진화를 '예방'할 수 있었던 것이지요. 그러한 프로파간다적 '예방 주사'의 역할을 맡은 것이 바로 〈민족개조론〉과 같은 '온건한' 우익 민족주의적 유토피아들이었습니다. 그런데 문제는 그것이 지적 공작工作 치고는 좀 저질의 공작이라는 데 있습니다.

위에서 말씀드린 바와 같이 당시 조선에서는 이미 근대적 계급투쟁이 활발히 진행되고 있었습니다. "한 몸", "한 집"과 같은, 한 개인처럼 움직이는 유기적인 단체로서의 민족 이야기를 일소一笑에 부칠 사람이 꽤 있었다는 말이지요. 이광수는 조선 민족이 "애족愛族, 단체에 대한 봉사, 성실함, 멸사봉공"이라는 '덕목'을 가져야 한다고 설교했습니다. 하지만 그가 속한 동아일보사는 "민족 물산 장려"를 외치면서 약 60퍼센트의 광고 지면을 일본 상품의 광고로 채웠습니다. 이 노골적인 상업주의는 이광수가 말한 "멸사봉공"의 참 보기 좋은(?) 모범이었지요?

이광수는 조선인들을 "겁쟁이"라고 모독하고 그들에게 "상무尙武 정신과 용기"를 가질 것을 요구했습니다. 그러나 바로 그 개인적인 용기, 개인적 안락을 희생할 수 있는 의지력의 차원에서 이광수와 그가 그렇게도 혐오했던 공산주의자들 사이에는 천양지차가 있었지요. 이광수가 대표했던 조선의 예속 부르주아들은 그들이 상상했던 "선진 문명 국민"(일본이나 영국)의 '덕목'을 조선인들이 길러야 한다고 목청을 높였습니다. 하지만 외세에 빌붙어 살아야 했던 그들 자신부터 이 '덕목'은 턱없이 모자랐지요. 민족주의적 수사가 따로 있고 매판적인 생활양식이 따로 있는 것은, 그 때나 지금이나 조선 부르주아들의 맹점이 아닌가요?

〈민족개조론〉이 유명해진 이유

그런데 위의 이야기를 읽어보시는 분마다 아마도 의문이 생기실 겁니다. 이미 1920년대 초반 조선 사회의 전위의 수준이 "개명한 개조 단체"를 맹종하여 "중심인물"을 섬기고 "열등한 민족성을 향상"시키려고 안간힘을 쓰는 정도가 아니었을 텐데, 이광수의 이 딱

딱한 학술투의 글이 왜 그토록 유명해졌을까 하고 말입니다.

"지도자 숭배와 단체 숭배"에 목매던 무솔리니의 열혈 팬 이광수가 1920~30년대 최고의 베스트셀러 작가이자 최고의 영향력을 가진 제도권의 사회 참여적 지식인이 될 수 있었던 배경은 과연 무엇이었을까요? 최신판 민족개조론이라 할 보수 언론의 온갖 "글로벌 스탠더드"에 대한 궤변들, 한국인에게 서구인처럼 "친절하고 정확하고 일 처리에 빠르고 웰빙에 밝게 되어라"라고 외치는 온갖 민족개조론적 처세술 지침서들은 왜 이토록 인기가 많은가요?

이건 탄압만으로 설명될 수 없는 부분입니다. 두 가지 답이 가능할 것 같습니다. 하나는 1920~30년대의 '원조 이광수'나 현대의 '이광수들'에게 보수 언론이라는 엄청난 매체력이 뒷받침된다는 것이지요. 물론 이광수의 글재주 — '세계'에 대한 번쩍이는 지식, 전통에 대한 깊은 듯한 이해, 그리고 개인의 내면을 향하는 강한 시선—가《동아일보》와《조선일보》,《별건곤》,《삼천리》등을 팔아준 부분들도 있었을 겁니다. 하지만 바로《동아일보》가 이광수를 탄생시킨 모태이자 키워준 '어머니'였다고 볼 수도 있지 않을까요? 특히《동아일보》나《조선일보》는 1920년대에 진보적인 기자도 키워주고 폐간할 때까지 계속 홍명희나 한용운과 같은 비타협적·양심적 '민족파' 지식인들에게도 지면을 할애해줌으로써 중간 유식 계층의 신뢰를 구축했습니다. 이광수라는 스타는 바로 그 기반 위에서 탄생될 수 있었습니다. 즉 아무리 "지적 공작"의 성격이 강한 글이라 해도 매체가 만들어낸 스타가 벌이는 공작은 벌써 단순히 사기가 아니었습니다.

두 번째는 훨씬 더 근본적인 원인입니다. 바로 전환기 주변적 분자들의 신분 상승 욕구입니다. 한국사에서 1990년대 후반까지의 20세기는 새로운 자본주의적 사회의 지배계급이 아직 형성 중이던 기나긴 '과도기'였습니다. 그러한 상황에서는 기본적 학력이라는 상부 계층 편입 조건을 갖춘 자에게 늘 위로 올라가는 계단이 열려 있는 것처럼 보입니다. 그 계단을 올라가려면 아무래도 '사회에서 쳐주는' 이광수류의 '문화주의적', '인격주의적', '자기계발주의적' 담론이 훨씬 유리하지 않습니까? 사실 지금은 이 계단 위쪽에 서 있는 누군가가 동아줄을 던져주고 당겨주지 않는다면, 즉 가정의 구성원 중 이미 상층 계급에 편입된 자가 없다면 더 이상 출입이 불가능한 것 같습니다. 신자유주의화된 사회에서는 더 이상 개천에서 용이 날 일은 없습니다. 그럼에도 불가능에 도전하며 "신분 상승의 쾌거"를 올리려는 이들은 줄지 않고 있습니다. 그들에게 이광수 내지 이문열류의 교양주의나 보수적 계몽주의 등은 "성공"의 지적 토대로 보일 수 있겠지요. 일단 "괜찮은 사회"에서 화제가 된 텍스트이지 않습니까?

역사의 철칙

허동현 교수님, 저는 이광수의 '민족 개조적인' 궤변에 분노를 느낀다고 해서 꼭 이광수와 반대쪽에 서 있었던 사람들을 천사로 보려 하지 않습니다. 계급 사회의 모든 왜곡과 모순들이 계급 사회를 타도하려는 반체제 세력에게도 그대로 옮겨진다는 건 역사의 철칙이기 때문이지요. 원수와 싸우면서 늘 그 원수에게 배워 닮아 가게 돼 있다고 할까요?

몇 년 전 한총련 학생들이 과거 안기부 대공분실 직원이 부러워할 솜씨(?)로 한 젊은 노동자를 프락치로 의심하여 때려죽인 일이 있지요. 그때 전 그 철칙을 떠올리며 눈물을 흘렸습니다. 사실 이광수가 〈민족개조론〉에서 프랑스의 극우 사회학자 르봉을 인용한 태도는, 1920년대의 공산주의자들이 부하린의 《공산주의 ABC》를 인용한 태도와 놀랍도록 비슷하더랍니다. 진정 극과 극은 통하나 봅니다.

세상의 모든 과정들은 반전反轉, 반동, 변질, 시행착오를 겪습니다. 조선 혁명도 마찬가지지요. 그러나 혁명가들에게는 좋은 특징이 하나 있습니다. 그들이 자타의 경험에서 잘 배운다는 겁니다. 이광수가 노골적인 파시즘으로 발전(?)해 나간 1930년대에 이재유李載裕(1903~1944) 등은 '밑으로부터의 공산당 재건'이라는 전술을 사용했습니다. 이는 예컨대 1920년대의 '중앙당 창당, 코민테른 승인'에 목매던 그 유치한 접근법보다 훨씬 대중적이었지요. 더 크게 볼까요? 1917년 러시아 혁명의 변질과 패배, 북한의 '현대형 왕조국가'로의 퇴행 등도 지금의 우리에게는 일찍이 없었던 '교재'입니다. 혁명을 어떻게 하면 안 되는가를 잘 알 수 있게 해주기 때문이지요. 그리고 그러한 좌절과 패배를 넘어 변혁은 계속 진행됩니다.

어두워지는 오슬로에서
박노자 드림

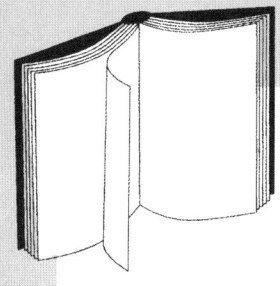

더 읽을 만한 글

김용달, 〈춘원의 민족개조론의 비판적 고찰〉, 《도산사상연구》 제4집, 도산사상연구회, 1997.

김현주, 〈논쟁의 정치와 '민족개조론'의 글쓰기〉, 《역사와 현실》 제57집, 2005년 9월.

김형국, 〈1920년대 초 민족개조론 검토〉, 《한국근현대사연구》 제19집, 한국근현대사학회, 2001.

박성진, 〈1920년대 전반기 사회진화론의 변형과 민족개조론〉, 《한국민족운동사연구》 제17집, 한국민족운동사연구회, 1997.

〈민족개조론〉을 말한다

국민국가
만들기
프로젝트로서의
〈민족개조론〉

허동현

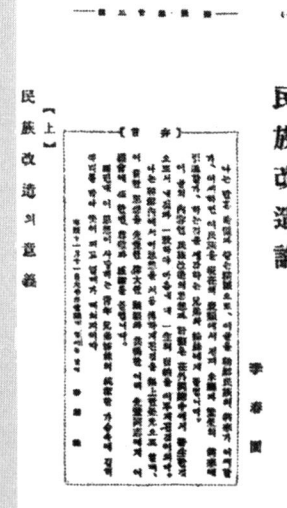

〈민족개조론〉에 대한 몇 가지 관점

안녕하십니까, 박노자 선생님.

박 선생님께서는 〈민족개조론〉을 일제에 항복한 이광수가 총독부에 제출한 "반성문"으로 보시는군요. 물론 그런 측면도 있을 겁니다. 하지만 "〈민족개조론〉은 안창호의 지시에 의해서 만들어진 흥사단의 국내조직인 수양동맹회의 창회 선언문이다"라고 본 진보적 역사학자 서중석의 진단이 더 제 귀에 와 닿습니다(서중석, p. 151).

사실 이광수가 평생 존경한 사표는 도산 안창호였다고 합니다. 1921년 2월 이광수가 귀국한 것도 안창호의 지령에 따라 국내에서 흥사단운동을 전개하기 위한 것이었다고 하지요(〈망명객들의 귀국 裏面 폭로〉,《第一線》1932년 9월호). 그가 〈민족개조론〉의 서두에 "이 글의 내용인 민족 개조의 사상과 계획은 재외동포 중에서 발생한 것으로서 내 것과 일치하야 마침내 내 일생의 목적을 이루게 된 것이외다"라고 밝히고 있듯이, 이 글은 "이광수의 붓으로 쓰인 안창호의 저작"이었다고 보는 것이 합리적입니다(백승종, p. 287).

이러한 견해를 뒷받침하는 증거는 많습니다. "〈민족개조론〉은 도산의 구국이론으로 흥사단 이념을 처음으로 세상에 물은 것으로서 의미 깊은 것"이라는 흥사단의 공식 역사서인 《흥사단 50년사》와 《흥사단 70년사》의 서술을 보십시오. 또한 이광수와 지향을 달리한 공산주의자 주종건朱種建(1895~?)의 경우 "민족개조론을 비롯하여 이광수 군의 모든 논지는 흥사단의 강령을 포연布衍한, 일종

이광수의 사표였던 안창호는 비밀정치결사 신민회와 흥사단을 중심으로 출판계몽사업, 민족산업 육성, 인재양성에 진력했다.

의 심적 개조를 주장함"(《현대경제조직의 모순―어떤 다소간 교양 있는 실업한 숙련직공과의 대화》,《개벽》41호, 1923년 11월)에 있다고 말합니다.

이런 면에서 봤을 때 박 선생님께서 오늘날에도 이 땅의 많은 사람들에게 큰 영향을 주고 있는 도산의 민족개조 사상에서 이광수의 〈민족개조론〉만을 뚝 떼어내 비판의 대상으로 삼는 것은 시야를 너무 좁힌 것이 아닐까 합니다.

좀 더 구체적으로 볼까요? 이광수의 〈민족개조론〉이 소개되고 이에 대한 사회주의 계열 인사들의 반론이 팽팽하게 파열음을 내던 "거대담론의 격전장"은 《개벽》과 같은 잡지와 신문의 지면이었습니다. 십자포화가 작열하던 당시의 격전장으로 들어가 보시지요.

주종건은 "물질을 토대로 하야 진화하는 이 사회의 모든 불합리를 오직 심적 개조로 근절하겠다 함은 그야말로 연목구어식의 망상이라고 밖에 할 수 없다"고 말하며 〈민족개조론〉의 논리를 공격합니다. 김명식金明植(1890~1943)은 이광수를 먹물을 뿜어 남의 눈을 피하는 문어에 비유하며 그의 〈민족개조론〉을 "이론의 빈약함을 숨기기 위하여 화려한 문장, 값싼 눈물의 표현인 정열적 수사, 그 위에 이곳저곳 역사책권歷史冊卷에서 떼어온 아무 근거의 구명究明이 없는 단편적 사례史例 등을 제 비위에 맞는 대로 따다가 맞추어 놓은" 것에 지나지 않는다고 비판합니다.

하지만 이 같은 사회주의자들의 필봉에 맞서 이광수를 감싸고 지지하는 쪽의 목소리도 만만치 않았습니다. 문단의 동료 박종화

朴鍾和(1901~1981)는 "춘원을 후욕詬辱하는 모든 인사에게 묻노니 도적질을 시키는, 다시 말하면 사람으로 하여금 도적놈이 되게 한 자가 그르냐. 스스로 어찌할 수 없어 죽지 못하여 도적질 하는 놈이 죄가 더 크냐! 식자識者 있으면 그 분변함이 있을 것이다"(《문단의 1년을 추억하여 현상과 작품을 槪評하노라》,《개벽》31, 1923년 1월)라고 해 죄 없는 자 돌을 던지라는 식의 옹호론을 펼칩니다. 백일장에서 "서적비평문"으로 2등상을 탄 간도에 있던 무순撫順중학교 4학년생 김경석金景錫은 "오직 이때에 우리 머리위에 광명한 서광이 빛나고 우리의 발 앞에 뚜렷한 나침반이 놓였으니 곧 이광수 선생의 〈민족개조론〉이 그것이다 …… 조선을 구하고 민족을 살리겠다는 젊은이거든 누구를 막론하고 반드시 읽어야 하겠으며 이 사상을 가지고 이 계획대로 노력하기를 바라는 바이다"(《民族改造論讀後感—李光洙 著〈朝鮮의 現在와 將來〉를 읽고》,《동광》29호, 1931년 12월)라고 찬탄합니다. 기독교계 지식인 함석헌咸錫憲(1901~1989)이나 이찬갑李贊甲(1904~1974)도 이광수의 변절은 비난했지만 안창호의 사상을 받든 그의 〈민족개조론〉은 긍정적으로 받아들였다고 하더군요(백승종, p. 287).

개조의 의미

김현주에 의하면, 1920년대 들어 "《개벽》에 등장한 거시적 쟁점은 '조선은 어디로, 어떻게 가야할 것인가'였다. '개조' 즉 '세계는 새롭게 만들어 질 수 있다' 는 기대가 정치적 상상력을 촉발했으며, 낙관적이고 공상적인 분위기 속에서 유토피아니즘이 투영된 다양한 프로그램이 제출되었다"고 하더군요(김현주, p. 113).

왜 민족주의 우파 계열의 안창호는 이광수를 도구로 해 〈민족개조론〉이란 담론을 제기했을까요? 왜 이에 대해 사회주의 진영의 논객들은 반론의 집중포화를 쏟아 부었을까요? 〈민족개조론〉이 《개벽》에 활자로 박혀 세상에 선보인 것은 1922년 5월이었습니다. 하지만 이광수가 이 글을 탈고한 때는 그보다 앞선 1921년 11월 "태평양회의", 즉 워싱턴 군축회의가 열리던 날이었습니다. 그는 왜 이 글의 탈고 날짜를 서두에 밝혔을까요? 자신이 〈민족개조론〉을 쓴 이유가 워싱턴 군축회의에서 비롯된 위기의식과 관련이 있다는 점을 알리고 싶었기 때문은 아니었을까요?

자! 그럼 이광수가 〈민족개조론〉을 쓰던 시기의 국제정세 및 민족주의와 사회주의 진영의 움직임을 개관해 봅시다.

1918년 1차 세계대전이 독일의 패전으로 막을 내린 후 식민지 약소민족들은 독립에의 희망을 품게 되었습니다. 전후 식민지 문제 처리에 미·소 양국은 모두 민족자결주의 원칙을 내세웁니다. 하지만 해법은 서로 달랐습니다. 레닌V. I. Lenin은 식민지 약소민족의 해방을 지원함으로써 세계 사회주의 혁명을 촉진시키려 합니다. 반면 윌슨Woodrow Wilson은 국제연맹 하의 위임통치라는 점진적 방법을 통한 자유무역체제의 구축을 꾀합니다.

이러한 세계사의 흐름 속에 한국에서는 3·1운동이 일어났습니다. 민족주의자들은 미국이 주도하는 파리강화회의(1919)와 워싱턴

① 워싱턴군축회의에 참석한 이승만(왼쪽)과 서재필
② 대중에게 연설하고 있는 레닌
③ 1918년 1월 민족자결주의를 발표하고 있는 우드로 윌슨 미국 대통령

군축회의(1921년 11월~1922년 2월)에서 한국의 독립을 이루려는 소망을 품었습니다. 그러나 기대와는 달리 미국은 두 회의에서 3·1 운동을 통해 나타난 한국인의 독립 요구를 묵살하고 말았지요. 이후 이승만은 하와이로 가서 후일을 기약합니다. 서재필은 독립운동 전선에서 물러나 미국에서 본업인 의사로 복귀했고요. 이로써 외교독립론은 시들해졌습니다.

〈민족개조론〉은 이처럼 독립의 가능성이 기약도 없이 사라져버린 국제 환경에 대한 위기의식에서 나온 것입니다. 즉 1907년 신민회사건 이후 지속적으로 실력양성을 통한 독립 준비를 지론으로 갖고 있던 안창호가 이광수의 입을 빌려 국내에서 "민족 개조", 즉 국민국가 만들기를 위한 준비를 외친 것이지요.

이에 반해 사회주의 진영은 참가한 24개국이 만장일치로 한국의 독립 보장을 결의한 1919년 8월 9일 제2인터내셔널과 1920년 상해 임시정부에 200만 루블의 독립운동 자금을 약속한 소비에트 러시아에 희망을 걸었습니다. 나아가 1922년 1월 모스크바에서 열린 제1차 극동노력자회의 참석자들은 워싱턴 군축회의에서 서구 열강이 한국의 독립 요구를 외면한 것을 맹렬히 공격하면서 한국의 독립운동을 프롤레타리아 혁명으로 발전시킬 것을 촉구하기도 했습니다. 고립무원의 한국인들에게 소비에트 러시아는 믿음직한 한국 독립의 후원자로 다가왔던 것이지요. 당시 조선의 사회주의자들도 러시아의 '볼셰비키 혁명'(1917)을 본떠 자본주의에 입각한 국민국가라는 역사 단계를 건너 뛰어 바로 사회주의 계급 혁명을 이룰 수 있다는 꿈을 꾸기 시작했다고 볼 수 있습니다.

이런 점에서 〈민족개조론〉을 "좌우익 이데올로기가 일종의 대립의식을 형성하기 시작하는 바로 그 초입단계에 하나의 쐐기 같은 역할"(김윤식, p. 728)을 한 것으로 보는 시각도 가능할 것 같습니다. 그리고 박 선생님 지적처럼 "사회주의 운동이 퍼지는 것을 막기 위해 부르주아 세력들이 매문업자 이광수를 도구로 중간 유식층들에게 놓은 예방주사"로 볼 수도 있을 겁니다.

담론 대결

그러나 저는 〈민족개조론〉을 둘러싼 공방을 민족주의 진영이 품은 국민국가 만들기를 예비하는 꿈과 사회주의 진영이 품은 사회주의 계급혁명에의 열망이 부딪히면서 출현한 담론 대결로도 볼 수 있다고 생각합니다. 왜냐하면 〈민족개조론〉에 담긴 공중성·위생·교양·단결력·풍속 개량 운운 등에 주목할 경우 그것을 일종의 국민국가 만들기를 예비하는 기획으로 읽는 것도 가능하기 때문입니다.

사실 국민국가의 원조인 프랑스에서 프랑스혁명이 일어났을 때 프랑스어를 말하는 인구는 전체 인구의 30퍼센트에 불과했다고 합니다. 프랑스어가 국민의 언어로 정착되는 데 100년이 걸렸다고 하고요. 또한 유럽에서도 국민국가 만들기가 한창 진행될 때 민족성, 즉 국민성 개조론이 홍수를 이뤘습니다. 서양보다 뒤늦게 국민국가 만들기에 뛰어든 일본의 경우도 서구인의 도덕 기준에 어긋나는 남녀 혼욕의 금지나 쇠고기 먹기 운동 전개 등 서구인의 기준에 맞춘 민족성 개량 작업에 착수한 바 있습니다. 심지어 국민국가를 꿈꾸던 시기의 사상가 중 하나는 왜소한 일본인의 체격을 키우기 위해 서양인과의 혼혈을 제안했다고 하더군요.

베네딕트 앤더슨Benedict Anderson이 말하듯 "상상의 공동체 Imagined Community"로서 민족이란 왕조가 쇠퇴하고 자본주의가 발달하는 시기에 나타나는 "문화적 조형물"이자 인위적으로 만들어진 "역사적 공동체"가 아닐까요? 근대의 산물인 민족이란 영국 민족의 형성을 풍자한 아래 시에서 보이듯이 본래 순결한 존재는 아니었다는 점을 기억해야 하지 않을까요?

> 이렇게 모든 것들의 혼합에서
> 한 영국인Englishman이라는 이질적인 것이 시작되었다.
> 갈망하는 강간들에서, 격렬한 욕정에서,
> 허식적인 브리튼인Briton과 스코트인Scot 사이에서 태어났다.
> 그들이 낳은 자손은 곧 고개 숙이고 그들의 암염소 새끼를
> 로마의 쟁기에 끌어매는 것을 배웠다.
> 거기에서부터 이름도, 민족도, 언어도, 명성도 없는,
> 잡다한 혼혈인종이 나왔다.
> 색슨인Saxon과 덴마크인Dane 사이에 주입된
> 그들의 뜨거운 정맥에서는 새로 섞인 피가 흘렀다.
> 그들의 음탕한 딸들은 부모들처럼

모든 민족을 무차별한 욕정으로 받아들였다.
이러한 구역질나는 종족은
영국인이라는 추출된 혈통을 직접 담고 있었다.
―다니엘 데포우Daniel Defoe, 〈진짜 영국인The True-Born Englishman〉

(베네딕트 앤더슨, p. 6에서 재인용)

저는 이광수의 〈민족개조론〉이 국민국가 만들기로 해석될 수 있다고 해서 이를 미화할 생각은 없습니다. 사실 개화기 이래 오늘에 이르는 우리의 국민국가 만들기 프로젝트에서 외세는 늘 중심에 있었습니다. 갑신정변(1884) · 갑오경장(1894~1895) · 독립협회운동(1896~1898) · 민족개조론(1922)은 일본이라는 외세에 기댄 것이었습니다. 이승만 정권에서 노무현 정권에 이르는 해방 이후의 모든 정권도 미국이라는 외세에서 자유롭지 못했습니다.

이처럼 19세기에서 오늘에 이르는 한국의 국민국가 만들기 프로젝트와 대한민국이라는 국민국가는 외세 의존이라는 공통의 한계를 갖고 있습니다. 물론 이러한 외세 의존은 사회주의 쪽도 마찬가지였습니다. 해방 직후 남로당의 지도자 박헌영朴憲永(1900~1955)이 "만국 프롤레타리아트의 조국 쎄쎄쎄르(소련) 만세! 세계 혁명운동의 수령 스탈린 동무 만세!"를 외친 것처럼 일제하 사회주의 계급혁명을 기획한 쪽도 소련이라는 외세에 기댄 것은 부정할 수 없는 사실이지 않습니까?

친일 반민족 행위자의 대표 격으로 이광수에 대한 심판의 철퇴가 내려지는 오늘날에도 그에 대한 평가는 극과 극을 달립니다. 일례로 어두운 권위주의 시절 양심을 지키며 살아간 진보학자 김용준도 〈나의 젊은 시절〉이라는 회고 글에서 이광수에 대해 "나를 충직한 황국신민으로부터 한국 사람으로 만들어 줬다"고 고백합니다. 자신의 스승인 함석헌의 이광수에 대한 평가를 인용하면서 "춘원 이광수를 친일문인 운운하며 매도하는 신문 기사를 대할 때마다 아무리 그렇더라도 나는 춘원을 나무랄 수 없다는 생각을 하곤 한다"고 이광수를 감싸기도 하더군요(《동아일보》 2005년 9월 8일).

■ 박헌영
■■ 함석헌

이러한 평가는 박 선생님이 이광수나 김성수에 대해 내린 심판—"이광수의 일제에 대한 반성문인 〈민족개조론〉은 자신을 팔고 외세에 빌붙는 그 자신이 속한 부르주아계급의 태생적 한계를 드러낸 것이며, 그가 지적 사기를 칠 수 있었던 것도 예속자본가 김성수가 경영하는 《동아일보》의 뒷받침이 있었기 때문이니, 이광수 개인보다 그 계급 자체를 혐오 경멸하는 것이 더 옳다"는—과 정면으로 부딪칩니다.

이처럼 군국 일본의 지배하에 있던 시절에서 냉전 시절에 이르는 시기에 대한 우리의 기억은 합쳐지지 않는 철로처럼 평행선을 달립니다. 한 세기 전 이 땅의 사람들은 국민국가의 시대를 맞아 국민으로 진화하지 못하고 일본 제국의 식민지 국민이자 천황의 신민臣民으로 전락하고 말았지요. 1919년 3·1운동 이후 그들은 아직 생기지 않은 나라의 모습을 놓고 서로 다른 그림을 그리기 시작했습니다. 민족독립운동과 민족해방운동. 역사가의 경우 자유민주주의와 사회주의 어느 쪽을 꿈꾸느냐에 따라 역사책에 다른 이름이 올라가지요. 이광수의 〈민족개조론〉을 공격하는 쪽이건 옹호하는 편이건 간에 모두 타자와 더불어 살기를 꿈꾸는 다원적 시민사회를 사는 우리의 현재 입장에 비추어 보면 냉전 시대의 민족이나 계급 같은 이미 유효기간이 지난 거대 담론의 포로에 지나지 않는다고 말하는 것, 과연 지나친 일일까요?

해당 시대를 산 이들의 머릿속에는 제방에 난 구멍을 고사리 손으로 막아 마을을 구한 네덜란드 소년의 이야기가 담겨 있지요. "우리는 민족중흥의 역사적 사명을 띠고 이 땅에 태어났다." 1994년 국민교육헌장이 역사의 뒤안길로 사라지기 전까지 이 땅의 사람들은 민족의 중흥을 위해 살아야만 했습니다. 그러나 네덜란드 소년의 이야기는 전체의 이름으로 낱낱의 희생을 강요하던 시절 국가가 국민을 동원하기 위해 만든 신화일 뿐입니다. 아이의 손바닥 하나로 둑에 난 구멍을 막을 수는 없는 일이지요.

이뿐만이 아닙니다. 그러한 민족 신화에 맞서 민중의 이름으로 새 세상을 꿈꾼 이들의 눈에도 개인은 보이지 않았습니다. 민족과 민중 같은 거대 담론이 횡행할 때 개인은 설 자리가 없습니다. 그 시기를 산 여성들은 남성보다 큰 희생을 강요받았지요. 국가권력과 가부장권이라는 두 개의 족쇄가 여성을 속박했습니다. 현모양처라는 말이 웅변하듯 여성은 민족과 민중의 이름으로 남성에 봉사하는 도구일 뿐이었습니다.

그러면 서로 생각과 지향과 이해를 달리하는 이들이 함께 살아가는 다원화된 시민사회를 꿈꾸는 입장에서 〈민족개조론〉을 다시 읽어볼 필요가 있지 않을까요? 왜냐하면 저는 이광수 개인보다는 그가 속한 계급과 그를 밀어준 자본 전체를 악으로 보는 박 선생님의 견해에 동의할 수 없기 때문입니다. 또한 네팔 출신 이주노동자를 착취하는 오늘의 "천민자본"이 소작농의 "피땀을 빤" 일제 하 "예속자본"의 충실한 계승자이기에 부르주아 계급과 자본은 예나 지금이나 진정한 민족의 구성원이 될 수 없다고 심판하는 견해에도 동의할 수 없기 때문입니다. 민족주의자들과 자본가 전체를 악으로 단죄하면서 사회주의자와 노동자들은 선한 세력으로 옹호하는 이분법적인 이항대립의 평가는 너무 도식적이고 균형을 잃은 좌편향의 역사 해석이 아닐까요?

박 선생님은 일제 하의 "사회주의 경향의 진보적 지식인들"은 "진정한 의미의 민족과 세계의 개조를 계획"했고, "개인적 안락을 희생할 수 있는 의지력의 차원"이 부르주아 계급과 "천양지차"가 있었다고 말합니다. 나아가 "자타의 경험", 즉 부르주아나 사회주의자의 지난 경험 모두에서 "잘 배우는 좋은 특징을 갖는 혁명가들"이 "1917년 러시아 혁명의 변질과 패배나 북한의 '현대형 왕조국가'로의 퇴행"을 넘어 "혁명을 계속 진행"하고 있다고 긍정합니다.

과연 그럴까요? 약소국의 독립을 도와주겠다던 러시아 적군의 손에 우리 독립군이 무참히 학살당한 1921년의 자유시 참변을 떠올려 보십시오. 냉전 시대 소련과 중국 북한과 미얀마에서 벌어진 폭력과 대량학살도 상기해보세요. 이 같은 기억은 사회주의자들에 대한 박 선생님의 호평을 마냥 긍정할 수 없게 합니다.

광기의 시대를 산 지식인의 아픔

2005년 《한겨레》에 실렸던 공산주의 논객 김명식의 생애와 사상에 대한 박 선생님의 기고문이 생각납니다. 선생님은 그 글에서 이광수의 파시즘을 맹렬하게 공격하던 김명식도 말년에 지조를 굽히고 말았지만 이를 광기의 시대를 산 지식인의 아픔으로 따뜻하게 감싸시더군요.

물론 김명식에게도 아쉬운 부분이 없지 않아 있다. 소련이 파시스트 독

자유시 참변
북만주 흑룡강성의 도시 애훈에서 바라본 소련 땅 브라고베시첸스크. 이 도시의 북쪽에 있는 알렉셰프스크(자유시)에서 러시아 적군은 우리 독립군을 집단으로 학살했다.

일과 야합해 그가 유럽의 조선이라고 여겼던 폴란드를 분할 점령함으로써 수많은 진보적 지식인들을 실망시키는 등 암흑의 상황에서 일제의 극심한 감시에 시달리던 말년의 김명식이 어려운 현실과 타협하기 위해 창씨개명의 필요성을 주장하는〈氏制度 창설과 鮮滿一如〉,《삼천리》, 1940년 3월) 등 쓰지 말아야 할 글을 쓴 일이다. 자신을 끝까지 마르크스주의자로 부르고 개인적으로는 창씨개명을 거부하고 죽으면서도 '해방될 때까지 내 사망신고는 하지 말라'고 하는 등 나름대로 지조를 지킨 그가 이와 같은 종류의 타협으로 얼마나 괴로워했을지 상상이 간다.

—박노자, 〈잊혀진 공산주의자의 향기〉(《한겨레》 2005년 10월 13일)

사실 이광수를 공격하던 김명식도 일본 군국주의의 광기가 몰아치던 시대의 속박에서 자유로울 수 없었습니다. 허나 이광수와 김명식에 대한 박 선생님의 평가는 혹독함과 감싸 안음의 간극이 너무 큰 것 같습니다. 자기만의 가치와 신념을 고집하고 자기와 지향을 달리하는 쪽을 배척하는 것은 증오와 폭력을 불러일으키기에 결코 세상을 바꿀 수 있는 태도가 아니다, 이것이 바로 우리의 역사 경험이 아닐까요?

우리 근현대사는 동족상잔의 아픈 기억으로 점철되어 있습니다. 이제 우리들은 몬타규와 카플렛 집안 사이의 해묵은 원한에서 벗어나야 합니다. 그리고 다시 우리의 로미오와 줄리엣들이 비극적 죽음을 맞는 것을 막아야 합니다. 이를 위해 무엇을 해야 할까요?

오늘 다원적 시민사회를 사는 우리들에게는 '타자와 더불어 살기'라는 현재적 목표를 갖는 것이 필요합니다. 민족주의자나 사회주의자가 남긴 공功과 과過를 균형 있게 평가하는 자세가 요청됩니다. 저는 진정 이 세상을 사람이 살 만한 곳으로 만드는 힘은 나와 다른 꿈을 꾸는 타자들을 배제하고 부정하는 것이 아니라 상대의 차이를 인정하고 대화하고 관용하는 데서 나온다고 봅니다. 그렇다면 자신과 다른 꿈을 꾸던 적대세력들의 생각과 행동에 대해서도 정파적 이해를 넘어 가치중립적인 평가를 내리는 태도가 필요하지 않겠습니까?

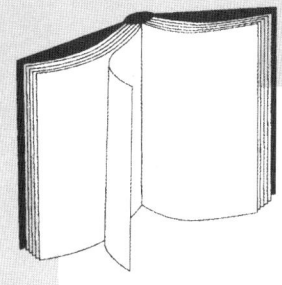

더 읽을 만한 글

김윤식, 《이광수와 그의 시대》 3, 한길사, 1986.

김현주, 〈논쟁의 정치와 민족 개조론의 글쓰기〉, 《역사와 현실》 57, 2005.

박노자, 〈잊혀진 공산주의자의 향기〉, 《한겨레》 2005년 10월 19일.

백승종, 《그 나라의 역사와 말》, 궁리, 2002.

베네딕트 앤더슨, 윤형숙 옮김, 《상상의 공동체―민족주의 기원과 전파에 대한 성찰》, 나남출판, 2002.

서중석, 《한국근현대의 민족문제 연구》, 지식산업사, 1989.

II
여성

매춘 여성의 어제와 오늘

기생과 매음녀, 그리고 페티시 클럽 여종업원 | 박노자
성노예인가 성노동자인가 | 허동현

신여성의 꿈

개화기와 그 후의 신여성 또는 욕망의 정치 | 박노자
내 몸의 주권? 민족의 독립? 계급의 해방? | 허동현

매춘 여성의 어제와 오늘

기생과 매음녀,
그리고
페티시 클럽
여종업원

박노자

성산업이라는 괴물

허동현 교수님, 안녕하십니까?

최근 사회 비판적인 발언을 할 때, 그 비판의 대상이 되는 현상에 '공화국'을 붙여 일언이폐지─言以蔽之의 효과를 꾀하는 것이 유행이지 않습니까? '골프 공화국', '강남 공화국', '서울대 공화국'······. 비판받아야 할 대상들이 많아서인지, 이러한 표현들이 수도 없이 많이 보입니다. 그런데 몇 년 전까지만 해도 밤의 거리를 다녀보면 '매매춘 공화국'이라는 말이 왜 많이 쓰이지 않는지 궁금해질 정도였습니다. '인육人肉 장사'에 사회가 이미 익숙해져서 '당연지사'로 본 결과일까요?

불과 얼마 전까지 집창촌集娼村 근처에서 육안으로 봐도 성性이 주된 거래상품 중 하나라는 사실을 쉽게 확인할 수 있었습니다. 정부의 통계만 보더라도 노무현 정권 시절의 대대적인 단속 이전까지 매매춘으로 생계를 유지하는 여성의 수는 적어도 약 33만 명으로 추산됩니다. 관련 시민단체에서는 실질적인 숫자가 70~100만 명 이상 됐다고 추정했지요. 즉 한국의 성인 여성 15명 중에서 적어도 1명 정도는 매춘을 하고 있었다는 이야기입니다. 뭐, 성인 남성 12명에 성매매 여성 1명이 있었던 100여 년 전의 "세계 최대의 사창가", 빅토리안 시대의 런던과 거의 같은 규모인 셈입니다. 성인 남성 가운데 무려 58.5퍼센트가 평생 동안 단 한 번이라도 성을 구매해본 경험이 있는, "대중화된 매매춘"의 나라가 바로 대한민국이라는 말입니다.

매매춘은 그 형태에 관계없이 "천천히 죽인다"라고 할 정도로 여성의 심신을 피폐하게 합니다. 어디 이뿐인가요? 포주들이 부당하게 조작한 빚을 무기로 여성의 인신 자유를 박탈하고 상상을 초월하는 경제적 착취를 자행한 것이 사창가의 현실이었습니다. 이 정도면 여성에 대한 반인륜적 범죄로 불릴 만도 하지 않았을까요? 전체주의 국가들의 정치범 수용소 이야기는 늘 우리를 소름 돋게 합니다. 그런데 그 같은 수용소가 바로 지척에 있었습니다. 인권 유린의 규모로 보면 '노예 매매춘'을 하는 업소들을 '민영 사설私設 수용소'로 부를 만도 하지 않을까요?

물론 '다원적인 시민사회'를 자처하는 후기 자본주의 사회에서 전체 인구의 2퍼센트 가까이를 '노예'나 '준準노예', 일종의 '예속 노동자'로 만드는 이 수용소를 가만히 둘 리가 없었습니다. 2000년 감금되어 성매매를 강요당한 5명 여성을 비극적 죽음으로 몰고 간 군산 대명동 쉬파리 골목 사창가 화재 사건과 2002년 14명의 현대판 '성노예'를 희생시킨 군산 개복동 화재 참사 등은 하나의 계기가 되었습니다. 비등해진 성매매 방지 여론에 힘입은 정부는 2004년에 성매매 방지법을 제정하고 성매매 근절 대책들을 본격적으로 실시하기 시작했습니다. 선불금 채무 등을 무기 삼아 업주들이 오랫동안 여성들을 마음대로 혹사하고 폭행했던 그 음습한 곳에 드디어 법망이 닿아 약자에게 '구조'의 손길이 전해진 것입니다. 아마도 한국 사회의 역사적 사건 중 하나가 아니었나 싶습니다. 지난 한 세기 동안 한국 자본주의의 '쌍둥이'로 자라온 '성산업'이라는 괴물이 한국 근·현대사상 최초로 존재 자체에 중대한 위협을 느끼게 된 것이니까요.

원칙상 천인賤人 차별 및 신분제 폐지는 이미 한참 전에 이루어졌습니다. 1895년 6월 28일과 7월 2일 군국기무처가 반상의 구분과 노비의 전典을 혁파한 것이지요. 그 뒤에 인신매매 처벌 규칙들도 구체적으로 마련됐습니다. 그러나 성매매 여성에 한해서는 거의 100년 넘게 제대로 실행되지 않았습니다. 우리 사회의 마지막 "현대형 노비"들은 100여 년이 지난 2005년에 와서야 비로소 해방을 맛볼 수 있게 되었습니다.

관료적 자율성

청량리와 미아리, 완월동과 자갈마당, 신포동과 학성동, 이 수치스러운 이름들이 드디어 서울과 부산, 대구, 마산, 울산의 역사에서 사라지게 된 것은 중도 우파 정권의 업적이라고 칩시다. 문제는 무엇입니까? 한국 정부는 매우 강력한 중앙집권적 관료 체계를 배경으로 하고 있습니다. 이익 단체들의 로비를 뿌리치고 자본 계급의 특수 부문(예컨대 포주 계층)에 대한 대대적 '수술'을 강행할 만큼 '관료적 자율성bureaucratic autonomy' (필요할 때 자본 계급의 이익단체로부터 거리를 둘 만한 자율성, 즉 공적 행정력)을 확보하고 있다는 것이지요. 한국 근·현대사를 보면 그럴 수밖에 없다는 생각이 듭니다. 한국 근·현대사에서 정권을 탄생시킨 것은 자본가 계급이 아니었습니다. 특히 초기에 외세의 힘을 업은 정권은 대자본을 적산 불하, 특혜 금융 등의 방법으로 탄생시키고 관리, 감독할 만한 힘을 가지고 있었습니다.

그렇기 때문에 한국에서 사는 사람에게는 여론에 힘입은 정부가 집창촌에 경찰을 대대적으로 보내 엄격한 단속을 집행하는 광경이 별로 놀랍지 않았을 겁니다. 하지만 의식 있는 동유럽 사람에게는 놀라울 뿐만 아니라 부러운 모습이었을 것입니다. 업주의 상납을 '제2월급' 쯤으로 아는 저쪽의 경찰 당국도, 여성의 몸으로 인한 외화벌이를 '성장 견인차'로 여기고 경찰과 마찬가지로 업주와 '줄'이 닿아 있는 저쪽의 정치권도, 한나라당의 모 의원처럼 "성산업이 없으면 젊은 남자의 정력이 어떻게 분출되는가?" 수준의 의식을 가지고 여론을 왜곡시키는 저쪽의 매체도 성산업을 본격적으로 손볼 만한 '자율성'이 없기 때문입니다. 예컨대 러시아의 경우 매년 수만 명의 여성들이 성적 착취를 목적으로 하는 인신매매의 희생자가 되었지만 2007년도에 실형을 선고받은 인신매매 사범은 불과 45명 정도였습니다. 그만큼 인신매매를 발본색원할 만한 "자율적" 관료기구가 결여되어 있다는 것입니다.

반면 한국 정부는 이 '자율성'을 가지고 있습니다. 그러한 측면에서, 저는 집창촌의 해체가 적어도 장기적 차원에서는 표면적으로는 성공을 거둘 것이라 확신합니다. 아마도 20~30년이 지나면 반라의 여성들을 상품처럼 전시하는 저 빨간 빛의 쇼 윈도우들은 그저 '20세기 후반의 현상'으로만 기억될 것입니다.

여전히 암울한 현실

그러나 공권력에 의해 미아리와 청량리의 지옥에서 '구출'된 여성들이 정말 인간다운 안락한 생활을 누릴 수 있을까요? 굳이 기분 나쁜 소리를 하고 싶지는 않지만 솔직히 의심이 가는 부분입니다. 왜 이런 의심을 하느냐고요? 한국의 보수 내지 극우 정권들은 자본 계급의 특수 부문('포주' 계층)에게 제지를 당하지 않을 정도로 '관료적 자율성'을 향유하고 있긴 합니다. 하지만 그것은 어디까지나 자본가 계급 전체의 이익에 반하지 않는 선에서입니다. 이는 "개혁"을 구호로 내걸었던 노무현 정권마저도 이윤율을 극대화하는 신자유주의를 신봉, 실시했던 데서 극명하게 드러납니다. 어디 이뿐입니까? 신자유주의가 전 세계에서 금융 공황의 주된 원인으로 파악되어 비판을 받고 있는 지금에도 이명박 대통령은 주문을 외우듯 계속해서 "시장 개방"과 "규제 완화"를 들먹이지 않습니까? 그만큼 "수출 왕국" 대한민국 지배 계급은 신자유주의에 대해 어마어마한 애착을 가지고 있습니다. 신자유주의의 조건 하에서는 '지옥에서 구출된' 탈脫성매매 여성뿐만 아니라 서민층 전체가 점차 중산계층으로 상승할 희망을 잃고 저소득 고불안의 상황에 허덕이게 되지 않습니까?

성매매 여성의 상당수는 "취직의 길이 막막해서", "동생의 학비/부모님의 치료비가 급해서", "지방에서 마땅히 할 게 없어서 무작정 상경했는데, 쉽게 찾을 수 있는 일은 이것밖에 없어서" '포주'들에게 착취를 당하게 된 사람들이었습니다. 즉 이미 자본주의 사회에서 버림받은 이들이었지요. 그들에게 정부가 구체적으로 제시한 것이 무엇이었습니까? 2004년도 여성부의 자료에 의하면, "그래픽운용기능사, 전산회계, 피부 관리, 네일아트, 플로리스트(꽃집 창업), 간호조무사, 애견관리 등 직업훈련"을 실시할 예정이랍니다. 창업 지원을 위해 1년간 예산 14억 원을 책정해 놓았답니다. 훈련 과정에서 소득이 없는 탈성매매 여성에게 월 50만 원까지 지원비로 지급할 예정이었다는 것입니다.

과거에는 포주의 마수를 벗어나려는 여성에게 사회가 도움을 주기는커녕 포주가 경찰에게 부탁할 경우 경찰이 '도주한 채무자', 즉 성매매 여성을 잡아주고 업주에게 돌려보내기까지 했습니다. 이에 비하면 '지원'이 이루어지는 현실은 그 자체로 기쁜 일일 것입니다. 탈성매매 여성이 국가로부터 법률적 지원을 받아 선불금 채무 문제를 해결할 수 있게 된 것이지요(물론 업주들의 교활한 '회계' 방법들을 생각하면 쉽지 않을 것 같습니다). 이뿐만이 아닙니다. 요즘 그러한 "엉터리 빚"을 무효화시키는 상식적 판례들도 다소 나와서 좀 고무적입니다.

하지만 현실을 돌아보면 여전히 암울합니다. 솔직히 부모님 치료비나 동생 학비는커녕 서울에서 혼자 한 달에 50만 원으로 살기가 과연 쉽습니까? 탈성매매 여성이 정부의 지원 덕분에 꽃집을 차렸다고 칩시다. 영세업체들이 무더기로 도산 당하는 자본의 거대화, 독점화 시대에 여태까지 해당 분야에서의 경험이 전혀 없는 탈성매매 여성이 과연 살아남을 수 있을까요? 정부가 제공하는 직업훈련을 받아 간호조무사가 된 탈성매매 여성을 떠올려봅시다. 간호조무사의 초봉은 수도권의 경우 100~120만 원이고, 지방은 많아야 70~80만 원 정도입니다. 가족을 책임질 입장에 있는 여성이라면 그 돈을 가지고 과연 행복한 삶을 영위할 수 있을까요?

다시 성매매의 사슬 속으로

요컨대 정부의 '탈성매매 지원'이 계획대로 잘 이루어진다 해도, '탈성매매에 성공한' 여성은 저임금과 지속적인 신분 불안에 노출돼 살아야 하는 신자유주의적 사회의 하층 내지 최하층에 편입될 수밖에 없습니다. 그러한 상황에서 자신 내지 가족의 학비, 병원비 등이 급해진 여성이 다시 성산업의 지옥문으로 들어가지 않는다고 보장할 수 있을까요? 집창촌이 철거된다면 그들은 주로 전화와 인터넷 등을 매개로 하는 '정보기술 시대다운' 성매매에 나설 것이고, 그러한 종류의 성매매를 경찰이 제대로 단속할 가능성은 거의 없습니다. "조건 만남"을 주선하는 신종 성매매 알선 사이트들을 다 폐쇄시킬 수 있을까요? 하나를 없애면 열 개가 더 생길 겁니다.

결국 노무현의 중도 우파 정권의 성매매 관련 정책의 실제적인 내용과 영향을 냉정하게 평가하자면 그것은 식민지 시대로부터 이어받은 '집창촌형' 성매매 산업의 공간적 해체이자 공권력의 영향권을 벗어난 인터넷 등을 통한 '선진국형 성매매'로의 '이행'이지 진정한 '탈성매매'는 아닙니다. 명실상부한 탈성매매가 이루어지려면 성매매의 피해자들에게 중산층으로의 신분 상승의 기회가 주어져야 합니다. 그러나 신자유주의 사회에서는 탈성매매 여성뿐만 아니라 하층의 구성원 어느 누구도 중산층 사회로 이동하는 것이 거의 불가능합니다. 이미 이동 통로가 막혀 있기 때문입니다. 빈농들이 도시에 들어가서 노동자가 됐듯이, 집창촌을 떠나는 여성들의 상당수는 탈성매매 대신에 '신종 성매매' 산업으로 들어갈 위험이 큽니다. 물론 법률이 엄격하게 집행되고 사회의 성 풍경이 다양화된 만큼 이 '신형 성매매'도 과거와 달리 단순한 삽입 성교 중심주의를 떠나 '남성의 다양한 성적 판타지 실현'을—요즘의 일본 성산업처럼—지향할 확률이 큽니다. 예컨대 《스포츠한국》(2005년 5월 16일)의 '변칙 성매매'에 대한 보도를 보시지요.

서울 강남역 인근에 문을 열었다는 한 '페티시 클럽'이 입소문을 타고 남성들 사이에서 뜨거운 화제가 되고 있다. 인터넷 성인커뮤니티에 올라온 경험담을 보면 성매매 특별법 이후 유행처럼 번진 이른바 '대딸방'(여대생이 자위행위를 해주는 곳이란 뜻의 은어)은 아닌 듯싶다. 국내 최초의 '페티시 클럽'이라는 I업소는 오히려 일본의 풍속업소인 '이메쿠라'를 한국화시킨 인상이 짙다. 거실, 자취방, 공부방 분위기로 단장된 작은 방에는 소파와 테이블, 책상 등 평범한 가구 몇 개가 있을 뿐이라고 한다. 그렇다면 이곳에서는 도대체 무슨 일이 벌어지는 것일까.

남자 손님이 방으로 안내되고 나면 정장 혹은 특정 유니폼을 입은 여성이 등장한다. 물론 이들은 대부분은 미니스커트 차림이고 스타킹을 신고 있다고 한다. 여성들 역시 페티시 마니아라고 하는데 확인할 길은 없다.

방에서 마주 앉은 남녀는 적당히 대화를 나누며 서로의 성 취향을 확인한다. 남성들은 대개 '치마 속을 훔쳐보고 싶다', '스타킹 신은 다리를 만지고 싶다'는 욕망을 고백한다. 여성들 역시 '발을 빨아 달라'거나 '성기부분을 짓밟고 싶다'는 색다른 성적 욕망을 드러낸다고 한다.

커플에 따라 가학과 피학적인 역할을 맡기도 한다. 서로의 욕구를 파악하고 나면 속칭 '플레이'에 들어가는데 직접적인 섹스는 없다고 한다. 치마 속을 훔쳐보고 싶은 남성이 있다면 파트너인 여성은 팬티가 보이도록 다리를 벌려주는 식이다. 대부분의 커플은 얌전한 행위에서 시작해 더 과격한 행위로 발전한다.

남성 중 상당수는 스타킹을 찢거나 스타킹 신은 여성의 발을 입으로 애무하며 성적 쾌감을 느낀다고 한다. 여성이 발로 남성의 성기를 애무해

주는 '풋잡' 같은 서구의 성 행태도 이곳에서는 특별한 것이 아니라고 한다. 주목할 만한 점은 의외로 젊은 직장인이나 전문직에 종사하는 남성들이 여기에 열광하고 있다는 것이다.

'플레이'가 절정에 이르면 서로 자위행위로 마지막 욕구를 채운다고 한다. 성매매 특별법을 교묘하게 피해 나가고 있는 것이다.

삽입 성교가 아니기에 이 변칙 성매매업자들을 처벌할 방법은 없습니다. 물론 최근 "이미지클럽" 주인에게 유죄를 선고한 판례가 하나 생기긴 했습니다. 그러나 아직도 이 부문은 법적 해석이 다소 모호한 "회색지대"로 남아 있다고 봐도 과언이 아닙니다. 아니, 법적으로 "죄"인지 아닌지의 여부 이전에 변칙 성매매에 커다란 문제가 내재해 있다는 것이 제 느낌입니다. 한국 업자들은 이러한 산업의 선두를 달리고 있는 일본의 업자들처럼 그것을 "여성 종업원들도 자신들의 성적 욕망을 충족시키니 정확한 의미의 성매매라기보다 성적 교환"이라고 주장합니다. 그 여성들의 욕망의 세계야 저로서는 확인할 길이 없지요. 그러나 그들은 비록 과거와 같은 선불금 채무자, 즉 '준準노예'가 아니더라도 남성의 성 판타지를 실현시켜주고 금전적 대가를 받는, 게다가 그 대가 중에서 상당 부분(대개 약 절반 정도)을 업주에게 빼앗기는 피被착취자들입니다. 비록 그들에게 애당초 가학적, 피학적 욕망이 존재했다 하더라도 그들은 이 일을 하면서 자신들의 주체적인 욕망을 충족시키는 것이 아닌 남성의 욕망을 발견하고 심화시키고 대리 충족시키는 타율적인 역할에 머물러 있는 것이지요. 다시 말해 변칙 성매매 업소 여성 종업원들은 교환가치가 지배하는 자본의 세계에서 자신의 가장 은밀한 부분, 즉 성적 상상의 영역을 돈을 가진 지배자적 남성을 위해 팔아야 하는, 비주체적이며 반反주체적인 입장에 있는 것입니다.

제가 두려워하는 것은 바로 이 점입니다. 한국에서 신자유주의가 본격적으로 정착되면 될수록 이 사회가 돈이라는 무기로 자신의 가장 '엽기적인'—또한 내밀한—성적 욕구를 다 채울 수 있는 부유하고 안정된 극소수의 고급 화이트칼라 남성과, 돈을 받고 남의 성기를 발로 밟아주고 입으로 빨아주어야 하는 하층 여성이라는 두 극단으로 갈라질 것이라는 점 말입니다. 지금 일본 사회의 성 풍토를 보시면 제가 걱정하는 것이 무엇인지 금방 아실 겁니다.

물론 성기를 밟아주는 대가로 하층에서 중산층으로 상승할 수 있는 길이 열린다면 그나마 불행 중 다행으로 여겨야 하겠지요. 그러나 생각해 보십시오. 부모가 비정규직으로 일하는 비非명문대 출신 여성이 유학 자금을 마련하거나 자기 가게를 열 밑천을 벌기 위해 2~3년 동안 남의 성기를 밟아주고 이후 평생 동안 불편한 기억에 시달려야 한다면 그 사회가 과연 정상적인 사회입니까?

성매매 산업의 역사적 뿌리—국가주도형 성산업

이상은 주로 한국 성매매 산업의 현재, 그리고 그 신자유주의적인 재편의 전망을 다룬 것이었습니다. 이제부터는 그 역사적 뿌리에 대해 간단하게나마 이야기해야 할 것 같습니다.

대다수의 근대국가에서 매매춘은 대량 산업으로 성장했습니다. 하지만 우리 '매매춘 공화국'의 경우는 그 규모(국내 총생산의 4.1퍼센트)나 가시성, 일반화의 정도가 유럽이나 미국을 능가합니다. '매매춘의 제국' 일본의 수준에 더 가까울 정도이지요.

더 중요한 사실은, 여러 형태의 매매춘의 이미지가 현대사의 여러 장면들을 쉽게 연상시킨다는 것입니다. 전쟁 과부들이 대량으로 사창가로 몰려 전체 성매매 여성의 수가 5~10만 명에 달했던 1950년대, 양공주들이 정부로부터 "외화 벌이의 주역", "애국자"로 칭찬을 받고 일반인으로부터는 "양놈의 걸레" 소리를 들으며 비난받았던 1960년대, 일본인들의 '기생 관광'이 '민족적' 공분을 일으켰던 1970년대, 인신매매 문제가 신문 지상에 공개되기 시작한 1980년대, 일본인이 아닌 한국인이 동남아 '기생 관광'의 주체가 되었던 1990년대, 필리핀과 러시아 등지 출신의 반(半) 성노예들이 한국의 "인육시장" 진열대를 장식하게 된 2000년대…….

공업화 자체도 그랬지만 한국의 성산업의 성장도 현실적인 차원에서는 국가가 계속 주도, 관리해온 것이라고 봐야 할 것입니다. 국가는 한편으로는 1947년 일제 강점기의 공창제를 공식적으로 폐지하고 1961년 11월 '윤락행위방지법'을 제정하여 쿠데타 반대 여론을 무마시키는 동시에 자신들을 "불쌍한

양공주
정부는 이들을 "외화 벌이의 주역", "애국자"라 명명한다. 그러나 일반인들에게 이들은 "양놈의 걸레"일 뿐이었다.

윤락녀의 구제자"로 미화, 부각시켰습니다. 하지만 다른 한편으로는 미군이나 일본 관광객 등을 상대로 하는 '외화벌이'형 매춘을 보호하고 장려했습니다. 심지어 관리하기까지 했습니다. '윤락'을 불법화했으면서 1970년대부터 미군 기지촌 성매매 여성들을 상대로 국가가 정기적으로 성병 검사를 하지 않았습니까? 청량리와 미아리의 존재도 보십시오. 공권력이 전지전능한 규율국가에서 사실상 관할 경찰서의 '이해'와 '협조' 없이 그것이 가능했겠습니까? 따라서 2000년대 초까지의 한국의 '성산업화性産業化'는 '국가주도형'이라고 분류해야 할 듯합니다.

'우리'의 테두리에 예속당한 여성

담론적 차원에서는, '민족'과 '국가'가 신성시되는 상황에서 성산업에 대해 애증이 엇갈릴 수밖에 없었지요. 예컨대 '민족'의 입장에서 보면, 일본 관광객들이 한국 성매매 여성을 "돈으로 산다"는 것은 참기 어려운 모욕이었습니다. 그러나 '국가'의 입장에서 '특수 관광'은 "애국적인 외화 획득 사업"이었습니다. 민족에게 '양공주'나 '일본인 기생 관광'의 이야기는 "민족적 수치"였습니다. 반면 '우리'도 외국 여성의 성을 매매할 수 있게 된 1990년대의 풍요에 대해서는 "민족적 긍지"까지 느낍니다. 매매춘의 여러 이미지들이 '민족'이라는 근대적 '상상의 공동체'의 집단적 기억 만들기에 아주 다양하게, 그리고 크게 기여한 것입니다.

문제는 일본인을 상대로 하는 성매매 여성을 "애국자"로 보든 "민족의 수치"로 보든 관계없이 공통점을 가지고 있다는 겁니다. 바로 남성 주도적인 거대 담론에 여성이 부차적인 일부분이 되고 예속된다는 점이지요. 즉 '국가'가 중요하냐 '민족'이 중요하냐가 다를 수 있었지만 두 담론 모두 몸을 팔아야 살아남을 수 있는 구체적인 한 여성의 아픔보다는 그 여성에 대한 소유권을 주장하는 '우리'의 테두리를 중요시했던 겁니다.

그렇다면 집창촌 해체의 중요한 배경 중 하나로 "국제적 이미지 제고", "인신매매 국가 이미지 탈피"가 언급되는 오늘날에는 이런 문제가 과연 개선되었을까요? 미 국무성이 몇 년 전부터 "인신매매의 소굴"로 지목한 집창촌들이 끝내 해체 절차를 밟고 있습니다. 그러나 "문명 열강"이 아랑곳할 일이 없는 동남아 섹스 관광은 지금도 여전히 성업 중입니다.

기생, 고급문화의 전수자

상품화된 성은 다른 어떤 상품보다 상징성이 높습니다. 따라서 성매매의 변천은 역사의 계승과 단절을 보여주는 징표가 될 수 있습니다. 사실, 성매매 풍토의 엄청난 변화야말로 한국 전통사와 근대사 사이의 단절을 가장 잘 나타낸다고 볼 수도 있을 것 같습니다.

'단절'이라고 하면 많은 분들이 반박할 것 같습니다. 구한말 유부기有夫妓도 오늘날의 성매매 여성과 마찬가지로 기둥서방[기부妓夫](포주라고도 불렀음)에게 손님으로부터 받은 화채花債를 다 주어야 했습니다. 기둥서방으로부터 벗어나려면 '속량贖良'의 값으로 큰돈을 물어주어야 했고요. 이 같은 그들의 생활을 당시에도 '노예 매춘'이라고 불렀지요. '포주', '유곽遊廓', '화류계花柳界' 같은 단어들도 삼패三牌 기생들의 매음업과 관련해서 100년 전부터 쓰이고 있었습니다. 즉 성매매 여성들에 대한 인신 자유의 박탈이나 경제적 착취는—규모는 물론 달랐지만—이미 구한말부터 행해졌습니다.

그러나 흥미롭게도 일제 강점기 지식인들에게 근대의 매춘과 전근대적 기생 문화는 서로 근본적으로 다른 것이었습니다. 예컨대 당시 매춘업 상태에 대한 본격적인 탐구의 시도로 불러질 만한 익명의 논설 〈경성의 화류계〉(《개벽》 제48호, 1924년 6월, pp. 95~100)의 다음과 같은 주장은 관심을 끕니다.

어제의 기생은 귀족적이나 오늘의 기생은 평민적이다. 어제의 기생은 비록 천한 일을 할지라도 예의염치를 숭상히 여기더니 오늘의 기생은 오로지 금전을 숭배한다. 금전만 주는 이상 예의도 염치도 다 관심 없다. '노래를 팔아도 성을 팔지 않는다賣唱 不賣淫'는 말 자체가 이미 없어졌다. 순연히 상품화된 것이다. 속류의 노래를 들을 수 있어도 고상한 시, 시조, 가사를 알지 못하고, 장구나 꽹과리를 잘 만질지언정 거문고, 가야금 줄도 고를 줄 아는 이들은 적다. 반半벙어리 일본 노래를 들을 수 있어도 옛날 황진이의 시 같은 것을 볼 수 없다 …… 어찌 기생의 타락이라 말하지 아니할까?

이 주장을 한성 토박이의 과거에 대한 단순한 향수로 치부할 수 있을까요? 그런 것이라기보다는, 전통 시대 기생의 위상과 근대 매음녀의 위치의 차이를 아주 잘 표현한 글로 보입니다. 속박과 착취, 그리고 늘 남성과 남성들에 의해 운영되는 국가의 욕구가 그 속박과 착취의 중심에 서 있는 것은 그 때나 지금이나 똑같습니다. 하지만 전통 시대의 기생(특히 고급 연예인으로 인식됐던 일패기생)은 단순한 성적 욕구 충족 대상이 아니라 자존심과 사회적 발언권이 있는 문화의 전수자였습니다.

다들 아시는 황진이의 시작詩作까지 갈 것도 없습니다. 변방이던 함경도 경성鏡城 출신 무명 기생 홍랑洪娘(16세기)의 시는 지금도 우리의 심금을 울립니다. "묏버들 가지 가려 보내노라 님의 손대, 자시는 창밖에 심어두고 보쇼서 밤비에 새잎이 나거든 나라고 여기쇼서." 님을 향한 애절함이 절로 느껴지는 뛰어난 작품 아닌가요?

물론 기생과 시를 교환하고 풍류를 즐기는 것도 결국 남성 본위의 일종의 "감정적 이용/착취"에 해당되는 것이긴 합니다. 그러나 적어도 일패 기생은 청량리, 미아리의 현대판 '성노예' 보다 훨씬 더 넓은 운신의 폭을 누릴 수 있었던 듯합니다. 유교 경전, 서화, 행의行儀에 능숙했던 전통 시대의 기생들은, 고급문화를 체화한 수준으로 보면 사대부 정도에 해당되는 문화의 주체들이었지요.

기생과 시, 편지를 주고받고, 국법을 위반하면서까지 상중喪中에서도 기생과 어울렸다가 탄핵, 파문을 당한 양반 사대부 관료들이 조선 시대에 어디 한두 명이었습니까? 이는 양반이 자신의 평생 출세에 지장이 있을 수 있음에도 같이 어울릴 만큼 기녀가 단순한 성욕 분비의 대상물이 아닌 매력적인 인격체로 인식되었음을 보여주는 것이라 생각됩니다.

그러나 이처럼 '귀족적인' 존재였던 기생은 1904년 일본식 공창 제도가 도입되어 일본인이나 송병준과 같은 거물 친일파들이 뒷배 봐주는 '권번券番' 조직들이 유곽의 주인이 된 후 하나의 돈벌이 기계, 성욕과 위생 관리, 계몽주의자들의 규탄의 대상으로 전락하고

평양기성권번의 기성기생양성소
평양기성권번이 운영했던 기생 학교다. 조선 시대까지만 해도 기생은 '귀족적인' 존재였으나 1904년 일본식 공창 제도가 도입되고 '권번' 조직들이 유곽의 주인으로 등장한 이후 성욕 해소의 대상으로 전락한다.

말았습니다. 시작詩作, 가창, 가무의 고급 기생 문화가 사라져버린 것이지요. 여성의 몸이 자본의 확대 재생산의 도구가 된 지금도 근본적으로 그 상태를 벗어나지 못하고 있고요. 어떻게 보면 봉건적인 인권 박탈은 그대로 존속한 채 고급문화를 말살시키고 인간의 몸과 마음을 도구화시킨 근대적 유곽이, 일본과 한국이 대표하는 보수적이고 권위주의적인 근대화의 모습을 가장 잘 보여주는 것이 아닐까요?

구름이 낀 오슬로에서
박노자 드림

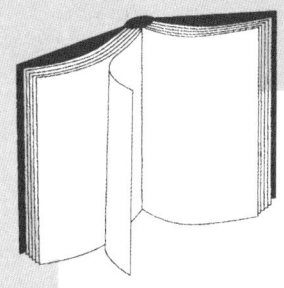

더 읽을 만한 글

가와무라 미나토, 유재순 옮김, 《기생: 말하는 꽃》, 소담출판사, 2002.

고미숙, 《한국의 근대성, 그 기원을 찾아서―민족, 섹슈얼리티, 병리학》, 책세상, 2001.

문정희 엮음, 《기생시집》, 해냄, 2000.

박종성, 《백정과 기생: 조선천민사의 두 얼굴》, 서울대출판부, 2003.

정성희, 《조선의 성풍속》, 가람기획, 2004.

매춘 여성의 어제와 오늘

성노예인가
성노동자인가,
한 세기 전과
오늘 매춘 여성의
꿈

허동현

식민지 조선의 여성으로 산다는 것

강산은 좋은데
이쁜 다리들은
털난 딸라들이
다 자셔놔서 없다.

―신동엽, 〈발〉(《현대문학》 1966년 3월)

1960년대 군사독재에 맞서 반외세·민족 자주를 꿈꿨던 저항시인 신동엽은 "털난 딸라"들에게 순결을 빼앗긴 이 땅의 여성에게서 민족의 종속을 보았습니다. 반외세·민족 자주를 바랐던 시인에게 민족이라는 거대 담론은 지배적 가치였습니다. 그렇기에 그의 눈에 여성은 종속적인 존재로 비칠 뿐이었습니다. 반독재·반외세 투쟁의 구호가 계속 울려 퍼지던 1980년대까지도 남성들에게 여성은 주체로 보이지 않았습니다. "누이"이자 "마누라"인 이 땅의 여성들이 "관광기생"과 "양공주"로 외세와 자본과 국가권력에 유린 당하도록 수수방관할 수밖에 없던 시인은 자신의 거세된 남성성을 한탄하곤 했습니다. 공광규 시인의 다음 시에서 가부장적 남성 우월의식의 냄새가 느껴진다고 하면 지나친 해석일까요?

해서 제국주의 성기가
누이들의 속살 팍팍 헤집는 신음이
황홀한 창으로 나와 호수에 빠지는 불빛 보며
호변 가로등 밑을
다리 이쁜 여자와 서정시로 껌 씹으며 걸어가다
이 여자(장차 내 마누라가 될 여자)를
당당한 중진국 애국 지식인 양심으로서
외화수입을 위해 옷 벗겨 관광기생으로
나라에 바쳐볼까 하지만

글쎄
그럴 때마다 이화여자대학교 총학생회에서
지역 어느 대학 남자 총학생회장에게 보냈다던
썩은 고구마(어떤 놈은 고추 또는 쏘세지라고도 한다)와 면도칼(어떤 놈은 가위라고도 하고)을 생각하며
섬뜩섬뜩 가운데 다리를 움켜쥔다
누이들의 몸값으로
GNP 계산하는 나라에

세 개의 다리로 서 있는

불쌍한 나여

내 나라의 여자도 못 지키는.

　　　　　　-공광규, 〈대학일기 · 4〉, 《대학일기》(실천문학사, 1987)

　근대 국민국가에서 여성은 국민이 아니라 비非국민이었습니다. 지난 시절 "성공"한 국민국가, 제국帝國의 여인들도 장차 군인이 될 남성을 낳고 기르는 도구, 즉 현모양처일 뿐이었습니다. 식민지 조선의 여성은 더욱 열악한 상황이었습니다. 자국의 남성 가부장권과 제국 군대의 성 착취라는 이중의 수난을 감수해야 했던, 피침략 민족 구성원 중 가장 약한 존재였던 것이지요. 해방 이후에도 주변부에 머문 한국의 여성들은 "제국주의 성기"들이 들고 온 달러나 엔과 교환되는 성 노리개이자 "위축된 성기"인 자국 남성의 가부장권 앞에 여전히 무릎 꿇고 있던 소유물에 지나지 않았습니다.

　왜 신동엽과 공광규 같은 남성 시인들은 외국인에게 유린당한 매춘 여성들에는 절규하면서도 내국인 상대 매춘 여성의 아픔에는 눈을 돌리지 못했을까요? 이들의 시를 흔들리는 가부장권, 상처받은 남성성에 대한 자기 연민의 넋두리라고 한다면 지나친 비약일까요?

성노예인가 성노동자인가

　군사독재의 긴 터널을 넘어 한국 사회의 민주화가 진전되면서, 여성들도 더 이상 남성들의 "인형"으로 머물려 하지 않았습니다. 매매춘을 가부장제 사회에서 일어나는 여성의 몸에 대한 폭력이자 남성들이 저지르는 비윤리적 범죄행위로 규정한 여성 페미니스트들의 노력으로 2004년 유사 성행위를 포함한 모든 형태의 매매춘을 불법으로 규정해 금지하는 "성매매방지법"이 시행되었지요. 여성 여권 운동가들에게 "성매매" 여성은 외세와 그에 야합한 부당한 국가권력과 외국과 자국 남성 모두에게 착취당하고 짓밟힌 희생자로서 구출되어야 할 대상이었습니다. 그들은 "성매매"를 자본주의와 가부장제의 산물로서 법으로 막을 수 있는 범죄로 보았습니다. 20여 개의 "성매매" 근절운동 단체들의 연합체 "한소리회"(1986년에 설립)가 만든 "〈성매매알선 등 행위의 처벌에 관한 법률〉의 시행령·시행규칙 제정에 대한 의견서"의 서두는 이를 잘 보여줍니다.

올해는 일제에 의해 공창제가 시행된 지 꼭 1백 년이 되는 해입니다. 지난 백 년 동안 우리는 가난을 이유로, 순결한 대다수 여성을 성폭력으로부터 보호해야 한다는 이유로, 심지어는 외화를 벌어들여야 한다는 이유로, 자본주의 사회에서는 모든 것이 상품화할 수 있고 따라서 여성의 몸도 사고팔 수 있는 것이라는 이유 등을 들어, 가난에 찌들고 여성이라는 이유로 차별받는 이들을 이 사회의 가장 끝으로 내몰았고 그들의 몸을 이용하고 착취해 먹고사는 수많은 불필요한 사람들과 구조를 만들어냈습니다. 잔인하고 착취적인 성매매는 즐거움을 위한 또 하나의 서비스업으로, 일정 부분 사회에 순기능을 하는 필요악으로 인식되었고 성매매 피해여성은 스스로의 의지에 의해 이 사회의 모든 더러움을 받아내는 자발적 희생양으로 자리 잡아 왔습니다.

그러나 우리는 이들이 가난과 차별에 의한 구조적 희생양이며 이들이 희생당할 수밖에 없는 성매매를 방관하는 것은 사회를 바로 이끌어야 할 사람들의 잘못이라고 생각합니다. 성매매 근절과 성매매 피해여성들의 재활은, 불필요할 뿐만 아니라 착취적이며 인권침해적인 성산업의 고리에서 부당한 이득을 취하며 피해여성들이 그 고리에서 빠져나가지 못하도록 옥죄고 있는 포주와 소개업자 등에 대한 엄정하고 준엄한 처벌과, 성매매 피해여성에 대한 사회 적응 훈련과 아울러 이들이 스스로 벗어나기 힘든 차별과 빈곤의 고리를 끊어주는 것으로 가능하다고 생각합니다. 또한 끊임없이 악의적인 필요를 만들어내 성매매를 방조하고 조장하는 이 사회의 구조와 의식에 대한 변화와 구조적 범죄에 편승해 다른 사람의 처절한 빈곤과 차별을 짓밟고 스스로의 즐거움만을 추구하는 성구매자에 대한 엄격한 처벌과 교정교육이 절실히 필요하다고 생각합니다.

그런데 지난 2005년 10월 25일 서울시 미아리 자립지지공동체 소속 여성단체 회원 등 여권운동가들과 춘천시 근화동 인근 성매매 집결지인 속칭 '난초촌'의 성매매 여성 사이에 물리적 충돌이 일어났다는 신문 보도, 그리고 2005년 6월 만들어진 "전국성노동자연대"(전성노련)과 9월에 평택지역 매춘 여성들이 따로 만든 "민주성노동자연대"(민성노련)의 작은 외침에 귀를 막기 어렵더군요.

그들은 자신들이 강제적인 인신매매에 의해 착취되는 "성노예"가 아니라 자발적으로 성 산업에 종사하는 "성노동자"이자 시민으로, 국가의 보호를 받아야 한다고 주장합니다. 자신을 "성노동자"로 규정하는 이들 매춘 여성들은 심지어 여권운동가들을 자신들의 인권을 유린하고 생존권을 위협하는 적대세력으로 보더군요. "전국성노동자연대"가 결성 시 내놓은 "출범 선언문"을 보시지요.

한반도에서 역사가 시작된 이래 다양한 이름의 성노동자들이 무수히 존재했지만, 오늘 한국의 성매매 특별법 경우처럼 성노동자들을 무자비하게 탄압한 사례는 결코 없었다. 더욱이 성매매 금지주의라는 반인권적인 정책이 이른바 참여정부라는 노무현 정권에 와서 강력히 시행되는 것은 더더욱 이해할 수 없다 …… 이 모든 기만적인 정책은 어디에서부터 온 것인가. 그 주인공들은 바로 한국의 여성계 권력자들이다 …… 이제 여성계 권력자들은 성매매 특별법을 통해 우리 성노동자들을 모두 '성매매 피해여성'이 되길 바란다. 그러나 이는 말도 안 되는 무지한 얘기다. 성매매 피해여성이라는 개념은 성(性)과 관련한 인신매매를 지칭하는 것이다.
우리는 생존을 위해 스스로 일하는 성노동자다. 누가 우리를 인신매매 했다는 말인가. 국제사회에서도 '인신매매'와 '성노동'은 엄격하게 구분하건만 한국에서는 배웠다는 사회지도층들이 그 정도 분별력도 없단 말인가 …… 그러나 이 모든 것이 현행 성매매 특별법 아래서는 불법으로 간주된다. 여기서 우리는 끊임없이 되풀이되는 단속과 오명과 낙인으로 생존권을 잃고 극도로 고달픈 삶을 살아야 한다.
우리 성노동자들은 엄연히 인간이다. 그리고 노동자고 비정규직이다. 더 이상 이 억압의 굴레에 승복할 수 없다. 우리에게 돌을 던지고 싶은 자는 우리를 옥죄는 그 지긋지긋한 "가난"을 향해 돌을 던지기 바란다. 우리는 가난을 벗어나기 위해 성노동을 한다. 그리고 우리 자신들이 판단해서 적절한 시점이 되면 탈 성노동 여부를 결정할 것이다. 따라서 이는 여성계 권력이 법을 매개로 위계에 의해 강요되어진 사안이 아닌 것이다.

근대 계몽주의자의 담론

성매매 여성들을 "성노예"이며 자본주의 체제와 남성 중심 사회의 구조적 산물이자 희생자로 본다는 점에서, 박 선생님의 성매매 문제를 보는 시각은 "성매매방지법"을 시행한 페미니스트들과 비슷하신 것 같습니다. 허나 저는 페미니스트들의 담론이 선각한 이는 깨닫지 못한 우중을 계몽해야 한다며 그 책임을 스스로 떠맡고 깨우쳐 주어야 할 대상을 낮추어 보는 근대 계몽주의자의 그것과 유사하게 느껴집니다. 그들은 여권의 신화화를 통해 여권운동가 자신을 계몽의 주체로, 매춘 여성을 계몽의 대상으로 나누는 잘못을 범하는 것 같습니다. 저는 이들의 오류를 지적하는 여성민우회 국제위원인 이성숙 선생님의 다음과 같은 열린 생각에 공감합니다 (《매매춘과 페미니즘, 새로운 담론을 위하여》, 책세상, 2002).

페미니스트 매매춘 정치 이론가들의 가장 큰 오류는 당사자인 매춘 여성들의 주장을 완전히 무시하고 있다는 점이다. 다시 말해 페미니스트들은 섹스 노동자들을 가리켜 여성의 육체를 시장에 내다파는 성노예라고 주장하는 반면, 매춘 여성들은 매춘을 성적 서비스 또는 성적인 친밀성을 판매하는 성노동이라고 주장한다. 매춘에 대한 이러한 인식의 차이는 매매춘 사회와 문화에서 벗어나 있는 제3의 집단인 페미니스트 학자나 이론가들이 남성 주류문화나 기득권에서 정해놓은 개념과 논의들을 답습하기 때문이다.

페미니스트들은 매춘 여성들을 선도하겠다고 나섭니다. 그러나 동시에 남성 중심주의를 극복하려 하면서 남성 주류문화의 담론을 그대로 답습하여 매춘 여성을 교화의 대상으로 낮추어 봅니다. 이런 점에서 저는 그들이 과거 현모양처를 강요하던 남성 우월주의자들이나, 약자인 여성을 외세에 의해 순결을 뺏긴 무기력한 존재로 타자화함으로써 주눅 든 남성성의 열등감을 드러낸 권위주의 시절 남성 시인들과 놀랄 만큼 닮아 있다는 생각을 지울 수 없습니다.

또한 저는 페미니스트들이 매매춘의 두 당사자 중 남성들만을 범법자로 규정하는 것을 비판한 이성숙 선생님의 지적에 생각을 같이 합니다. 이성숙 선생님은 말합니다. "매춘 여성을 제외한 남성들을 범법자로 규정하는 역차별은 남녀 평등사회를 요구하는 페미니즘을 여성 지상주의로 오도하는 데 기여하고 있다"고요.

"여성부"라는 정부 부서의 영어 명칭은 "Ministry of Gender Equality"더군요. 왜 굳이 "양성평등부"를 "여성부"라 할까요? "양성평등부"로 번역되는 부서명이 훨씬 더 제 가슴에 와 닿습니다. 우리 페미니스트들이 여성 지상주의자라는 오해를 사지 않으려면 세계 기준의 보편성을 보이는 영문명에 준하는 양성평등부로 부서명을 바꾸는 것이 좋지 않을까 하는 생각입니다. 저는 양성평등의 사회를 지향하는 이성숙 선생님의 다음과 같은 제안을 마음을 열고 고려해 보아야 한다고 생각합니다.

남성 중심의 사유체계를 재편하기 위해 노력하고 있듯이, 또한 그러한 능력과 의무를 지니고 있는 페미니스트들은 매매춘에 대한 우리의 가치와 태도를 바꿀 수 있는 담론을 창출해야 한다. 적어도 매매춘은 바람직하지 못한 것이므로 추방되어야 한다는 기존의 논의 틀에서 벗어나 광범위하고 유연한 페미니스트 매매춘 이론을 정립해야 한다.
건전한 매매춘 형성에 필요한 페미니스트 이론은 다음과 같은 내용을 담고 있어야 할 것이다. 매춘 여성들이 성병 감염에서 자유로울 수 있도록 남성 고객의 성기를 검사할 수 있는 권리, 남성 고객을 선택할 수 있는 권리, 남성 고객의 폭력에 저항할 수 있는 의지와 능력의 강조, 매춘 여성은 성노동자라는 개념 인식, 그리고 섹슈얼리티의 다양성 강조 등의 내용을 담고 있어야 할 것이다. 이러한 페미니스트 매매춘 이론은 남녀 불평등을 창출하고 견고하게 만든 서구와 남성 중심의 사유체계에 대한 거대한 도전이 될 것이다.
…… 현재 우리사회에서 문제가 되는 것은 매매춘 그 자체가 아니라, 매매춘을 바라보는 우리의 적대적인 태도이다. 건전한 매매춘을 형성하기 위해 우리는 먼저 적대적인 태도가 아니라 현상을 인정하는 열린 태도를 지녀야 할 것이다. 이러한 상황이 되면 매춘 여성에게 가해지는 여러 가지 폭행과 인권 유린은 현저히 줄어들 것이며, 있다 하더라도 그것은 매매춘의 문제가 아니라 성격이 완전히 다른 범죄 행위가 될 것이다.

기생은 고급문화의 주체인가?

자! 그러면 매매춘 문제에 대한 박 선생님과 제 생각의 차이점 몇 가지를 짚어 봅시다. 먼저 조선 시대 기생에 대해서입니다. 박 선생님은 조선 시대의 기생을 "단순한 성적인 대상물이 아니라 자존심과 사회적 발언권이 있는 문화의 전수자"로서 "사대부에 버금가는 문화의 주체"라고 보시는군요. 반면 일본식 공창 제도가 도입된 일제하 기생은 "돈벌이 기계"이자 "자본 확대의 재생산 도구"에 지나지 않는 비천한 존재였다고 파악하시고요. 나아가 이러한 기생의 전락, 매매춘의 변천이 "전통과의 단절"을 가장 잘 보여주는 대표적 사례라고 말씀합니다. 즉 박 선생님은 오늘 한국의 매매춘은 일본의 공창 제도에서 기원한 것으로서 근대국가, 특히 자본주의 국가들이 태생적으로 갖게 되는 병폐로 보는 것 같습니다.

그러나 저는 전통 시대의 기생이 사대부에 필적하는 고급문화의 주체였다는 데 생각을 달리합니다. 몇몇 기생들이 남성 양반들의 지배구조를 조롱하는 시조를 남겼다 해도 그들은 사회적 천민에 지나지 않았습니다. 그렇기에 당시 기생들은 사대부의 "말귀를 알아듣는 꽃"이라는 의미인 해어화解語花로, "누구라도 꺾을 수 있는 길가의 버들과 담장 밑의 꽃"이란 뜻인 노류장화路柳牆花로 불린 것이지요.

일례로 성종 임금 때 명기 소춘풍笑春風은 임금을 모신 연회석상에서 문반文班을 추켜올린 시조로 무관의 노여움을 사고 다시 이를 풀어주기 위한 시조로 문관의 핀잔을 듣습니다. 이 같은 진퇴양난의 상황에 처하게 되자 소충풍은 자신의 곤혹스런 처지를 춘추전국 시대의 강국 제齊와 초楚 사이에 끼어 있던 약소국 등藤나라의 입장에 빗대어 다음과 같이 노래합니다. "두어라 누군들 섬기면 임금이 아니겠는가 제나라도 섬기고 초나라도 섬기리라." 재치 넘치는 기지로 간신히 난감한 상황을 모면할 수 있었지요.

그런데 조선왕조의 몰락과 함께 양반은 제3인칭 대명사가 되었습니다. "이 양반이…… 저 양반이……" 하며 시비를 다툴 만큼 양반의 권위는 실추되었지요. 더불어 "개쌍놈의 아들이라도 황금만 가졌으면 일류 명기를 하루 밤에 다 데리고 놀 수 있게 된 기생의 민중화" 시대가 열렸습니다. 이러한 세태는 근대주의자들의 눈에 기생이 "노예매매제의 유물"이자 "가정의 파괴자"요 "국민 원력의 소모자"로 철폐되어야 할 "규탄의 대상물"로 비치게 만들었지요(한청산, 〈기생철폐론〉, 《동광》 1931년 12월).

박 선생님 말씀대로 기생들은 "보수적인 권위주의적 근대화"에 소리 없이 짓밟혀 역사의 뒤안길로 사라져 버린 희생자이며, 근대의 매매춘은 자본주의의 구조적 병폐로 볼 수도 있을 겁니다. 그러나 인류 역사의 개시와 함께 시작된 매매춘은 전통 시대는 물론 근대에도 자본주의 국가만이 아니라 사회주의 체제를 갖고 있던 나라에서까지 성행했습니다. 따라서 매매춘의 존재를 경제적 측면에서만 해석하는 것은 설득력이 떨어진다고 봅니다.

박 선생님은 사회·경제적으로 열악한 하층 여성들이 주로 매매춘에 나서며, 신자유주의 하에서는 설사 그녀들이 "탈성매매에 성공"한다 해도 최하층 신분을 벗어나기 어려울 것이라 생각하시는군요. 그런데 저는 신자유주의가 진행될수록 "부유하고 안정된 극

일제 강점기 기생의 모습들
조선왕조의 몰락은 기생을 양반의 전유물이 아닌 돈만 있으면
데리고 놀 수 있는 존재로 변모시켰다.

소수의 고급 화이트칼라 남성들"이 "돈을 받고 남의 성기를 빨아주어야 하는 하층여성"들을 성적으로 착취하는 행위가 심화될 것이라고 본 박 선생님의 진단과 다른 견해를 갖고 있습니다.

가난한 빈곤층 여성들이 모두 매춘부가 되지는 않습니다. 마찬가지로 모든 매춘부가 빈곤층 여성들은 아닙니다. 박 선생님도 지적한 것처럼 "페티시 클럽", "대딸방"의 종업원 가운데 대학생이 많다고 합니다. 과연 그녀들을 하층민이라고 볼 수 있을까요? 실증적인 자료에 의하면 부르주아라 할 수 있는 화이트칼라 남성들은 교육받은 중간계층 출신의 고급 콜걸을 찾고, 오히려 노동 계급의 남성들이 하층민 출신 매춘 여성의 성적 서비스를 이용한다고 합니다.

사실 집창촌을 벗어나 인터넷을 매개로 확산되는 신종 성매매 산업의 주역들은 교육받은 중산층 출신 여성들이 대다수입니다. 그것이 오늘 우리 사회의 현실입니다. 또한 호스트바와 남창의 존재도 매매춘은 남성들만의 전유물이라고 하는 페미니스트들의 생각에 반하는 사회 현상이지요. 제 귀에 매매춘에 대한 박 선생님의 비평은 매매춘 자체보다 자본주의 체제에 대한 비판으로 들립니다.

국민의 일원이 되려 한 매춘 여성들

또한 저는 예나 지금이나 하층민 출신 매춘 여성을 계몽 대상으로 낮추어 보는 것에 반대합니다. 오늘 우리 사회의 매춘 여성들은 성노동자이자 시민으로 자기 정체성을 찾으려 하고 있습니다. 한 세기 전 이 땅의 매춘 여성들 또한 남성 지배 사회와 식민지라는 이중의 질곡 아래에서도 자신들의 운명을 개척하기 위해 당당히 자기 목소리를 냈습니다. 근대국가 건설을 염원한 국민의 한 사람이자 남녀 동권 운동의 선구였으며, 나아가 대중문화 건설의 새로운 주체로 거듭난 사람들이었다는 말이지요.

그들이 국민의 일원이 되려 했음은 국망國亡을 몇 달 앞둔 1910년 5월 대구 기생들이 국가 발전을 위해 "학업 발흥과 군사 양성" 둘 중 무엇을 먼저 해야 하나를 주제로 토론회를 열려 했다는 《대한매일신보》(1910년 5월 31일)의 보도에서 알 수 있습니다. 그리고 거족적인 민족운동인 3·1운동에 수원·해주·진주·통영 등지의 기생들이 적극적으로 가담한 역사적 사실에서 확인할 수 있습니다. 1930년대 카페의 여급으로 진화한 기생의 후예들은 조선 청년들의 가슴 속에 독립 사상이라는 불을 지핀 "불령선인不逞鮮人"(독립운동을 하는 불온한 조선인)이자 "불령스타"로 경찰의 감시 대상이기도 했습니다.

또한 그들은 "마음을 파는 신사들보다 살을 파는 기생생활이 못하지 않다"는 자기 정체성을 갖고 "여성의 인간성을 제약하여 남성들의 완구, 씨(받이)통을 만드는" 현모양처 이데올로기에 저항의 기치를 높이 든 주체적 인간들이었습니다(화중선, 〈기생생활도 신성하다면 신성합니다〉, 《시사평론》 1923년 3월).

이러한 각성은 몇몇 기생들에 그친 것이 아니었습니다. "우리도 눈을 떴습니다. 우리도 정신을 차렸습니다. 그리하여 우리도 사회적으로 평등적으로 살아보겠다는 부르짖음! 그의 첫 소리가 《장한長

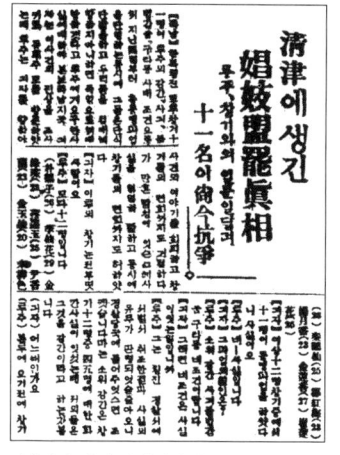

〈청진에 생긴 창기맹파진상〉
(《동아일보》 1931년 4월 17일)

기생들의 동인지였던 《장한》 창간호
(1927년 1월 10일)

포주의 학대를 견디다 못한 창기들이 머리를 깎고 아사동맹을 조직했다는 기사 내용, 평등한 삶에의 열망을 담은 동인지의 창간에서 알 수 있듯 당시 매춘 여성들은 부당한 대우에 저항하며 당당히 자기 목소리를 내던 주체였다.

恨)이란 우리의 기관잡지로 인하야 울리기 시작했습니다"라던 기생 김채봉의 〈첫소리〉(《장한》 1호, 1927년 1월)에서 이를 알 수 있습니다.

오늘 우리 사회의 매춘 여성은 성 산업에 종사하는 성노동자이자 시민사회의 일원으로 인정받길 꿈꾸고 있습니다. 마찬가지로 민족과 국가가 최우선 가치이던 한 세기 전 이 땅의 매춘 여성들도 민족과 국가의 동등한 일원이길 꿈꾸었던 것이지요.

어찌 보면, "일본 제국의 온갖 판도와 아시아의 문명도시 어느 곳이든 다 있는 댄스홀"을 서울에도 허용할 것을 촉구한(〈경성에 댄스홀을 허하라〉, 《삼천리》 1937월 1월) 기생 오은희·최옥진·박금도는 그들과 연명으로 글을 쓴 끽다점 "비너스"의 마담 복혜숙, 바 "멕시코"의 여급 김은희, 그리고 영화배우 오도실과 최선화와 함께 새로운 대중문화를 만들어 나간 당당한 주체였다고 볼 수도 있습니다.

거시적으로 볼 때, 일제하 기생들의 움직임도 대중사회의 새로운 문화 주체로 거듭 나려 한 신여성들과 그 궤를 같이 합니다. 이러한 여성들의 주체적 문화 창조 노력이 모두 모여 오늘의 대중문화라는 새로운 영역이 만들어졌다고 볼 수도 있을 겁니다.

매매춘 문제 해결을 위한 올바른 처방

저는 매춘 여성을 성노예로 보고 그들을 구제하려는 사명감을 갖고 있는 페미니스트들이나 자신을 성노동자로 규정하며 인권과 생존권 찾기에 나선 매춘 여성 모두 앞으로 남녀 양성 동권 사회가 도래하길 꿈꾸는 데 있어서는 다르지 않다고 생각합니다. 그렇다면 소망하는 미래를 앞당기기 위해 힘 있는 쪽에서 허리를 숙여 눈높이를 같이해 매춘 여성들의 작고 낮지만 강한 외침을 들으려 해야 합니다. 그렇게 할 때 인류 역사가 열린 이래 가장 오래된 직업인 매매춘 문제 해결을 위한 보다 나은 사회적 처방을 내릴 수 있지 않을까 생각합니다.

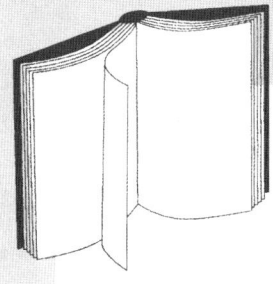

더 읽을 만한 글

이경민, 《기생은 어떻게 만들어졌는가》, 사진아카이브연구소, 2005.

이성숙, 《매매춘과 페미니즘, 새로운 담론을 위하여》, 책세상, 2002.

후지메 유키, 김경자·윤경원 옮김, 《성의 역사학—근대국가는 성을 어떻게 관리하는가》, 삼인, 2004.

민성노련(민주성노동자연대) 카페(http://cafe.daum.net/gksdudus)

성매매 피해여성 자활 지원을 위한 다시함께 센터 홈페이지(http://www.dasi.or.kr)

전성노련(전국성노동자연대) 카페(http://cafe.daum.net/uavenus)

신여성의 꿈

개화기와
그 후의 신여성
또는
욕망의 정치

박노자

욕망의 피라미드

허동현 교수님, 안녕하십니까?

우리는 보통 근대를 경제적인 차원에서 하나의 피라미드로 표현하지 않습니까? 자본의 집중이 고도화된 후기 자본주의의 경우 맨 위에 있는 극소수의 다국적 대기업 대주주들을, 다수의 고용 근로자들(바로 밑)과 비공식 부문의 완전히 주변화된 근로자들(맨 밑)이 받쳐주는 피라미드 말입니다.

그러나 19~20세기 초의 근대 사회들을 보면 경제뿐만 아니라 욕망의 충족이 허락되는 정도를 척도로 삼아도 피라미드 그림을 그릴 수 있을 겁니다. 예컨대 당대의 근대 사회의 준거틀로 인식됐던 빅토리안 시대(1837~1901)의 영국을 생각해 보시지요. 귀족층이나 부유한 중산층의 성인 남성들은 성적 욕망의 자극과 충족에 있어서는 별다른 제한을 느끼지 않았습니다. 말로는 "자제의 도덕"을 들먹이면서 실제로는 고급 포르노그래피 혹은 에로틱 문학을 열람

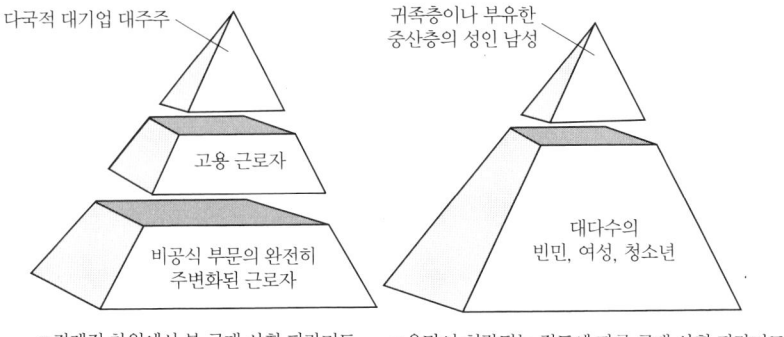

■ 경제적 차원에서 본 근대 사회 피라미드   ■ 욕망이 허락되는 정도에 따른 근대 사회 피라미드

하거나 고급 매춘부의 고가 "서비스"를 이용하면서요. 영국에서 "도덕 검열" 때문에 1994~1995년에 이르러서야 공간公刊될 수 있었던 《나의 비밀스러운 생활My Secret Life》은 이 같은 점을 잘 보여줍니다. 이 책은 빅토리안 시대 중기를 살았던 한 익명의 신사가 자신의 은밀한 성생활을 고백한 일기인데요. 이 책에 따르면, 당시 귀족은 신사의 당당한 자손으로서 대체로 10대 후반부터 하녀, 매춘부들과의 비공식적인 "만남"을 시작했다고 합니다. 물론 그것은 별로 이상한 일이 아니었지요. "고급 사회"에서 쉽게 발설되는 일은 아니었지만, 다들 알면서 잘 언급하지 않는 "공공연한 비밀"이었던 것입니다.

그러나 하류층의 매매춘 행위는 "전염병 방지법"(1864, 1866, 1869)과 같은 국가적 위생기구의 통제를 받아야 했으며, 늘 교회나 자선가의 지탄에 시달려야 했습니다. 남성은 손쉽게 성욕을 충족할 수 있었지만 여성에게는 "숙녀/가정주부의 덕목"이 강요됐습니다.

성인은 다채로운 성생활을 영위할 수 있었지만 청소년은 자위행위마저도 "비도덕적이며 비위생적인", "힘과 담력의 함양을 방해하는" 요소라는 비난 속에 금해야 했지요. 즉 성적 욕망을 늘 여러 가지 방법으로 충족시킬 수 있었던 부유한 성인 남성이 "욕망의 피라미드"의 상부를 이루고 있었다면 그 상부를 받쳐주는 것은 "자제"가 당위로 강요된 대다수의 빈민, 여성, 사회적 훈육 대상자(청소년)들이었습니다. "성적 하층민sexual underclass"이라고나 할까요?

"당연한" 남성의 욕망, "헤픈" 여성의 욕망

어느 정도 차이는 있지만 이 "욕망의 피라미드"의 기본틀은 초기 근대의 조선에 그대로 이식된 것 같습니다. "중류" 이상의 성인 남성이 요정에서 《조선미인도감》이나 권번의 "초일기草日記"의 유혹적인 사진으로 색욕을 돋우어 기생을 불러 노는 것은 그다지 어려운 일도 이상한 일도 아니었습니다. 직업을 찾지 못한 대학 졸업생―소위 "고등실업자"―도 "중류" 남성 사회에 소속감을 느낀 만큼, 아니 그 이상으로 유곽에 들락날락거렸습니다.

채만식蔡萬植(1902~1950)의 명작 《레디메이드 인생》(1934)에서 법률 책을 저당잡혀 술집과 유곽에 갔던 몇몇 무직 인텔리의 모습을 기억하십니까? 카페 여성들 희롱이 특기였던 염상섭廉想涉(1897~1963)의 소설 《만세전》(1922)의 주인공 "이인화"의 표현대로 "여성의 뭉실뭉실한 살"을 걱정을 잊기 위한 도구로 삼는 것은,

채만식

염상섭

"중류" 성인 남성 계급의 특권이었습니다. 저들 "지식 계급" 남성들은 "오입"을 해도 되는 "편한" 여성을 필요로 하면서도 민족주의적인 도덕주의 입장에서 "요부妖婦"들에 대한 부정적 평가에 인색하지 않았습니다. 나도향羅稻香(1902~1926)의 명작 《물레방아》(1925)를 기억하시지요? "이지적이면서도 창부형娼婦型"인 가난뱅이 이방원의 아내가 부자 신치규에게 처음에 몸만 팔았다가 나중에 마음까지 판 것은 너무나 유명한 줄거리 아닙니까? 계몽주의적 지식인들은 이처럼 매춘부를 비롯한 하층 여성들의 "부도덕"을 질타하고 한탄했지요. 김동인金東仁(1900~1951)의 《감자》에 등장하는 복녀도, 나도향의 《뽕》에 나오는 안협집도 이처럼 "도덕이 전무하고 탐욕만 가득 찬 창부형娼婦型"에 속하지요. 김동인만 해도 유곽에서 즐거운 시간을 꽤 많이 보낸 것으로 유명했습니다. 하지만 유곽 여성들의 자율적 욕망들은 전혀 존중할 줄을 몰랐습니다. 남성의 욕망은 당연한 것이었던 반면 여성의 욕망은 "헤픈" 것으로만 취급됐지요. "절지折枝"(꽃 꺾기. 기생 부르는 일의 별칭)가 "위"의 일상의 일부가 된 개화기와 일제 강점기 사회에서 연령적 · 사회경제적 · 성별적 "하부"에 강요했던 것은 맹목적인 "자제", "정숙", "정조"였습니다.

이처럼 여성의 욕망과 달리 남성의 성적 욕망들은 "당연한 것"으로 인정받고 있었습니다. 그러나 그러한 욕망에 휘둘리지 말아야 한다는 담론 또한 지속적으로 제기되었습니다. 성적 욕망을 "승화"한 남성들이 계몽주의자들에게 영웅으로 받들어졌던 것이지요. 계몽주의 논리에 따르면 자신의 "성"보다 "민족"을 먼저 생각하는 자세가 어릴 때부터 키워져야 했습니다. 《황성신문》(1909년 9월 3~4일, 논설 〈조혼의 폐해〉)이 조혼早婚을 근절해야 한다고 주장했던 주된 이유 중의 하나는, "규문의 일"(즉 10대 부부의 성관계)이 남성의 지기志氣를 박약하게 만들어 그들이 민족을 위한 영웅,

나도향

김동인

사업가나 학자로 클 수 없도록 한다는 것이었습니다. 10대 중후반의 청소년이 근대의 성性담론의 차원에서 사회적 "보호"의 대상물로 전락하기 시작한 것은 바로 이 시기, 개화기입니다.

여자는 마땅히 얌전해야 한다

물론 여성에 대한 요구는 한층 더 강력했습니다. "정결과 정조를

늘 지켜라", "훌륭한 아내와 어머니가 돼서 근대적 학식을 익혀 민족 영웅이 될 사내아이를 어릴 때부터 잘 가르쳐라"(《대한매일신보》 1909년 11월 17일, 〈여자 교육에 대한 의론〉)와 같은 주문이 끊이지 않았습니다. 한국 전통 에로스의 진수라 부를 만한 《춘향전》을 "음탕 교과서"(이해조, 《자유종》, 1910)라고 매도할 만큼 빅토리안적인 "정숙"과 "자제"가 절대시됐던 것이지요.

우리는 대개 개화기 때 성취한 것 중의 하나로 여성을 위한 근대적인 교육을 꼽지 않습니까? 물론 1910년 이전에 근대 교육의 수혜자가 된 여성은 극소수에 불과했지요. 1909년 공립, 사립 보통학교(초등학교)에 재학 중인 여학생은 1,274명이었습니다. 여성만 다니는 이화, 정신貞信, 배화, 숭의와 같은 사립 고등보통여학교의 수는 열 손가락으로 셀 수 있을 정도였고요. 수백 명에 불과했던 신식 학교 여학생들은 대개 개화 지향적인 신흥 지배계급에 속하거나 선교사의 도움을 받아 공부하여 나중에 선교사 밑에서 일하게 되어 있는, 출신 성분이 고아孤兒 등인 "주변 분자"들이었습니다.

그들이 교육받은 내용을 보면 문제는 더욱 선명해집니다. 과연 그들은 여학교에서 무엇을 배웠을까요? 기독교 계통의 계몽주의자 노병희盧炳熹가 선교사들의 도움을 받아 1909년에 발간한 《여자소학수신서》라는 당시의 전형적인 여성 윤리 교과서를 한 번 펼쳐봅시다. 제1과는 예상대로 "얌전"이라는 타이틀을 갖고 있습니다. 내용을 볼까요?

대저 여자의 행하는 것과 앉는 것과 눕는 것과 일어나는 것은 남자와 다름이 많으니 마땅히 얌전하고 씩씩하며 단정하게 하되 머리를 자주 빗으며 윗옷과 치마를 …… 깨끗하게 하고 …… 서기와 앉기를 기울게 말며 거만한 모양을 드러내지 말며 크게 웃지 말며 소리 지르지 말며 공연히 심술내며 성내지 말며 음식 먹을 때에 이리저리 옮겨 다니지 말며 …… 한 마디라도 헛되이 말며 …… 경망하다는 책망을 없게 하라.

'여자는 마땅히 얌전해야 한다.' 노예 교육이라 해도 될 정도로 말도 안 되는 이 이야기가 개화기 때 처음 근대적으로 정형화된 이후 한반도에서 그 족적을 감춘 적이 있었습니까? 물론 〈엽기적인 그녀〉(2001), 〈아내가 결혼했다〉(2008)와 같은 영화 이후나 이효리와 같은 대중문화의 여성 우상들을 보면 요즘 "발랄한 여자"가 어느 정도 하나의 행동 패턴으로 나름의 위치를 획득했다고 판단할 수도 있을 겁니다. 그러나 과연 그럴까요? 저는 그게 오판이 아닌가 싶습니다.

영화 속에서의 '발랄한 그녀"는, 일상생활 속에서 개화기 식의 "얌전함"에 그대로 얽매여 있는 대다수의 여성들에게 일종의 대리 만족을 제공합니다. 또한 "얌전한 여성"을 "정상"으로 알고 있는 남성들에게 이질적인 여성상을 간접 경험하게 하는 재미도 선사합니다. 하지만 현실은 다릅니다. 〈Mr. 로빈 꼬시기〉(2006)와 같은 영화 속 여주인공이 아무리 "발랄"하다 하더라도 회사나 가정에서의 여성은 역시 "얌전한 행동", "단정한 외모와 의상", "누나나 어머니와 같은 인내심과 자상함" 등을 요구받습니다. 자신의 독립적인 자아를 찾으려는 여성에게는 "얌전"이 저주와 같을 겁니다. 그러나 여성에게 순종주의를 강요하려는 사회에서는 아주 필수적인 이데올로기지요.

《여자소학수신서》의 내용을 계속 말씀드려 볼까요? 여성의 "일"로 제시되는 것은 방직과 음식 만들기, 집안일 하기, 쓸기와 닦기입니다. 특히 음식 만들기는 어릴 때부터 배우기를 권합니다. 여성의 본분으로서 부모 섬기기와 시부모 섬기기 또한 강조되고 있고요.

시부모가 부르시거든 공순히 공경하며 대답하며, 먹을 음식이 있거든 먼저 드려 공경하고, 일이 있을 때 그 음성을 살피며 괴로움이 있을 때에도 성내지 말고 얼굴빛을 화평하게 하며 말을 공순히 하며 부드러운 기운과 참는 마음으로 그 당한 일을 참아 지내라…….

어떻습니까? 이 교과서가 나온 지 거의 100년 가까이 됐습니다. 그러나 여전히 한국 남성은 하루에 평균 30여 분 정도만 집안일을 합니다. "음식 만들기"는 아직까지 "당연히 여자가 해야 할 일"로 치부됩니다. 물론 남자가 여자보다 집안일을 더 많이 하는, 진정한 의미의 평등한 사회는 아직 "문명화된 세계" 어디에서도 만들어지지 않았습니다. 하지만 스웨덴만 해도 남성이 하루 평균 집안일을 하는 시간은 2시간 30분으로, 여성이 집안일하는 시간(약 4시간)의 65퍼센트 정도입니다. 우리가 그렇게라도 되려면 과연 얼마의 시간이 필요할까요?

《여자소학수신서》에서처럼 남편을 더 이상 "부녀자의 하늘"로 부르지 않으니 정도의 차이야 당연히 있겠지요. 하지만 지금도 술

먹은 남편이 밤늦게 집에 친구를 데리고 오면 아내로서 화내지 말고 상을 차려주어야 하지 않습니까? 그리고 그것을 "여성다운 인내심의 덕"으로 보지 않습니까? 개화기 때 정형화된 남성우월주의적 근대의 젠더 담론이 지금 그대로 존속되고 있지는 않습니다. 그러나 그 노예적 거짓 "도덕"의 골자인 순종주의는 여전히 강조되어 이 시대 여성들을 괴롭히고 있습니다. 여성에게 경제적, 정치적 권력을 제대로 나누어주지 않은 채 남성이 실권을 잡고 있는 사회인만큼 여성에 대한 초기 근대의 극단적인 억압성이 극복되지 못하고 있는 것은 어쩌면 당연한 일이겠지요.

성리학, 메이지 일본, 그리고 기독교, 여성의 욕망을 억압하다

그렇다면 한국 개화기의 근대가 이처럼 남성의 욕망은 부추기면서도 여성의 욕망은 극단적으로 억압하는 방향으로 정향된 이유는 무엇일까요?

하나는 이웃 나라에 비해 훨씬 심한 성리학적 사회의 반反여성적인 성격이 아닌가 싶습니다. 예컨대 1850년대 중국에는 태평천국의 반청反淸 봉기에 적극적으로 참여하여 혁혁한 공로를 세운 태평군의 여군女軍이라든가 1900년의 의화단義和團 봉기 때에 무기를 들어 같이 참전했던 여성으로 구성된 홍등紅燈부대 등이 있었습니다. 그러나 조선 말기의 어떤 민란에서도 그러한 존재는 찾기 힘듭니다. 민중 투쟁에서의 여성의 참여야 당연히 어느 정도는 있었겠지요. 하지만 중국처럼 수많은 여성이 무기를 든 투사가 되어 투쟁에 적극적으로 가담하는 일은 당시 조선 사회로서는 상상하기가 어려웠던 것이지요.

물론 태평천국 때의 여군의 경우 상당수가 광서성의 장족壯族 출신들이었습니다. 모계 사회로서의 면모를 부분적으로 간직해온 그들 장족의 젠더 질서는 조선은 물론 가까운 한족과도 많이 달랐습니다. 그렇지만 한족의 경우에도 남성보다 더 적극적으로, 더 용감하게 폭력 투쟁에 앞장서는 여성 투사의 상을 제법 많이 발견할 수 있습니다.

예컨대 앞에서 언급한 의화단의 홍등부대(즉 여군) 부대장으로서 용맹을 떨쳤던 여걸 임흑얼林黑儿을 봅시다. 천진 지역에서 의화단 투쟁을 지휘했던 그가, 청나라 말기의 명상名相 이홍장李鴻章(1823~1901)의 아들을 붙잡아 만인 앞에서 심하게 혼내준 일은 유명한 일화이지요. 비록 나중에는 진압군에게 잡혀가서 잔혹한 죽임을 당합니다. 그렇지만 지금까지도 민요 등을 통해 입에서 입으로 전해져 중국인의 마음속에 살아있습니다.

아니면 "감호여협鑑湖女俠"이라는 아호를 가질 만큼 어릴 때부터 말 타기와 검술 등을 즐겼던 청나라 말기의 혁명 투사 추근秋瑾(1875~1907)을 떠올려 보시지요. 아이를 가진 후 남편과 이혼하고 일본으로 유학, 일본에서 동맹회라는 공화주의 조직에서 맹활약, 귀국 후 여성 신문 발간과 비밀리에 혁명군 조직, 그리고 굴복함이 없는 장렬한 죽음……. 잔 다르크는 "애국정신" 덕분에 개화기의 조선 신지식인들 사이에서 꽤나 인기를 모은 인물이었습니다. 그런데 추근은 바로 살아 있는 잔 다르크였습니다. 남편도 버릴 줄 알고 칼도 들 줄 아는 여성이었던 것이지요. 그러나 그러한 여성을 동지로 삼을 만큼 "자강회"나 "신민회"의 남성 계몽주의자들이 개방적이지는 않았을 것입니다.

또 다른 이유로는 남존여비 사상을 "양처현모"라는 방식으로 근대화시켜 새로운 젠더 이데올로기를 창출한 메이지 일본의 영향을 꼽을 수 있을 겁니다. 구한말의 여성을 위한 수신 교과서의 상당 부분은 바로 일본의 수신 책을 본뜬 것이지 않았습니까? 후쿠자와 유키치福澤諭吉(1835~1901)의 《문명론의 개략文明論之槪略》(1875)은 구한말의 조선뿐만 아니라 동아시아 전체의 계몽주의의 "독본"이었습니다. 이 책에서 그가 부부관계에 대해 무어라 말했습니까? "천성天性의 윤리적 관계"로 정리하여 여성에게 "온량공겸溫良恭謙의 덕德"을 필수적인 것으로 강조하지 않았습니까? 물론 그는 《일본부인론日本婦人論》(1885)부터 《신여대학新女大學》(1899)까지의 여러 저서에서 과거의 축첩 폐습 등을 비판하고 자유로운 남녀 결합에 의거한 근대적 일부일처제를 주장했습니다. 하지만 그의 최종 목표는 여성 개인이 아닌 국가를 위한 "문명개화"였습니다. 그리고 그 "문명개화" 과정에서 "육아育兒가 천직"인 여성은 무엇보다도 "국민의 아내와 어머니" 역할을 해야 했습니다. 예컨대 (남성) 국민이 유식해지기 위해서는 그 국민을 키우는 예비 어머니인 여성도 학습해야 한다는 논리였지요. 이러한 후쿠자와의 논리는 유교적 "부덕론婦德論"에 기반을 두면서 동시대 서구의 가부장주의의 영향을 받아 성립된 것입니다. 그런데 바로 이와 같은 논리가 근대 한국의 "얌전한 현모양처" 이야기의 토대가 된 셈이지요.

여성의 목을 옥죄는 끈질긴 유교주의와 일본의 영향에 더해져 여성을 "얌전" 등의 이름으로 압박한 것은 바로 당시 조선 신지식인계의 젠더 담론 형성에 큰 영향을 미쳤던 기독교가 아니었나 싶습니다. 다들 아시겠지만, 조선 최초의 여학교인 이화학당은 1886년 선교사들에 의해 설립됐습니다. 황신덕黃信德(1898~1983)과 같은 "주류"의 신여성은 "조선 부인의 생활에 광명은 기독교였다"라고 공언했습니다. 일제 강점기 "개명開明한 여성"들은 대개 기독교와 두터운 인연을 맺고 있었습니다.

그런데 이화학당을 세운 선교사들이 기독교 전파를 근본 목적으로 삼아 남편과 아이들에게 기독교 신앙을 심어줄 수 있는 미래의 주부들을 양성할 계획으로 교육 사업에 종사했다는 것까지는 잘 모르는 듯합니다. 구미 사회의 보수적인 종교계를 대표했던 그들은 "가정과 교회에 충실한 정숙한 부인" 만들기를 목표로 하고 있었습니다. 그런데 이러한 젠더 논리는 아주 쉽게 조선의 성리학과 접목될 수 있었지요. 계몽기의 민족주의자들에게 기독교는 사회진화론처럼 약육강식을 합리화하는 논리와 함께 "우주와 사회의 절대적이며 전반적인 진리"로 받아들여졌습니다. 성리학을 그대로 대체한 것이지요. 이런 이유로 당시 기독교는 성리학적 색채를 띠는 경우가 많았습니다. 특히 여성 억압적인 이데올로기의 차원에서 둘의 접목 과정은 아주 자연스러웠습니다.

개화기 때 조선에 이식되어 유교화된 기독교의 여성관을 살펴보기

신구 옷차림의 혼재
1938년 《여성》 9월호에 실린 사진. 신구 여성의 대조적인 옷차림에서 시대적 변화에도 불구하고 여성에게 "정숙"과 "얌전"을 요구하는 조선 시대의 성리학적 문화가 여전히 건재했음을 엿볼 수 있다.

후쿠자와 유키치
여성은 문명개화를 위해 "국민의 아내와 어머니" 역할을 수행해야 한다는 그의 논리는 근대 한국의 현모양처 이데올로기 형성에 결정적인 영향을 미쳤다.

이화학당
선교사들이 이화학당 등 여학교를 세운 첫 번째 목적은 "가정과 교회에 충실한 정숙한 부인" 만들기였다.

위해 초기 기독교 문학을 조금 훑어보는 게 어떨까요? 예컨대 기독교적 영향을 강하게 받은 전형적인 친일 언론인 이상협李相協(1893~1957)의 소설 《눈물》(1913~1914년 《매일신보》 연재)을 보시지요.

《눈물》에서 관료였다가 근대적 산업에 투신한 은행가 서협판의 딸 서씨 부인은 어디 하나 흠 잡을 데 없는 모범적인 규수입니다. "남자의 안목이 황홀할 정도"로 용모도 빼어나고, 엄격한 유교적인 가풍 속에서 자란 덕분에 남편을 섬기는 정성과 예의 또한 대단합니다. 게다가 부모들이 정해준 가정의 사업 계승자인 조필환과 "아무런 추잡함이 없는 순결하고 신성한 연애"를 하여 결혼까지 합니다. 말 그대로 문제될 게 하나도 없습니다. 한 술 더 떠 조필환에게 한문까지 배웠으니 여중군자인 셈이지요. 부유한 집에서 순결하게 성장할 것, "여자에게 필요한 만큼" 교육을 받을 것, 부모를 지극히 섬기고 남편을 잘 내조할 것, 이 같은 "정숙한 규수"야말로 상류층이나 중산층에 속했던 대다수 계몽주의자들의 긍정적인 여성상이었던 모양입니다.

서씨 부인과 대척점에 서 있는 주인공은, 조필환을 유혹하여 일시적으로 현명한 서씨 부인을 버리게 만든 악한 기생 "평양집"입니다. 지체 없는 가정에서 태어난 천한 "평양집"은 남자를 유혹하는 음탕함이 가득 찬데다가 성냄과 시기심이 많고 올바른 여덕女德이 뭔지도 모르는 부류지요. 그런데 이러한 부류도 결국 구세군의 설교로 자신의 악행을 뉘우치고 하나님을 믿게 됩니다. 서씨 부인과 조필환의 가정도 다시 평화로워지지요.

한국 사회, "내조"와 "부덕婦德" 논리의 여독

모든 여성들을 "정숙한 숙녀"와 "음탕한 요부"라는 두 범주로 나누고 심판하는 남성중심주의적·중산층 위주의 이분법, 그리고 "가정"과 "종교"의 결합……. 개화기 때 처음으로 마시게 된 이 독약의 여독餘毒은 지금도 사회의 곳곳에 남아 우리의 몸과 마음을 마비시키고 있습니다.

한 번 생각해 보시지요. 한국 사회에서 자기 친구나 가정에 자신과 동거하고 있는 여자 친구를 "나의 동거녀"라고 소개하는 데 얼마나 많은 용기가 필요한지를요. 노르웨이의 경우 20대 중에서 결혼한 쌍들보다 동거하는 쌍이 더 많습니다. "동거녀"나 "동거남"이 "부부" 못지않게 정상적인 명칭으로 자리 잡은 것은 물론이고요. 그러나 우리는 아직까지 "신성한 가정"의 허상을 그대로 붙잡고 있습니다.

공인公人 여성으로서 "나는 레즈비언"이라고 공언하는 일이 쉬울까요? 물론 지난 18대 총선 때 종로구에서 출마한 진보신당 후보 최현숙과 같은 일부 사회주의적 여성 운동가들의 경우 레즈비언이라고 커밍아웃하면서 성적 소수자에 대한 이해를 표방하기도 합니다. 그러나 이 같은 경향이 아직 주류화된 것 같지는 않습니다. 빅토리안 시대 가정 윤리주의의 철폐, 남들과의 다양한 형태들의 평등한 성적인 결합을 용인하는 개인 만들기 차원에서 보면, "간통죄"를 아직도 법적으로 인정하는 우리는 아직 갈 길이 한참 남은 듯합니다. 대형 교회들이 지금처럼 막대한 영향력을 행사하는 이상 그 길로 가는 일이 그리 쉽지도 않을 듯하고요.

물론 최근 여성의 혼외정사가 사회에서 자주 논의되는 하나의 주제가 되어 과거에 비해 좀 더 긍정적으로 받아들여지는 것 같긴 합니다. 그러나 아직 멀었습니다. 남성에게는 관습적으로 상당한 성생활의 자유를 부여하면서 여성, 특히 기혼 여성에 관한 한 아직까지 엄숙주의적, 도덕주의적 잣대를 보다 강하게 들이대는 것을 보면 말이지요.

"신여성", "현모양처"가 되다

"현모양처"는 메이지 시대 일본인들이 만든 "양처현모"라는 표현을 개화기 때 "어머니"와 "후사後嗣"가 중시되는 조선식으로 바꾼 말입니다. 그러나 크게 봐서 현모양처는 19세기 후반 구미 중산층 사회의 위선적이며 억압적인 성적 모델을 기원으로 해서 내용을 유교화했을 뿐입니다. 이렇다 할 만한 근본적인 변화는 없었던 것이지요.

식민지 시기 교육을 받은 대다수 "신여성"은 "현모양처"가 되어야 한다는 성차별적인 가치관을 별다른 저항 없이 받아들이고 말았습니다. 우리는 보통 "신여성" 하면 교육자나 기자 등 "사회 활동가"를 떠올립니다. 하지만 현실은 그렇지 않습니다. 물론 공산당 활동가와 동지가 되어 "동지적 사랑"에 의해 결혼하고 사회주의 운동

윤심덕

나혜석

에 투신하거나 아예 독신으로 살면서 사회 활동을 한 여성(박헌영의 부인 주세죽, 최창익의 처 허정숙, 독신녀 김활란 등)도 있긴 했지요. 그러나 그들 소수를 제외한 대다수 "신여성"들의 꿈은 남편을 보필하여 아이를 훌륭하게 키우는 정도였습니다. 남성은 호탕해야 하지만("영웅은 호색이다!") 여성은 정조를 무조건 지켜야 한다는 이데올로기에 그들도 그대로 길들여지고 말았던 것이지요.

이러한 배경을 염두에 두면, 유부남인 애인과의 동반자살(1926)로 세상을 떠들썩하게 만들었던 소프라노이자 여배우 윤심덕尹心悳 그리고 남편 김우영과의 이혼 과정을 그 유명한 〈이혼 고백장〉(《삼천리》 8~9호, 1934)에서 솔직하게 서술하고 무책임한 애인 최린으로부터 당당히 "정조 유린에 대한 위자료"를 요구해 합의금을 받는 데 성공한 화가이자 문필가 나혜석羅蕙錫(1896~1948)은 진정한 영웅으로 보입니다.

왜 "영웅"이냐고요? 여성의 욕망의 자유를 인정하지 않던 근대 초기, 예술적 재능이 뛰어난 이 2명의 조선 여인들은 개인적 불행을 끝까지 감수하면서 그 욕망을 실현할 권리를 위해 싸웠습니다. 바로 그 때문입니다. 윤심덕은 아까운 젊은 나이에 죽었습니다. 나혜석은 죽음보다 더 무서운 무의탁 폐인의 생활을 몇 년 하다가 갔습니다. 하지만 둘 다 현모양처가 되라는 체제의 요구는 끝까지 거부했습니다.

이와 같은 "반란자"들이 암울했던 그 시대에 여성의 독립의 길을 텄기에 오늘날의 한국이 아시아에서 가장 활발한 페미니즘 운동을 자랑할 수 있게 된 것 아닐까요? 둘 다 자산 계급의 딸이었지만, 저는 왠지 몸의 주권을 되찾은 그들을 "혁명가"라고 부르고 싶습니다.

햇빛이 보이는 오슬로에서
박노자 드림

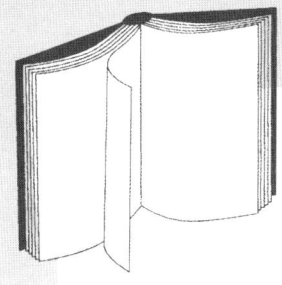

더 읽을 만한 글

고미숙, 《한국의 근대성, 그 기원을 찾아서―민족, 섹슈얼리티, 병리학》, 책세상, 2001.

신영숙, 〈일제하 신여성의 연애결혼 문제〉, 《한국학보》 45, 1986.

이길연, 《한국 근현대 기독교 문학 연구》, 국학자료원, 2001.

이배용, 〈개화기, 일제 시기 결혼관의 변화와 여성의 지위〉, 《한국근현대사연구》 제10집, 1999.

이혜령, 《한국 근대 소설과 섹슈얼리티의 서사학》, 소명출판, 2007.

關口すみ子, 《國民道德とジェンダ: 福澤諭吉・井上哲次郎・和辻哲郎》, 東京大學出版部, 2007.

Wells, Kenneth M. "The Price of Legitimacy: Women and the Künuhoe Movement, 1927~1931", Gi-Wook Shin and Michael Robinson, eds., *Colonial Modernity in Korea*(Cambridge, MA: Harvard University Asia Center, 1999).

신여성의 꿈

내 몸의 주권?
민족의 독립?
계급의 해방?

허동현

여성에게는 그림의 떡

박노자 선생님, 반갑습니다.
 박 선생님의 말씀처럼 근대를 경제적 착취의 피라미드가 들어선 시기로 볼 수도 있겠지요. 하지만 신과 왕에게 눌려 지내던 보통 사람들의 권리인 인권이 새롭게 발견된 시기로 볼 수도 있을 것입니다. 인권은 계몽주의 사상에 입각해 자유·평등·박애의 정신이 구현되는 사회를 만들려 했던 프랑스 혁명(1789년 7월 14일~1794년 7월 28일) 때 처음으로 제시되었습니다. 혁명이 일어난 지 한 달여 뒤에 발표된 "인권선언Déclaration des droits de l'homme et du citoyen"(1789년 8월 26일)은 인간 해방의 이념으로 자유·소유권·안전 및 압제에의 저항과 같은 인간의 자연적 권리를 지키기 위한 정치적 결합체로서 국가를 인정하고, 국가를 이룩하기 위해 주권재민·권력분립·법률제정권 등과 같은 시민적 권리들을 보장하는 내용을 담고 있었습니다. 그러나 여기서 말하는 인권은 남성의 전유물이었습니다. 여성에게는 여전히 그림의 떡에 지나지 않았지요.

작은 것을 통해 큰 것 보기. 때로는 백 마디 화려한 수사보다 한 장의 그림이 우리에게 더 많은 것을 가르쳐줍니다. 외젠 들라크루아F. U. Euqène Delacroix(1798~1863)의 "민중을 이끄는 자유의 여신"(1830)과 알프레드 르 프티Alfred Le Petit의 "두 공화국"(1872)이라는 그림이 대표적인 예일 겁니다.

젖가슴을 드러낸 채 삼색기를 흔들며 파리 시민들을 바리케이드로 이끌고 있는 자유의 여신이나, 머리쓰개와 다 떨어진 빗자루를

외젠 들라크루아의 "민중을 이끄는 자유의 여신"

들고 있는 늙고 뚱뚱한 노파나, 자유를 뜻하는 프리지아 모자를 쓰고 도끼와 권총으로 무장한 키 크고 젊은 여전사나 모두 마리안느Marianne라는 이름을 갖고 있더군요.

영국의 침입에 맞서 왕가를 구한 잔다르크는 실존 인물이었지만, 프랑스의 이곳저곳에서 때론 동상으로 때론 그림으로 마주치는 마리안느는 공화국이라는 정치 체제를 상징하는 알레고리allegory(풍유諷諭)

알프레드 르 프티의 "두 공화국"

일 뿐 실존인물이 아니었습니다. 들라크루아의 그림 속 장총을 든 정장 차림의 부르주아와 풀어 헤친 셔츠에 칼을 치켜든 프롤레타리아의 대조적 모습처럼, 프티의 그림 속 두 계급이 꿈꾼 공화정은 마리안느의 자태마냥 너무도 다르지 않습니까?

들라크루아는 1830년 구제도舊制度로 돌아가려는 샤를 10세에 맞서 싸운 부르주아들의 "7월 혁명"을 높이 평가했던 것 같습니다. 그렇기에 그는 그의 마리안느에게 프랑스혁명의 상징인 삼색기를 들려주었겠지요. 반면 프티는 1830년의 공화국의 알레고리인 마리안느를 부르주아를 위해 봉사하며 그들의 재산을 지켜주는, 늙고 뚱뚱한 하녀의 모습으로 형상화합니다. 1793년 로베스피에르 Maximilien de Robespierre의 공화국은 키가 크고 젊은 역동적인 여전사 마리안느로 묘사하고요. 프롤레타리아 혁명을 이상시한 때문으로 보입니다.

당시의 남성 화가들의 그림에서 마리안느 외에 살아 숨 쉬며 투쟁하는 여성들의 모습은 찾아볼 수 없습니다. 그러나 그렇다고 해서 당시 프랑스 여성들이 잠들어 있었다고 말하는 것은 큰 잘못입니다. 가난한 푸줏간 집 딸로 태어나 최초의 여권주의자로 거듭 난 올랭프 드 구즈Olympe de Gouges(1748~1793)는 남성의 인권만을 보장한 인권선언에 격분해 1791년 발표한 "여권선언La Déclaration des droits de la Femme et du la citoyenne"에서 남성과 대등한 여성의 권리를 목청 높여 외쳤지요. 특히 "여성은 단두대에 올라갈 권리를 가지고 있듯이 연단에도 올라갈 권리를 가져야만 한다"는 선언의 제10조는 여성이 남성보다 열등한 타자가 아니라 동등한 존재임을 당당하게 주장한 것이지요.

그러나 그녀는 진보주의자 로베스피에르에 의해 처형되고 말았습니다. 국민국가의 국민 만들기를 중시하는 부르주아의 우파와 마찬가지로 국가를 넘어선 계급혁명을 설파하는 프롤레타리아의 좌파도 여성의 권리에는 관심이 없었습니다. 남성 중심의 지배구조가 관철되는 사회에서 여성의 권리를 보장받는 것이 얼마나 어려운 가시밭길인지는 설명할 필요도 없을 것입니다.

그러나 구즈의 죽음은 헛된 것이 아니었습니다. 그가 꿈꾼 여성 해방의 이상은 같은 시대를 살면서 《여권의 옹호Vindication of the Rights of Women》를 쓴 영국의 메리 월스톤크래프트Mary Wollstoncraft(1759~1797)나 1848년 "여성독립선언서Declaration of

올랭프 드 구즈

Sentiments"를 쓴 미국의 엘리자베스 스탠턴Elizabeth Cady Stanton (1815~1902)에게 이어져 여성들을 "남성의 노예"에서 해방된 주체로서 당당히 서게 했지요.

노르웨이의 극작가 입센Henrik Ibsen (1828~1906)의 《인형의 집Et Dukkehjem》(1879)에 나오는 여주인공 노라는 "아내이며 어머니이기 이전에 한 사람의 인간으로서 살겠다"며 현모양처와 비非국민의 처지를 거부한 새로운 여성new women을 대표합니다.

노라는 말합니다. "아버지는 나를 자기의 인형이라고 부르곤 했고, 내가 내 인형을 갖고 놀듯 나와 놀아주셨죠 …… 그리고 나는 아버지의 손에서 당신(남편)의 손으로 넘어왔어요…… 당신은 모든 것을 당신의 취향대로 했고 나는 당신과 같은 취향을 가졌죠. 혹은 그런 척했어요. 지금 되돌아보면, 여기서 동냥으로 먹고 사는 거지처럼 살았던 거 같군요. 당신을 위해 재주를 부리면서 살았던 거예요"라고 말이지요.

■　메리 월스톤크래프트
■■　엘리자베스 스탠턴
■■■ 헨리크 입센

1890년대에 깨어나기 시작하다

근대는 여성이 역사 무대의 전면에 남성과 함께 각성한 주체로 등장한 시기이기도 합니다. 노라와 같은 신여성들은 여성을 가정 안에 가두고 가장에게 예속되게 하는 가부장제라는 비인간적 억압의 기제에 맞서 '인형의 집'을 뛰쳐나왔습니다. 이 땅의 여성들도 서구나 일본보다는 늦었지만, 1890년대에 이미 깨어나기 시작했습니다.

> 이목구비와 사지오관 육체에 남녀가 다름이 있는가. 어찌하여 사나이가 벌어주는 것만 앉아서 먹고 평생을 깊은 골방에 갇혀 남의 절제만 받으리요!

1898년 9월 1일, 서울 북촌의 양반집 부인 300여 명이 뜻을 모아 만든 최초의 "여권선언문"인 〈여권통문女權通文〉의 첫머리입니다. "벙어리, 장님, 귀머거리"의 삶을 살아야 했던 이 땅의 여성들이 남성과 동등한 참정권·교육권·직업권을 갖기를 꿈꾸며 여학교의 설립을 요구한 것입니다. 하지만 당시 이 일은 신문에 "놀랍고 신기한"(《황성신문》) 일 혹은 "희한한"(《제국신문》) 해프닝으로 치부될 정도로 사회적 주목과 지지를 이끌어내지는 못했습니다. 결국 한 세기 전 우리들은 우리 힘으로 여성도 사람대접 받는 근대 사회를 이루지 못했던 것이지요.

일제하 이 땅의 인텔리 남성들도 양반 사대부들과 마찬가지로 여성의 몸을 욕망 해소의 대상으로 탐하거나, 현모양처라는 미명 아래 여성을 남성을 낳고 기르고 시중드는 종속적 존재로 치부할 뿐이었습니다. 자유연애를 꿈꾸는 신여성에 대해 "'사랑걸신증'이라는 성적 박테리아가 방방곡곡을 휩쓸어서 인심이 자못 퇴폐한 모양이오. 이에 따라 이혼, 야합이라는 희비극이 날을 따라 도처에 연출되는 모양"이라고 비아냥거린 염상섭(《감상과 기대》, 《조선문단》 1925년)을 보시지요. "민족 발달상 또는 가정 개량상 어느 정도 까지는 여자의 인격을 인정함이 유리할 줄로 생각한다 …… 나는 이론상으로는 여자의 권리를 주장하지 않으나 이해타산상 이를 주장한다"던 이광수(《혼인론》, 《매일신보》 1917년)도 마찬가지입니다. 이들의 속내를 보면, 당시 여성들이 주체적 인간으로 거듭나는 것을 막는 걸림돌은 일제라는 외부의 적만은 아니었습니다. 제국의 지배를 받던 식민지의 여성들의 어깨는 외세와 식민지 가부장권에 의해 이중으로 짓눌리고 있었습니다. 이처럼 식민지 여성에게 다가온 근대란 철저하게 일그러진 모습이었습니다.

  개화기 이래 식민지 시대 이 땅의 남성들은 자신들의 국민국가—부르주아국가건 사회주의 국가건—만들기를 꿈꾸었습니다. 그러나 이미 국민국가 수립에 성공한 서구나 일본의 남성들에 비해 그들은 과중한 짐을 짊어져야만 했습니다. 즉 국민국가 만들기라는 과제에 외세 물리치기라는 반제국의 과제 하나가 더 추가되어 그들의 어깨를 짓누른 것이지요. 1920년대에 들어 우리에게도 노라의 뒤를 따르는 신여성이 등장했습니다만, 이들이 져야 할 십자가는 한둘이 아니었습니다. 서구나 일본의 노라들이 가부장권

무너뜨리기에 집중할 때 이 땅의 여성들은 그것에 더해 국민국가 만들기와 외세 물리치기라는 이중 삼중의 과제를 떠맡아야 했습니다.

욕망의 자유를 찾아서

식민지 시기 남성들은 여성의 몸을 욕망 해소의 도구로 착취하거나, 현모양처라는 미명 아래 여성을 "일등 국민"인 민족을 이끌 남성들을 낳고 기르고 돌보는 종속적 존재로 얽어매려 했습니다. 나혜석으로 대표되는 신여성들은 이러한 남성들에 저항했습니다. "남편을 보필하여 아들을 훌륭히 키우는" 현모양처의 족쇄를 풀고 당당히 욕망의 자유와 몸의 주권 찾기와 남성과 동등한 사람 되기에 나선 것이지요.

> 내가 인형을 가지고 놀 때
> 기뻐하듯
> 아버지의 딸인 인형으로
> 남편의 아낸 인형으로
> 그들을 기쁘게 하는
> 위안물이 되도다
>
> 남편과 자식들에게 대한

의무같이
내게는 신성한 의무 있네
나를 사람으로 만드는
사명의 길을 밟아서
사람이 되고저

……

아아! 사랑하는 소녀들아
나를 보아
정성으로 몸을 바쳐다오
많은 암흑 횡행할지나
다른 날, 폭풍우 뒤에
사람은 너와 나
노라를 놓아라
최후로 순순하게
엄밀히 막아논
장벽에서
견고히 닫혔던
문을 열고
노라를 놓아주게

—나혜석, 〈인형의 家〉(1921)

이처럼 남성들의 "인형"이 아닌 당당히 홀로 선 주체로 살고 싶었던 나혜석은 "현부양부賢父良夫의 교육법은 들어보지 못했으니, 현모양처란 여자를 노예로 만들기 위한 것"(〈이상적 부인〉,《학지광》1914년)이라고 "현모양처 이데올로기"에 물든 남성들의 여성관에 반격의 직격탄을 날렸습니다. 그의 꿈은 욕망의 자유 얻기에 그친 것이 아니었습니다. "아아! 나는 나가다가 벼락을 맞아죽든지 진흙에 미끄러져 망신을 당하든지 여하튼 나가볼 욕심"이니 동포 여성들도 "사람 될 욕심", "서양의 학문을 소화해 조선화시킬 욕심", 그리고 "자손의 미래를 위해 사업가가 될 욕심"을 품으라고 목청을 높였지요(〈잡감雜感 : K언니에게 줌〉,《학지광》1917년).

그녀만이 아니었습니다. 의사 이영실도 "의사로서 완전한 존재"로 우뚝 서기 위해 "어떠한 어려움이라도 뚫고 돌진할 각오"로 "여자는 용기가 없고 연구심이 부족하다"는 차별적 인식과 "조선의 가정제도가 여자에게 주는 과중한 질곡"에 굴하지 않고 도전해 나갔습니다. 신문기자 김명순(1896~1951)도 "내가 성장하는 나라는 약하고 무식함으로 역사적으로 남에게 이겨본 때가 별로 없었고 늘 강한 나라의 업신여김을 받았다. 그러나 나는 이 경우에서 벗어나야겠다. 벗어나야겠다. 남의 나라 처녀가 다섯 자를 배우고 노는 동안에 나는 놀지 않고 열두 자를 배우고 생각하지 않으면 안 된다"고 마음먹었다고 하더군요(〈탄실이와 주영이〉,《조선일보》1924년).

우리 역사 속 신여성

이처럼 식민지라는 악조건 아래에서도 신여성들은 여성의식과 직업의식, 민족의식을 갖고 남성 지배 사회와 식민지라는 이중의 장애를 넘어 남녀동권 사회 만들기, 외세 쫓아내기, 그리고 국민국가 세우기라는 중첩된 과제 수행에 여념이 없었습니다.

그렇다면 우리 역사 속 신여성은 누구일까요? 세계사적 기준, 즉 보편적 기준에서 보자면 신여성은 자기 몸의 주권 찾기에 나선 여성들이겠지요. 그러나 한국사의 특수성은 신여성이라는 이들의 존재를 어떻게 범주화·유형화할지를 놓고 서로 충돌하는 견해들을 만들어 냅니다.

여기서는 한일 두 나라 여성 학자들이 한일 두 나라의 신여성에 대해 논박한 글들을 모아놓은 《신여성》(문옥표 외, 청년사, 2003)에 실린 글을 중심으로 학계의 신여성 연구에 보이는 시각의 차이를 알아보도록 하겠습니다.

신여성이 과연 누구인지에 대해 이 책의 저자들은 서로 다른 목소리를 냅니다. "일제의 식민주의, 유교적인 가부장제의 제약 속에서도 민족차별과 성차별에 저항하며 여성운동과 사회·경제활동을 펼친 이"(이배용), "해방된 여성 문화를 창조하고 여성으로서의 정체성을 확립하여 평등하게 사회적 의무까지 지겠다던 이"(박용옥), "민족에 눈뜨고 젠더를 의식하고 계급의 해방을 외친 이"(송연옥), "하나의 독립된 개인으로서 해방되고 인간으로서의 당연한 욕구를 충족시키고자 한 이"(이노우에 가즈에), "중등 이상의 신교육을 받고 개성에 눈뜬 근대적 인간"(이상경), 그리고 "신교육을 받고 저술 활동과 개인적인 삶을 통한 실천에서 근대적인 가족 및 남녀 관계를 추구하고자 한 이"(문옥표)라고 말입니다.

사학·인류학·문학, 원로와 신진, 한국과 일본학계 등 서로 다른 프리즘을 통해 본 탓에 신여성의 모습은 다채로운 스펙트럼을 보입니다. 하지만 이들이 말하는 신여성의 모습은 크게 둘로 나눌 수 있을 것 같습니다. 욕망의 자유와 몸의 해방을 꿈꾼 독립된 개인으로 보는 견해(이노우에 가즈에·문옥표·이상경)와 젠더gender의 해방을 꿈꾸는 여성이기에 앞서 민족의 독립과 계급의 해방을 함께 고뇌하는 인간으로 보는 견해(이배용·박용옥·송연옥)가 그것입니다.

전자는 보편으로서 여성의 해방을 논하는 현대 페미니즘의 시선으로 입센의《인형의 집》(1879)의 주인공 노라와 히라츠카 라이초平塚雷鳥(1886~1971)와 나혜석을 연장선상에 놓고, 개인으로 우뚝 선 이들만을 신여성으로 그리고 있습니다. 반면 후자는 서구와 일본과 달리 계급과 민족의 질곡에 눈감을 수 없던 식민지 근대를 살아간 조선 여성들의 특수성을 강조하며 민족과 계급이라는 거대담론에 여성을 종속시킵니다.

이노우에는 신여성의 범주를 젠더를 넘어 계급과 민족 문제로까지 확대하는 시각에 우려를 표하며, 주체적 여성으로서 각성한 나혜석을 신여성의 표상으로 꼽더군요. 반면 송연옥은 개인으로서 자기실현을 중시한 나혜석보다 젠더를 계급 문제의 하위에 위치시킨 사회주의자 허정숙에게 높은 평점을 주고 있고요. 이노우에에게 허정숙은 여성의 해방을 꿈꾼 신여성이기보다 사회주의라는 거대 담론에 매몰된 사회주의자일 뿐입니다. 반면 송연옥에게 나혜석은 "근대가정의 환상에 빠져" 계급 해방을 생각하지 못한 몽상가로 비칠 뿐입니다.

남성에 봉사하는 도구

그때 거기를 산 신여성들의 삶을 어떻게 기억하는가는 오늘 여기를 사는 이들이 바라는 사회의 내일이 어떠할지를 알려주는 시금석입니다. 한 세기 전 이 땅의 사람들은 국민국가의 시대를 맞아 국민으로 진화하지 못하고 일본 제국의 식민지 국민이자 천황의 신민臣民으로 전락했습니다. 1919년 3·1운동 이후 그들은 아직 생기지 않은 나라의 모습을 놓고 서로 다른 그림을 그리기 시작했습니다. 민족독립운동과 민중해방운동이 그것이지요.

사실 당시에는 역사가가 자유민주주의와 사회주의 어느 쪽을 꿈꾸느냐에 따라 역사책에 다른 이름이 올라갔습니다. 역사가가 자신의 이념에 따라 중요시한 인물이 달랐다는 말이지요. 하지만 둘 모두는 '민족'이라는 하나의 지점으로 수렴하기도 했습니다. 그 시대를 산 이들의 머릿속에는 제방에 난 구멍을 고사리 손으로 막아 마을을 구한 네덜란드 소년의 이야기가 담겨 있었다는 말이지요.

"우리는 민족중흥의 역사적 사명을 띠고 이 땅에 태어났다." 1994년 국민교육헌장이 역사의 뒤안길로 사라지기 전까지 이 땅의 사람들은 민족의 중흥을 위해 살아야만 했지요. 그러나 아이의 손바닥 하나로 둑에 난 구멍을 막을 수는 없는 법이지요. 그것은 전체의 이름으로 낱낱의 희생을 강요하던 시절 국가가 국민을 동원하기 위해 만든 신화일 뿐이었습니다.

하지만 이에 맞서 민중의 이름으로 새 세상을 꿈꾼 이들의 눈에도 개인은 비치지 않았습니다. 민족과 민중 같은 거대 담론이 횡행할 때 개인은 없습니다. 해당 시기를 산 여성들은 남성보다 큰 희생을 강요받았지요. 국가권력과 가부장권, 두 개의 족쇄가 여성을 속박했습니다. 신사임당과 유관순 열사를 추앙하던 시절, 여성은 민족과 민중의 이름으로 남성에 봉사하는 도구일 뿐이었습니다.

오늘 우리가 사는 세상은 생각과 지향과 이해를 달리 하는 이들이 함께 살아가는 다원화된 시민사회이어야 합니다. 이를 위해 사가史家들은 이데올로기가 모든 것을 지배하던 시대에 자신들이 상상하는 세상에 정당성을 주기 위해 연역적으로 만들어진 도식적 역사 서술에서 벗어나야 합니다. 타자와 더불어 살기를 이야기하는 시민의 눈으로 본 역사 서술에 힘을 보태야 합니다.

신여성은 개인으로 거듭난 여성들에 한정해야

제가 이해하기에 박노자 선생님께서는 페미니즘의 시각에서 나혜석 같이 몸의 주권을 되찾으려 한 이들은 물론, 태평천국의 반청 봉기에 참여한 장족 출신 여군이나 주세죽(박헌영의 처)과 허정숙

같이 민중과 계급을 위한 운동에 투신한 이들도 신여성으로 보시는 것 같습니다.

그러나 저는 근대가 독립된 개인의 시대라면, 신여성은 마땅히 개인으로 거듭난 여성들에 한정해야 한다고 생각합니다. 나아가 저는 여성 해방을 꿈꾼 나혜석 같은 근대적 인간이 자라나고 있었기에 식민지 조선에 수탈만 있었다고 말할 수는 없다고 봅니다.

그런데 한 가지 의문이 머릿속에서 계속 맴도는군요. 왜 노라와 히라츠카로 상징되는 서구와 일본의 신여성들이 집단으로 여성의 해방을 외칠 수 있었던 데 반해 나혜석과 같은 조선의 신여성은 혼자 맨몸으로 싸울 수밖에 없었을까요? 일그러진 식민지 근대 시기의 발전이 결국 "잘못된 발전"이자 "과잉 발전"이었음을 나혜석의 비극적 삶이 웅변한다고 보면 지나친 생각일까요?

"현재의 여자는 장래의 어머니"라는 전제하에 여성을 훌륭한 국민을 길러낼 도구로 보는 일본의 국가주의적 "현모양처 이데올로기"에 물든 이광수와 이에 반대하는 일본의 신여성운동에 영향을 받아 여성의 존엄성을 주장하는 나혜석의 삶은 서로 만날 수 없는 기찻길 같이 평행선을 달렸습니다. 가부장권과 그 뒤를 받쳐주는 군국주의가 지배하던 일제하에서 주체로서 각성한 삶을 살고자 했던 나혜석의 삶은 이미 실패로 예정되어 있었는지도 모릅니다. 허나 이광수와 그녀를 버린 김우영과 최린은 친일파라는 오명을 뒤집어쓰게 되었지만, 이혼녀로 탕녀로 손가락질 당하다가 끝내 거리의 행려병자로 숨을 거둔 나혜석은 요즘 시대를 앞서 산 선각자로 높이 평가받고 있으니, 그녀의 삶은 수많은 밀을 키워낸 한 알의 밀이 분명하지 않습니까?

한 알의 밀알들

이 글을 마치는 순간에도 "네 에미는 과도기에 선각자로 그 운명의 줄에 희생된 자이었더니라"라는 나혜석의 말이 귓가를 맴도는군요. "네 시작은 미약하나 네 나중은 심히 창대하리라"라는 성경의 한 구절처럼, 시대를 앞서 "한 알의 밀"이 되었던 신여성들의 치열한 삶은 진정한 남녀 양성의 평등을 소망하는 모든 이에게 희망의 기억이자 삶의 좌표로 기능했다고 볼 수 있겠지요.

끝으로 저 역시 박 선생님처럼 레즈비언과 게이 같이 남과 다른 성적 취향을 가진 이들도 용인하는 사회가 타자와 더불어 살려하는 성숙한 사회라고 생각합니다. 다만 저는 서구의 경우와 같이 여성이 개인으로 거듭나는 과정에서 가정의 파괴가 불가피한 일이라고 생각하지는 않습니다. 가정 파괴는 양성평등 사회 만들기 과정에서 피하려야 피할 수 없는 불가역의 발전 과정이 아닙니다. 남성이나 여성 반쪽만의 사회가 아닌 부부가 서로 존중하며 자녀를 양육하는 건강한 가정은 양성 평등 사회에도 지켜야 할—폐기할 수 없는—가치가 아닐까 하는 작은 생각 하나를 덧붙여 봅니다.

겨울의 추위를 제법 느끼는 수원의 연구실에서
허동현 드림

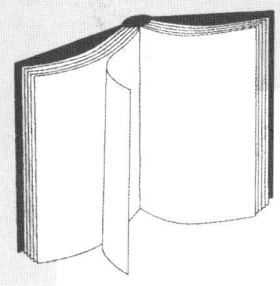

더 읽을 만한 글

김경일, 《여성의 근대, 근대의 여성》, 푸른역사, 2004.
나혜석기념사업회, 《정월 라혜석 전집》, 국학자료원, 2001.
모리스 아귈롱, 전수연 옮김, 《마리안느의 투쟁》, 한길사, 2001.
문옥표 외, 《신여성》, 청년사, 2003.
박용옥, 《한국 여성 근대화의 역사적 맥락》, 지식산업사, 2001.
이상경, 《인간으로 살고 싶다: 영원한 신여성 나혜석》, 한길사, 2000.
이임하, 《계집은 어떻게 여성이 되었나》, 서해문집, 2004.
정기문, 《내 딸들을 위한 여성사》, 푸른역사, 2004.
최혜실, 《신여성들은 무엇을 꿈꾸었는가》, 생각의 나무, 2000.
태혜숙 외, 《한국의 식민지 근대와 여성공간》, 여이연, 2004.

III
대중문화

한류韓流, 타자의 한국 보기

"서구의 한류"란 무엇인가 | 박노자
한류의 어제, 오늘 그리고 내일 | 허동현

식민지 시대의 영화

근대의 가시성可視性과 동원의 정치 | 박노자
'해방의 무기' 인가, '욕망을 파는 문화상품' 인가 | 허동현

한류韓流, 타자의 한국 보기

"서구의 한류"란 무엇인가

박노자

한국 영화와 태권도 붐

그래도 좀 나아지긴 한 모양입니다. 아니, 온몸으로 느껴질 정도로 좋아졌습니다. 8년 전 처음 노르웨이에 와서 노르웨이 사람들에게 "한국어를 가르치러 왔다"는 이야기를 했을 때는 그야말로 한심한 질문을 꽤 받았습니다. "한국에 독자적 언어도 있느냐?", "한국어와 중국어는 차이가 무엇이냐?", "한국은 원래 중국의 지방이냐?" 등등. 그런데 요즘은 그런 경우는 거의 없으니 말입니다. 물론 "북한 말과 남한 말이 상통 못할 정도로 다르냐, 아니면 같은 민족어냐" 정도의 질문들은 계속 들어오지만요.

8년이라는 시간은 대한민국이라는 근대국가의 전체 존속 기간을 놓고 보면 약 7분의 1도 안 됩니다. 하지만 그동안 "바깥"에서의 대한민국의 이미지는 확실히 달라졌습니다. 그 일등공신은 과연 누구인가요? 노르웨이의 경우 김대중 전 대통령의 노벨상 수상이 한국의 이미지 구축의 한 전환점이 되기도 했습니다. 하지만 무엇보다도 한국 영화들의 인기가 큰 보탬이 된 것이 사실입니다.

〈살인의 추억〉(2003)이나 〈올드보이〉(2003), 〈봄 여름 가을 겨울 그리고 봄〉(2003), 〈빈집〉(2004) 등 일련의 한국 영화들의 대인기는, 하나의 독립된 국가인지 중국의 지방인지도 모르던 "미지의 코리아"를 가시화, 구체화시켜 기지既知의 영역으로 끌어들이는 역할을 톡톡히 했습니다. 영화만이 아닙니다. 다른 북유럽 국가와 마찬가지로 노르웨이에는 "태권도 붐"이 일고 있습니다. 노르웨이를 포함한 유럽 전체로 보면 태권도 유단자의 수는 약 16만 명, 작은 도시 하나를 이룰 만한 숫자입니다. 태권도를 좀 더 잘 터득하려는 벽안의 젊은 "협객"들이 한국어와 한국 문화까지 본격적으로 배우려 하는 사례도 점차 늘어나고 있습니다.

과연 "한국"을 소비하는 것인가?

그러면 국위가 좀 선양됐다고 이제 마음 놓고 기쁨에 잠겨도 되는 걸까요? 기쁘긴 합니다. 하지만 "우리 영화", "우리 국기國技", 나아가서 "우리 음식" 등의 유럽에서의 개선凱旋 행진에 다시 꼼꼼히 생각해봐야 할 부분들도 꽤 있는 것은 아닐까요? 과연 저들이 일련의 신작 영화와 태권도 등을 이렇게 "맛있고 흥나게" 소비하는 이유가 그것이 "우리 것"이기 때문일까요? 과연 저들이 "우리 국위"에 지금 승복하고 있는 것일까요? 확언컨대 그렇지 않습니다.

한국 영화의 팬들 대다수는 동시에 중국 영화와 일본 영화 역시 신나게 소비하고, 세 나라의 영화를 정확하게 구분하지 않습니다. 태권도 연습을 시작하는 사람들 중에서도 이미 아이키도(일본식 합기도)나 가라테의 세례를 받은 사람들이 꽤 많고요. 즉 〈올드보이〉도 태권도도 저들의 식탁에 오를 때에는 메뉴판에 "한국 음식"이 아니라 "아시아 음식"이라고 적혀 있습니다.

그리고 저들이 과연 영화나 무술의 "한국성性"에만 반했을까요? 실제 한국 영화나 태권도의 팬들과 이야기하다 보면 역시 꼭 그렇지만은 않다는 사실을 알게 됩니다. 예컨대 〈올드보이〉를 좋아했다고 답한 사람들 가운데 거의 모두는 액션과 호러의 섞임 그 자체를 이미 〈올드보이〉를 발견하기 이전부터 좋아했다고 밝히고 있습니다. 이러한 부류의 팬들에게 〈올드보이〉는 "독특하게 한국적"이라기보다는 괴이한 살인을 재현함으로써 관객들에게 눈요깃거리를 제공해주는 액션 호러물의 대표 격인 셈입니다.

태권도 팬들 또한 마찬가지입니다. 그들은 대개 가라테를 약간씩 해보고 중국 무술 영화를 즐겨보는 사람들입니다. 즉 태권도를 "동아시아 무술"이라는 보편적 카테고리의 대표 격으로 본다는 말이지요. 바깥에서 "가장 동아시아적/한국적인 것"으로 "잘 나가는" 문화 현상들은, 자세히 보면 "가장 세계적"이라서 잘 나간다고 할 수도 있을 겁니다.

그러면 국위선양의 경우가 아니더라도 우리가 서구적 소비 경향을 대표할 만큼 "세계적"인 작품들을 만들어내고 팔 정도로 "세계화"—즉 서구화—됐다고 자부해도 되는 것일까요? 물론 자부할

왼쪽부터 〈올드보이〉, 〈취화선〉, 〈살인의 추억〉의 장면들
서구인들에게 이들 영화의 가장 큰 매력은 극단성과 엽기성, 폭력성이었다.

만한 부분도 없지는 않습니다. 하지만 그러한 자부보다는 이 세계적인 경쟁의 장에서 모든 기존의 것에 식상해 무언가 새로운 오락을 찾으려는 서구 소비자들의 시선을 남보다 더 잘 잡은 "코리안" 문화 상품의 그 "특별한 무엇인가"가 어디에 있는지 따져보는 게 더 필요하지 않을까 합니다.

예컨대 〈올드보이〉가 아무리 "모범적 호러 액션"이라 해도, 요즘 같은 포화 상태의 영화 시장에 호러 액션이 어디 박찬욱 작품뿐이겠습니까? 매력적인 킬러가 칼을 아름답게(?) 휘날리면서 악인을 재미있게(?) 토막 내는 장면을 즐기는 것으로 자신의 스트레스와 콤플렉스를 푸는 사람이 있다고 칩시다. 그렇다면 그는 〈올드보이〉 외에 섹시해 보이는 일본 여성이 한 남성을 멋지게(?) 죽였다가 결

국 주인공 "브라이드Bride"에게 역시 너무나 "스릴 있게" 죽임을 당하는 〈킬 빌Kill Bill〉(2003)류의 작품을 시장에서 무수히 찾아낼 수 있습니다.

왜 저들에게 최민식의 동작이 그렇게 매력적으로 보이는 걸까요? 여러 팬들에게 물어보고 《가디언Guardian》과 같은 권위지(http://film.guardian.co.uk/News_Story/Critic_Review/Guardian_Film_of_the_week/0,4267, 1327302,00.html)를 비롯한 구미권의 여러 〈올드보이〉 평론들을 읽은 뒤 제 나름대로 내린 답은, 박찬욱 작품의 (서구인에게의) 매력이 폭력의 "극단성"과 "엽기성"에 있다는 것입니다.

사람을 생체로 토막 내는 정도는 어디에서나 충분히 보고 즐길(?) 수 있는 장면입니다. 하지만 낙지를 산 채로 먹는 장면은 어디까지나 "우리만의 특기"일 수밖에 없지 않을까요? 한 번 안동의 어느 식당에서 살아 있는 생선을 먹는 장면을 보고 거의 기절할 뻔했던 적이 있습니다. 그만큼 제게 낙지를 산 채로 먹는 것은 이해될 수 없는 일입니다. 그러나 제 학생들 중에서는 "산낙지 신"을 〈올드보이〉의 "가장 인상적인 에피소드"로 뽑은 사람들이 참 많았습니다. 조금 다른 이야기지만 제가 아는 많은 노르웨이 관람객들에게 〈살인의 추억〉이나 〈취화선〉(2002)의 "가장 인상적인 부분"은 "상습적 구타와 욕설", "가부장적 남성이 여성을 함부로 다루고 강간을 연상시키는 강압적 성관계를 맺는 모습"이었습니다.

상업 영화의 성공 비결은 관람객의 "숨겨진 욕망", 그 무의식적 "그늘"을 끄집어내 시각화함으로써 본인이 고백하기 어려운 무의식적 판타지들을 재현시키는 것입니다. 이런 점에서 보면, 한국 영화들의 "엽기적인 폭력성"이 소비주의에 젖을 대로 젖은 서구 대중의 아주 깊은 어떤 환상과 욕망을 "잘" 건드려준 셈이 아닌가 싶습니다.

재미있는 것은, "태권도 연습의 가장 인상적인 부분이 무엇이냐"라고 물어보면, "스칸디나비아 사회에서 상상할 수도 없는 사범에게의 깍듯한 예절 지키기, 그리고 규율의 분위기"라고 답하는 경우들이 꽤 있다는 사실입니다. 자기 돈을 내서 "절하고 체벌 받고 복종하는 미지의 동양 왕국"에 한 번 재미있게(?) 갔다 오는 셈인 것이지요.

서구의 "오리엔탈리즘"을 자극하다

서구에서 잘 팔리는 한국 계통 대중문화 상품의 성공 요인 중 하나가 바로 서구인들의 "오리엔탈리즘적 무의식"—"동양"에서 엽기적이고 상상할 수 없을 만큼 잔인한 폭력이나 초인간적 규율과 복종, 이질적인 의례 등을 기대하고 그 이질성을 소비하려는 저변의 심리—에 잘 부합됐다는 것이라 말한다면 화낼 사람들이 꽤 많을 겁니다. 그들은 이러한 의견에 반대하며, 한국 영화의 높은 기술적 수준이나 시나리오의 우수성, 〈취화선〉과 같은 영화의 도가적 "미술" 해석의 독특성, 배우들의 열연熱演, 그리고 태권도의 건강 효과 등을 나열할 것입니다.

저도 그것을 부인하지 않습니다. 오히려 2001년 한국 영화 산업이 국내 영화 시장의 국산영화 점유율을 절반 이상으로 끌어올린 쾌거에 대해 마음속으로 대단히 기뻐했습니다. 국산 영화의 시장 점유율이 겨우 15퍼센트 정도인 노르웨이는 물론이거니와 유럽의 대국이라 할 독일만 해도 할리우드의 코를 그렇게 납작하게 만들 수 없었습니다. 독일의 경우 2006년 자국 영화가 영화 시장의 25퍼센트 정도를 점유한 일도 "유례 없는 대경사"였습니다. 그런데 한국이 자국 영화 시장의 절반 이상을 차지하는 쾌거를 이루었으니 자랑스럽기까지 합니다.

사실 엄청나게 다양한 한국 영화 중에서 유독 "폭력적 엽기성"이 돋보이는 작품을, 마을 공동체의 정情을 나누는 마당이던 씨름보다 가라테와 흡사한 공격성을 지닌 태권도를 골라 편애하는 주체는 우리가 아닌 저들입니다. 그렇기에 그것은 우리 문제라기보다는 저쪽 시각의 문제라 볼 수도 있습니다.

물론 우리가 "오리엔탈리즘적 무의식"에 호소하여 서구 시장에서 좋은 성과를 거두는 경우가 꼭 폭력물이나 호러물, 폭력적 스포츠에 국한되지는 않습니다. 〈서편제〉(1993)나 〈봄 여름 가을 겨울 그리고 봄〉의 그 비할 데 없이 아름다운, 한 폭의 산수화와 같은 풍경들이나 판소리 가락들도 서구인들에게는 매력적인 볼거리, 들을 거리입니다. 특히 대도시를 제외하면 지중해안의 리조트 정도만을 떠올리는 서구 중산층의 마음을 충분히 사로잡을 수 있었습니다.

문제는, 〈봄 여름 가을 겨울 그리고 봄〉을 극찬한 한 노르웨이 영화비평가처럼 그들이 한국의 산 풍경이나 산사 등을 "시간이 갈 줄 모르는, 영원히 바뀌지 않는" 것으로 이질화시켜 본다는 점입니다 (http://www.dagsavisen.no/kultur/nye_filmer/article-1384179.ece). 이러한 시각 역시 넓은 범주의 "오리엔탈리즘"에 속합니다.

그런데 서구인들의 이 같은 오리엔탈리즘적 시각은 사실 우리가 자초한 면도 없지 않아 있는 것 같습니다. 〈서편제〉나 〈취화선〉을 보시지요. 산세뿐만 아니라 "신묘하기 짝이 없는 동양적인 음악, 화법"에의 강조도 서구 소비자의 눈높이를 고려한 흔적이 보입니다. 심지어 "시간 갈 줄 모르는 동양의 신비"에 온 몸과 마음을 맡겨 "마음의 휴식"을 취하려 하는, "구도자" 내지 "이국성異國性의 애호가"의 폼을 잡는 서구 소비자를 일부러 겨냥하는 듯한 느낌까지 줍니다. 〈카게무샤影武者〉(1980)나 〈란亂〉(1985)에서 서구인들에게 무한히 매력적이고 낭만적으로 보이는 "흉계, 배신, 충절, 그리

〈봄 여름 가을 겨울 그리고 봄〉의 조용한 산사 풍경

> 서구인들은 한국 영화를 통해 자신들의 "오리엔탈리즘적 무의식"을 본다. 그리고 이 같은 서구인들의 시선은 사실 우리가 자초한 면도 없지 않아 있다.

〈취화선〉의 신묘한 동양화 화법

〈카게무샤〉는 사무라이 시대를 유혈이 난무하는, 그리고 흉계, 배신, 충절로 점철된 매력적인 모습으로 복원했다.

〈서편제〉의 비할 데 없이 아름다운 판소리 가락 모습

고 유혈, 유혈, 유혈"의 "사무라이 시대"를 복원(내지 날조)한 과거의 일본 영화계의 거장 구로사와 아키라黑澤明(1910~1998)가 자주 했던 것처럼 말입니다.

저는 가끔 임권택의 "서구 소비자용 오리엔탈리즘적 스타일"이 구로사와 스타일의 복제판으로 느껴집니다. 〈취화선〉을 볼까요? 구한말의 그 수많은 기인과 외톨이, 이단아들을 영화화할 경우 장승업張承業보다 종교의 일가를 이룬 최제우崔濟愚나 철학의 일가를 이룬 최한기崔漢綺, 아니면 독특한 선풍禪風과 성격으로 이름을 날린 경허鏡虛선사 등이 더 극적이고 심오할 겁니다. 그런데 왜 장승업이었을까요? 종교가나 철학자가 아닌 화가를 선택한 것부터 서구인 고객을 염두에 둔 것 아니었을까요? 물론 이 같은 선택은 정확한 것이었다고 할 수 있습니다. 한울님 신앙도, 기철학도 분명 신비해 보이기는 합니다. 하지만 그것을 충분히 이해하려면 유럽의 회사원으로서는 너무나 버거운 공부를 해야 합니다. 반면 신비화된 화법畫法이라면 "누구나 쉽게" 다 매료되어서 "신묘한 이질성"을 즐길 수 있겠지요.

아쉬운 "서구의 한류"

하여튼 한국학을 가르치면서 사는 제게 "서구의 한류"는 분명 반가운 현상입니다. 하지만 한편으로는 마음 한 구석에 억울함이 스며들기도 합니다. 식민지와 전쟁, 독재의 암흑을 거쳐 자기 손으로 최소한의 번영과 절차적 민주를 쟁취한 한국이 서구에 가르칠 수 있는 것이 고작 이 정도뿐인가? 서구인들로서는 그야말로 상상하기도 어려운 유산과 경험을 가지고 있는 한국인들이 고작 폭력물이나 "신비물"로, 그리고 "찌르기", "부수기", "치기" 등으로 서구인들의 허기를 달래주는 데 만족해야만 하는 것인가? 한국 문화가 끔찍한 살인 장면이나 "신묘한 동양성"을 소비함으로써 존재의 무한한 허무함을 달래는, 탈인간화된 배부른 서구 중산층 상층부 인간들의 호기심을 채워주는 역할에 국한되어야 하는 것인가? 우리가 차라리 저들의 양심과 양식에 호소해 저들이 알 수 없는 이 불평등하고 지옥 같은 현실의 일부라도 저들에게 설득력 있게 보여주면 안 되는가?

한국 영화사를 찬찬히 훑어보면, 제법 많은 수의 사회비판적 영화를 찾을 수 있습니다. 49년 전의 전설적인 명작 〈하녀〉(1960)와 〈오발탄〉(1961)부터 최근 10년 사이에 나온 〈박하사탕〉(1999)과 〈아름다운 시절〉(1998), 뛰어난 다큐 〈송환〉(2004)까지 역사도 길고 발군의 걸작들도 적지 않습니다. 그런데 이들 걸작들은 외국 영화제에서 아무리 훌륭한 수상 기록을 세워도 대중적 흥행은 물론이거니와 진지한 관심을 가질 법한 진보적 소수에게까지 잘 알려져 있지 못합니다. 무슨 이유에서일까요? 이와 연결된 또 하나의 의문이 있습니다. 이미 영어로 잘 번역된 《난장이가 쏘아올린 작은 공》(1978)이나 《무기의 그늘》(1989) 등 1970~80년대의 진보 문학의 "꽃"이라 할 명작들은 외국 평론가나 작가로부터 숱한 찬사를 들었습니다. 그러나 외국의 진보적인 독자들에게는 낯설게 느껴집니다. 그 이유가 무엇일까요? 더군다나 《무기의 그늘》의 경우 작가 황석영이 강한 자민족 의식과 동시에 제3세계의 모든 피압박 민족에 대한 연대의식 또한 강렬하게 드러냅니다. 대량살육도 모자라 잉여 물자를 풀어 베트남 경제까지 파괴시키는 미 제국의 악랄함에 대한 제3세계인으로서의 진정한 분노를 잘 표현한 것이지요. 그럼에도 이 같은 찬밥 신세를 면치 못하고 있습니다. 왜 그럴까요?

한 가지로만 답하기는 어려울 겁니다. 그렇다면 제3세계와의 연대를 관념적으로 지향하면서도 바로 그 제3세계의 색다른 문화적 표현법을 잘 이해하지 못하는 서구의 진보주의자들에게 질문을 던져 보지요. 서구 독자나 영화 애호가의 눈을 빌려 보면, 한국의 "민중 예술"의 도식성, 인간의 복잡다단하고 상호 모순적인 욕망 읽기를 외면한 채 모든 것을 "민족 모순"과 "계급 모순"으로 간소화하

〈하녀〉

〈오발탄〉

고 단순화하는 관습, 폭로성에 지나치게 집착하여 작가 개인의 정신세계는 등한시하는 태도 등이 문제가 되는 것 같습니다.

　이유가 어떻든 간에 비판적인 사회의식으로 무장한 진정한 작가들의 민중의 서사시보다 자본들이 노련한 솜씨로 다듬어 만든 포장 좋은 폭력물과 "신비물"이 외국에 훨씬 더 강력하게 진출하여 "코리아" 이미지 형성에 좀 더 많은 영향력을 행사하는 현실은 상당히 아쉽습니다. 무산대중이 세계적으로 뭉치는 것이 역사 진보의 정통 코스가 되어야 합니다. 하지만 지금의 "서구의 한류"는 "환상 같은 극단적 폭력과 신비의 나라 코리아"를 소비하려는 유럽의 "배부르고 고독한 우중愚衆"들과 국내 상업적 예술계의 똑똑한 장사꾼들의 "뭉침"이라는 느낌을 지울 수가 없습니다.

〈박하사탕〉

〈송환〉

한국의 이국화, 무엇이 문제인가

물론 "바깥 세계"를 이질화시켜 "미지의 오리엔트"로 만드는 유럽인의 세계의식이 우리가 〈올드보이〉와 태권도를 저쪽에 잘 팔 수 있는 원천이 되기도 합니다. 그러나 우리에게 불리한 점들도 많습니다.

예컨대 국내의 대북 의식과 서구 지식인들의 대북 인식을 비교해 보지요. 국내 같으면 북한을 "내재적으로"만 접근하여 북한 사회의 모든 부조리한 모습들을 다 "미제의 봉쇄 정책으로 인한 사회적 긴장" 탓으로만 설명하려는 좌파적 민족주의자들뿐만 아니라 북한의 "유일사상"에 별다른 동감을 느끼지 않고 북한의 "조선민족 제일주의"를 역겹고 수치스럽게 생각하는 "온건한" 자유주의자 내지 진보주의자들도 다음의 사항은 어느 정도 이해할 것입니다. 즉 북한의 "수령주의"가 유교적 "군신유의君臣有義"와 일제 강점기의 천황 숭배, 스탈린과 모택동의 "개인숭배" 등 여러 가지 정치문화적 요소들의 매우 복합적인 합성물이라는 사실을요. 그리고 북한의 사정으로서 어쩌면 거의 불가피한 현상이라는 사실도요. 나아가 "장군님의 초상화가 비에 젖었다"고 울어대는 북한 아가씨들에 대해서도 일정 부분 고개를 끄덕일 수 있을 것입니다.

집에 불이 나면 조상의 신주부터 건져야 한다는 의식이 상식이었던 시대가 지나간 지 얼마나 됐던가요? 한국의 평균적 자유주의자라면 어떨까요? 북한 왕조에 대한 절대적 충성 관념의 보편성을 아주 아쉽게 생각할 수밖에 없겠지요. 하지만 이는 역사적으로 뿌리가 깊은 현상입니다. 따라서 그것을 보고 낄낄 웃으며 북한을 무조건 배제하기보다는 북한을 껴안아 함께 좀 더 나은 시대로 가는 방안을 선호할 확률이 높습니다.

그러나 서구, 특히 미국의 지식인이라면 과연 어떻겠습니까? "무식쟁이 부시George W. Bush"를 대단히 혐오하는 미국의 한 진보적인 일본학 전공자와 약 8년 전에 이야기를 나눈 일이 있었습니다. 그때 그는 제게 "한국 정치인이나 지식인들이 저 포악한 폭군 김정일을 성토하여 북한 인민을 구출하도록 노력하는 대신에 왜 김정일에게 아부하는가"라고 질문했습니다. 정말로 당황하지 않을 수 없었습니다. 대다수 북한인에게 김정일이란 인물이 "태조" 김일성의 유업을 이은, 즉 그 정통성을 의심할 수 없는 임금이다, 따라서 그를 무조건 배제하는 행동은 반反김정일이 아닌 반북, 즉 북한인 모두를 향한 적대 행위가 될 것이다라고 애써 설명했습니다. 하지만 그는 끝까지 이해할 수 없다는 표정이었습니다.

요컨대 서구의 경우 아무리 진보적인 지식인이라 해도 북한인들을 보는 시각은 스탈린이나 히틀러의 광적인 추종자들을 보는 눈과 똑같다는 것입니다. 그들은 북한에 대해서도 "전체주의의 생지옥" 밖에 안 되는, 하루 빨리 없어져야 하는 사회로 봅니다. 한국의 보수주의자들과 기본적으로 다르지 않지요. 단 북한을 붕괴시키기 위해 무력을 써서 다수의 희생을 감수해도 되는가에 대해서만 의견이 다를 뿐입니다.

산낙지를 먹는 장면의 "엽기성", 산사 풍경의 "시간 밖의 아름다움"을 즐기는 것이 긍정적인 오리엔탈리즘이라면, 김일성 작고 소식에 펑펑 눈물을 흘리는 북한인들의 사진을 보면서 낄낄 웃는 것이 부정적인 오리엔탈리즘의 가장 비열한 형태에 속할 것입니다.

물론 비열한 것이야 저들의 문제겠지요. 하지만 미국이나 일본 극우들의 반북 책동에 유럽 진보주의자들마저도 적극적으로 반대하지 않는 것은 북한을 껴안아 북한과의 동반자 관계를 도모하려는 남한의 중도 우파 정권이나 자유주의적, 민중적 세력에게는 결코 반가운 이야기가 아닐 것입니다.

그런데 이 대목에 있어서는 우리로서도 반추해볼 만한 부분이 있습니다. 유럽인의 오리엔탈리즘도, 북한의 경직된 "왕조 사회"도 지금 우리가 당장 힘써서 개혁할 수 있는 것은 아닙니다. 하지만 북한 "수령제"의 상하관계 모델을 닮은 한국 기업체들이 외국의 고급 인력을 받아들이고 한국의 대학들이 외국 유학생들을 좀 더 많이 받아들이려면 역시 보다 평등 지향적인 구조로 가도록 의식적인 노력을 하는 것이 좋지 않을까요? 국내에서는 당연시되는 부분들이 "바깥"에서는 전혀 다른 모습으로 보일 수 있다는 점은 기억해두어야 할 현실입니다. 외국 출장에서 돌아온 재벌의 "주인님"을 해당 재벌 그룹의 경영진이 공항에까지 나가 절하면서 마중하는 것은 우리에게는 "예의"일지 모르지만 많은 구미인에게는 깡패의 생활을 형상화한 홍콩 조폭 영화의 한 장면으로밖에 보이지 않습니다.

한국을 이질화하려는 경향의 또 다른 피해자는 한국의 인문학입니다. 예컨대 원효元曉(617~686)와 퇴계退溪 이황李滉(1501~1570)을 보시지요. 그들은 중국에서도 잘 알려진 인물이었습니다. 일본에서는 아예 "종교계/지성계의 스타"가 되기도 했지요. 즉 동아시아 지역 안에서는 한국 철학이 "수출 품목" 중 하나였습니다. 그러나 개화기 이후 일본인들을 "가르치는" 시대는 종식되었습니다. 일본에서 "가공"된 서구의 인문학적 지식이 "진리"의 최고 권위로 인정받기 시작합니다. 그리고 이러한 양상은 현재까지 지속되고 있습니다. 아직까지 서구 이론의 수입이 서구와의 평등한 교류로 대체되지 못하는 것은 상당히 아쉬운 대목입니다.

물론 인문학이라는 고급문화가 전혀 수출되지 않는 것은 결코 아닙니다. 민중신학이 독일이나 미국의 일부 신학 대학에서 제3세계 신학의 본보기 중 하나로 가르쳐지고, 함석헌의 종교 이해가 소수의 구미 종교가들에게 상당한 흥미를 일으키고, 백낙청과 김우창의 영어 논문들이 해당 분야에 상당한 영향을 미치는 등 한국 인문학 가운데 "바깥"에 알려진 것들이 있긴 합니다. 그러나 민중신학도, 함석헌의 독특한 융합적 종교관도, 백낙청의 "한반도 분단체제론"도 어디까지나 서구인들에게 이질시되는 한국적 "특수성"이 중핵이 되는 것이지 서구에서 이야기되는 "보편이론"에 해당되지는 않는 것 같습니다.

한국 유학생으로 미국이나 서구에 가서 서양사나 서양철학, 문화이론 등으로 학위를 받은 뒤 서구 언어로 쓰인 그 학위 논문을 구미권에서 정식 단행본으로 출판까지 한 사람들이 천여 명을 넘습니다. 하지만 과연 그것이 서구의 지적인 흐름에 어떤 가시적인 영향을 미쳤을까요? 한국사나 한국 사회의 현실에서 따온 "팩트"

들이 담겨 있는 책이라면 구미의 지역 학자들에 의해 용케 사용될 수 있겠지요. 그러나 수없이 많은 "헤겔 박사"와 "칸트 박사", "비판이론 박사", "미국 혁명사 박사" 등 한국 유학파가 "국내용"이라는 딱지를 떼기는 생각처럼 쉽지 않았습니다. 물론 국내에서도 국외에서도 "신新케인스주의의 참신한 이론가"로 평가 받는 장하준 선생(케임브리지대학)과 같은 창조적 지식인들도 있지만, 이러한 고무적 사례들은 대개 인문학보다는 경제학 등 이론성보다 실용성이 더 강한 쪽에서 보다 많이 관찰됩니다.

"선진 이론을 성실히 배우겠다"는 애당초의 "제자"로서의 자세가 결국 서구학자들이 생각하는 "참신함"의 부족으로 귀결될 수도 있었겠지요. 하지만 그보다는 "한국인"이라면 "이질적인 한국적 특수"와만 무조건 연결시키려는 구미 학계의 고질적인 오리엔탈리즘적 습성이야말로 주범이 아닐까 싶습니다. 왜 그렇게 생각하냐고요? 저 자신이 속하는 한국학이라는 분야만 해도, 구미 학계에서는 국내 학계의 "민족주의"에 대한 "때리기"가 쉴 새 없이 오랜 기간 계속 됐습니다. 그럼에도 한국사나 한국문학을 "특수"가 아닌 "보편"으로 해석하려는 최근 국내 학계 일각의 탈민족주의적 경향에 대해서는 아직까지 거의 무시하는 듯합니다.

요컨대 서구의 학자들에게 "한국학자"는 서구 학자들과 별로 다르지도 않는 개념들을 쓰는 "포스트모던" 연구자보다는 지도교수의 "말씀"을 달달 외우는 구태의연한 "민족주의자"여야 합니다. 그래야 자신들이 생각하는 "전형"에 더 가까운 것이지요. 물론 국내의 탈민족적 흐름이 아직까지 비교적 취약하다는 사실이 이와 같은 편견을 조장하는 역할을 하기도 합니다. 다행스러운 것은 일본인이나 화교 출신의 탈식민주의적 학자들이 구미 학계에서 자리를 잡아감에 따라 한국 학계의 새로운 흐름들에 대한 인식도 넓어져 가고 있다는 사실입니다.

"보편"으로 가는 길

저는 결국 민족주의의 구각舊殼을 벗은 새 시대의 한국 인문학자들이 "보편이론"의 장에서도 서구인들에게 "보편"으로 인식되는 무언가를 머지않아 가르칠 수 있을 것이라고 믿어 의심치 않습니다. 그러나 서구의 자기중심주의적 "보편" 의식의 극복이 결코 쉬운 과제는 아닐 것입니다.

그렇다면 이를 극복하기 위해 무엇을 해야 할까요? "국위선양"과 같은 용어는 이미 구시대적으로 들릴 것입니다. 그렇다면 "한국 이미지 제고"는 어떨까요? 그 정도면 오늘날에도 "민족적 사명"으로까지 과잉 확대하지 않고 현실적인 대외 관계에 있어 불가피한 부분이라 할 수 있을 것입니다. 서구 사회에서 한국이 "신비한 산사와 환상적인 격파 시범"을 보유한 "신기한 나라"로서가 아니라 서구인들과 동등하게 대화하면서 저들에게 무언가 새로운 것을 가르쳐줄 수 있는 또 하나의 민주적 시민사회로 인식되려면 과연 무엇을 어떻게 해야 할까요?

물론 일차적으로 국가보안법이나 학교에서의 두발 제한, 군대에서의 구타와 욕설, 외국인 노동자에 대한 야만적인 인간 사냥(언제 사고가 날지 모르는 위험천만한 "보호소"에 법적 절차 없이 구금하는 것으로 이어지곤 하는 "불법 체류자 단속") 등 "보편"으로 인정할 수 없는 한국 사회의 모습들이 속히 역사의 쓰레기통으로 사라져야 할 것입니다.

그리고 "한국 바로 알리기"가 기존의 "외국 교과서 오류 바로잡기"나 문학 작품 번역 지원, 재외 한국학 지원의 수준에서 벗어나야 할 것입니다. 물론 교과서와 같은 권위적 해외 텍스트의 한국 관련 서술상의 오류도 바로잡아야 합니다. 또한 해외 한국학자, 한국어 번역 능통자와 같은 "우리"와 "바깥" 사이의 매개자도 양성해야 합니다.

그러나 한 번 생각해 보지요. 한국이 외국 교과서의 한국 관련 서술 "바로잡기"에 쏟아 부은 돈과 에너지만큼 외국에서 한국 교과서를 문제 삼은 적이 있었던가요? 베트남 같으면 미 제국의 베트남 침략에 부역 행위를 저질러 한국군에 "베트남 민간인 학살자", "미제의 용병"이라는 오명을 입힌 박정희 관련 서술에 상당한 문제를 제기할 수도 있을 겁니다. 그런데 그렇게 하지 않습니다. 왜 그럴까요? 혹 외국의 서술에 지나치게 집착하는 태도가 은근히 그 서술의 권위를 인정하는 숭외적崇外的 측면을 내포하는 것은 아닐까요?

서구 한국학의 재정적 후원을 거의 전담하다시피 하는 자세도 마찬가지입니다. 그것은 결국 한국 정부의 의도와 해외 한국학 전공자의 자생력에 대한 현지 지식인 사회의 회의만 불러일으킬 것입니다. 그렇게 하는 것보다는 차라리 국내 인문학자와 사회학자, 소장파 작가나 수필가 저서, 논문의 서구 언어 번역을 지원하는 편이 낫습니다. 아니면 질적인 측면에서 세계적 수준에 달하는 인문, 사회학 영문 학술지나 문예 잡지를 지금에 비해 좀 더 대규모로 집중적으로 키우는 편이 낫습니다. 그것이 이미 상당 부분 구시대적 민족주의의 한계를 벗어난 한국의 "젊은 목소리"들을 서구에 알리는 데 더욱 효과적이지 않을까요? 마찬가지로, 각 대학과 학회, 문인협회 차원에서 구미 지역 동료들과의 정기간행물 공동 발행 등 합작 사업의 가능성을 보다 진지하게 생각해야 할 듯합니다.

한국 진보 운동의 입장에서는, 주로 구미 지역의 "세계적인" 인권 단체나 노동운동 단체 등의 도움만 받는 기존 모습에서 벗어나야 합니다. 나아가 어려운 아시아, 아프리카 나라들의 민주화, 노동운동이나 구미 지역 내에서의 반전, 평화, 소수자 운동을 적극적으로 지원하는 단계로 진입해야 합니다. 물론 그렇다고 해서 "선배"로서 군림할 필요까지는 없지만 말씀입니다.

중국의 노동운동이나 버마의 민주화운동 등이 한국의 민중운동사를 공부하고 한국을 일종의 모델로 삼는 측면도 있습니다. 국내 운동가들이 이들 이웃의 아픔을 좀 더 적극적으로 나누면 어떨까요? 그리고 아시아에서의 이웃들과 연대를 하되, 한국의 "민주화"를 무조건 "아시아의 모범"으로 내세우고 다른 아시아인들을 우월한 입장에서 가르치려는 고압적인 "아류 제국주의적" 자세는 좀 자제하는 게 어떨까요? 현재 한국 사회를 보더라도 제도적 민주주의는 어느 정도 정착됐습니다. 그러나 외국인 노동자는 "같은 인간"으로 대우하지 않습니다. "평등"을 필수 조건으로 하는 미시적 차원의 민주주의는 전혀 성취하지 못했다는 말이지요. 따라서 아직 남을 가르치려는 자세를 취할 때가 아닙니다.

동등한 대우를 받는 비결이 무엇인가요? 우리 스스로가 서구의 권위에 굴복하지 말아야 합니다. 아시아, 아프리카 인민들의 어려운 사정을 외면하거나 멸시해서도 안 됩니다. 어느 누구와도 반전, 반자본운동의 차원에서 연대할 수 있다는 의지를 확고하게 가져야 합니다. 그렇게 한다면 세계적 변혁의 흐름 속에서 궁극적으로 차지해야 할 마땅한 위치를 차지하게 될 것입니다.

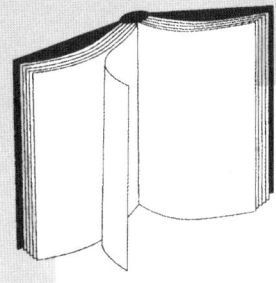

더 읽을 만한 글

김수이, 《한류와 21세기 문화비전》, 청동거울, 2006.

김소영 엮음, 《트랜스: 아시아 영상 문화》, 현실문화연구, 2006.

김준술·안혜리·유상철·정강현·정현목, 《한류 DNA의 비밀: 소프트 파워, 소프트 코리아의 현장을 찾아서》, 생각의나무, 2005.

연세대 미디어아트 연구소 엮음, 《취화선: 영화와 시선 5》, 삼인, 2004.

Lee Hyangjin, *Contemporary Korean Cinema: Culture, Identity and Politics*(Manchester University Press, 2001).

한류韓流, 타자의 한국 보기

한류의 어제, 오늘 그리고 내일

허동현

한류의 어제

박노자 선생님, 선생님께서 서구에 보이는 한류의 명과 암을 손에 잡히게 알려주는 글을 쓰셨으니 저는 동아시아 지역에서의 한류에 초점을 맞춰 이야기를 풀어볼까 합니다.

문화의 속성은 물과 같습니다. 물이 높은 곳에서 낮은 곳으로 흐르듯, 문화 또한 그 수준이 높은 곳에서 낮은 곳으로 흐르게 마련입니다. 역사가 생긴 이래 오늘의 한류를 제외하면 우리 문화가 중국으로 흘러들어간 적이 없었습니다. 반면 근대 이전 시기에 일본으로부터 문화가 거꾸로 흐른 적도 없었습니다. 고대에 중국에서 발원한 문화라는 이름의 강물은 조선을 거쳐 일본으로 흘러들어 척박한 일본 문화의 토양을 살찌우고 기름지게 해주었지요. 이러한 고대 동아시아 삼국 사이의 문화 흐름을 문화의 동류東流라고 하더군요.

이렇듯 근대 이전 우리는 중국에게서 선진 문화를 받아들이는 수혜자였지만, 이를 소화해 다시 일본에 전해주는 문화 공급자 역할도 행했었습니다. 고대 일본의 아스카飛鳥 시대에 한반도에서 건너간 "도래인渡來人"은 화려한 불교문화를 퍼뜨렸지요. 1949년 소실되었지만 사진으로 남아 있는 고구려 담징曇徵(579~631)의 금당 벽화 속 부처님은 엷게 미소를 머금은 우리 부처의 모습이 분명하더군요. 국내에서만 생산되는 적송赤松으로 만들어진 교토 호류지 廣隆寺에 모셔진 미륵보살반가사유상도 국립중앙박물관에서 볼 수 있는 금동미륵보살반가상과 쌍둥이 같은 모습으로 앉아 있더군요. 굵직한 문화재가 이 정도이니, 고대 일본인의 생활 속에 흘러 들어간 고구려·백제·신라인의 일상문화는 그 세세한 정도를 가늠하기 어렵습니다. 이러한 문화의 동류 현상은 "도자기 전쟁"이나 "활자 전쟁"이라고도 불리는 임진왜란이나 통신사를 환영하는 일본인들의 모습을 담은 에도 시대의 그림에서 알 수 있듯이, 고대에서 근세까지 이어진 장기지속의 문화 현상이었습니다.

이처럼 중국에서 우리나라를 거쳐 일본으로 흐르던 문화의 동류 현상이 언제부터 어떤 이유로 역류하기 시작했을까요? 여러 가지 이유가 있겠지요. 그 중 제가 강조하고 싶은 중요한 이유 하나는, 18세기 들어와서 서구 열강의 격랑이 동아시아 지역을 덮쳤을 때 일본은 재빠르게 서구의 선진 문물을 따라 배워 근대국가로 탈바꿈했지만, 우리는 쇄국양이 鎖國攘夷를 고집하면서 시대 변화에 능동적으로 대응하지 못했다는 점입니다. 그 결과 우리는 1876년 일본의 포함외교에 굴복해 굳게 닫아걸었던 문호를

호류지 미륵보살반가사유상(일본 국보 제1호)

열 수밖에 없었습니다. 그리고 이때부터 문화의 강물은 서구에서 일본을 거쳐 우리나라로 역류하는 문화의 서류西流 현상이 일기 시작했지요. 1876년의 개항開港 이후 우리는 문화 수용의 통로를 서구 내지 일본으로 전환합니다. 서구 내지 일본 문화를 열렬히 추종·모방하는 서구지향형 내지 그 아류亞流로서 일본지향형의 문화권으로 편입된 것이지요. 따라서 개항은 한·일 양국 간 문화의 수혜자와 공급자의 위치를 뒤바꾼 문화교류사상 역전 현상을 초래한 전환점이라 할 수 있습니다. 그리고 뒤이은 1894년의 청일전쟁과 갑오경장은 중국이 아시아 지역에서 문화 공급자로서의 위치를 완전히 상실한 기점이 됩니다.

한류의 오늘

"한류"란 1990년대 후반부터 중국을 위시하여 대만·홍콩·베트남·태국·일본 등의 주민 사이에서 번지고 있는 가요·드라마·패션·관광·영화 등 한국 대중문화를 향유하고 소비하는 경향을 이릅니다. 한류는 대중문화의 유통이라는 점에서 왕과 귀족이 주인이던 고대나 중세에 있었던 문화의 동류와는 현격하게 다릅니다. 1996년 드라마를 시작으로 중국에서 불기 시작한 한국 문화에 대한 열풍은 대만과 홍콩을 비롯한 화교문화권의 동남아시아로 번져갔으며, 2003년에는 〈겨울연가冬のソナタ〉의 남녀주인공 배용준과 최지우를 존칭하는 욘사마ょんさま와 지우히메ジウひめ 신

드롬이 웅변하듯, 일본 열도를 한류 열풍의 도가니로 몰아넣었습니다. 한마디로 동아시아 지역에서 국적과 문화를 넘어선 한국 대중문화의 유통 현상을 이르는 말이 한류입니다. 요즘 신문 보도를 보니 한류는 이미 중동 지역에도 흘러들었고 북미주의 아시아계 주민 사회에도 퍼지기 시작했다더군요.

사실 해방 이후 1990년대 초까지 한국은 미국·일본·홍콩 등지에서 쏟아져 들어오는 대중문화의 소비국이었지 수출국이 아니었습니다. 그러면 왜 오늘 동아시아 지역에서 한류의 물결이 넘쳐흐르는지 그 이유가 궁금해집니다. 학계에서는 대체로 유교문화 등 아시아 주민이 가진 공통의 감수성, 미국이나 일본 같은 선진국 대중문화의 선정성·폭력성과의 차별성, 그리고 동아시아 지역에 팽배한 반일감정 등에서 그 원인을 찾곤 합니다. 그러나 이것만으로는 무언가 부족하다는 느낌을 지울 수 없습니다.

어떤 이는 한국 문화나 이를 배태한 한민족의 우수성을 잘 보여주는 것이라고 어깨를 우쭐거립니다. 반면 또 다른 이는 한국의 대중문화가 미국과 일본 문화의 모조품, 즉 짝퉁으로서 "진정한 우리 것"이 아니라 "천박한 B급 문화자본의 파생물"에 지나지 않는다고 비판합니다. 그러나 우리가 모르고 있던 한국 대중문화의 힘은 분명 존재하며 쉽게 사그라지지 않을 것 같습니다.

자, 그럼 좀 논쟁적으로 글쓰기를 해 볼까요? 2005년 12월 신문에서 2006년 1월 노르웨이 영화협회

〈겨울연가〉

Norweigian Film Institute의 요청으로 오슬로에서 한국영화제가 열렸다는 기사를 읽었습니다. 박 선생님이 "액션과 호러" 전문 영화감독으로 본 박찬욱 감독의 대표작 〈친절한 금자씨〉(2005), 〈복수는 나의 것〉(2002), 〈공동경비구역 JSA〉(2000) 등을 비롯해서 〈쉬리〉(강제규, 1998), 〈여자는 남자의 미래다〉(홍상수, 2004), 〈장화홍련〉(김지운, 2003), 〈남극일기〉(임필성, 2005), 〈거미숲〉(송일곤, 2004) 등 18편의 영화가 상영되었다 하더군요. 상영작의 면면을 살펴보니 미스터리, 스릴러, 액션 등의 장르에 속하는 "시간 죽이기"용 오락 영화가 대부분이었습니다. 이 영화제를 공동으로 여는 한국 측 인사는 아니나 다를까 "한국 문화에 대한 관심이 전혀 없었던 북유럽의 국가인 노르웨이가 먼저 영화제 개최를 요청해 온 것은 우리 영화의 힘이 그만큼 커졌다는 증거"라고 하면서 국위선양을 외쳤더군요.

저 역시 유럽에서의 한국 영화 붐이 서구인들이 "'우리 국위'에 승복되어 그런 것이 아니라 액션과 호러라는 눈요기용 장르를 대표하면서, 오리엔탈리즘에 입각한 '신묘한 이질성 즐기기'에 적당하기 때문에 소비할 뿐"이라는 박 선생님의 지적에 동감하는 쪽입니다. 그러나 서구에 보이는 한류가 "'환상의 폭력과 신비의 나라 코리아'를 소비하려는 유럽의 '배부르고 고독한 우중愚衆'들과 국내 상업적 예술계의 똑똑한 장사꾼들의 '뭉침'"에서 나온 문화 현상일 뿐이라는 박 선생님의 견해에는 동의하지 않습니다. 왜냐하면 저는 "비판적인 사회의식으로 무장한 진정한 작가들이 쓴 민중의 서사시", 즉 "무산대중이 세계적으로 뭉치는 역사 진보의 정통코스"에 순기능을 발휘하는 영화나 문학 작품만이 "진정한" 문화라고 보지 않으며, 그러한 경향성을 띤 영화나 문학 작품을 소비해야만 "우중"을 면할 수 있다고 보지 않기 때문입니다.

〈아마겟돈〉

요즘 우리가 사는 시대는 필연의 역사 법칙이 지배하는, 아니 아직도 힘을 발휘하는 시대가 아니지 않습니까? 예컨대 〈쥬만지Jumanji〉(1995)라는 영화 속 장면 하나를 떠올려 볼까요? "쥬만지"라는 게임판에 새겨진 지시에 따라 던진 주사위의 숫자에 따라 보도 듣도 못한 괴수들이 튀어 나오고 엉겁결에 게임에 끼어든 아이들이 마지막 주사위에 운명을 거는 오락영화였지요.

허나 냉전이 붕괴되고 신자유주의의 세계화가 밀려닥친 이후 주사위는 아이들만 하는 장난이 아닌 것 같습니다. 〈아마겟돈Armageddon〉(1998)이나 〈딥 임팩트Deep Impact〉(1998) 같이 소행성이나 혜성이 지구와 충돌하는 위기 상황을 가정해 만든 영화를 보면 신은 요즘 인류의 운명을 판돈으로 걸고 주사위를 던지는 것 같습니다.

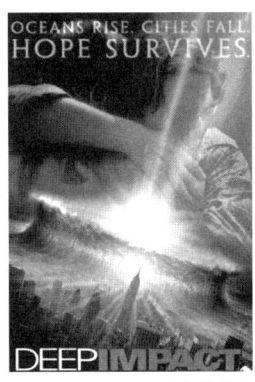
〈딥 임팩트〉

역사도 이들 영화와 마찬가지 아닐까요? 역사란 필연의 법칙이 관철되는 장이기보다 우연의 산물이라는 것이 이 시대 사람들의 보편적 정서 아닐까요? 우연이 지배하는 세상살이에서 우리를 위기로부터 구해주는 것은 신이 아니라 영화 속 주인공 브루스 윌리스처럼 자기희생을 감내하고 인류를 구하는 위대한 인간, 즉 영웅이지요. 우연이 지배하는 세상에서 필연을 의미하는 "무산대중이 세계적으로 뭉치는 역사 진보의 정통코스"는 이미 신기루로 판명 난 것이 아닌지요? "필연적 진보"인 사회주의 혁명을 꿈꾼 식민지 시대 "조선프롤레타리아예술가동맹KAPF(Korea Artista Proleta Federatio)"에서 이탈한 전향자 백철白鐵은 "다만 얻은 것은 이데올로기요, 상실한 것은 예술이다"는 말을 남겼습니다. 경향성과 목적성을 띤 문예활동이 갖는 취약점을 잘 보여주는 말이 아닌가 싶습니다.

지식에 붙어 있던 계급장이 떨어진 시대를 사는 대중들은 계몽적 지식의 권위에 무릎 꿇고 순종하는 우중이 아닙니다. 그들은 그들의 취향에 따라 입맛에 맞는 문화 상품을 취해 소비하는 "현명한" 소비자일 수도 있습니다. 영화는 영화일 뿐 그 이상도 이하도 아닙니다. 주목받은, 즉 많이 소비된 영화는 그 오락성 여부를 떠나 당대의 시대정신을 잘 반영한 영화일 가능성이 높습니다. 권위주의 시절 국가권력에 의한 개인의 인격 파괴를 잘 그려낸 〈박하사탕〉(이창동, 1999) 같은 사회 비판 영화나 〈친절한 금자씨〉 같은 킬링 타임용 오락물이나 모두 한 시대의 정신을 반영한 문화적 거울이라는 점에서 나름의 의미를 갖습니다. 따라서 그 우열을 가리는 것은 무의미한 일이 아닐까 합니다. 물론 이는 영화에만 해당되는 것이 아닙니다. 잘 나가는 대중문화 모두가 그러하다고 생각합니다. 다시 말해서 저는 문화의 적서嫡庶 차별에 동의하지 않습니다.

그렇기에 시간 죽이기용 오락문화에 탐닉하는 이들을 우중이라고 낮추어 보거나, 대중의 기호에 영합하는 문화상품을 만들어내는 대중문화 생산자들을 "장사꾼"으로 비하하는 것에 동의하지 않습니다.

한류의 내일

사실 한류는 가요·드라마·영화 같은 대중문화에서 비롯된 것이지, 우리가 소위 고급문화라고 하는 전통문화의 소산은 아닙니다. HOT 같은 댄스그룹이나 〈엽기적인 그녀〉(곽재용, 2001)와 같은 영화가 상징하듯 현대 한국의 대중문화는 전통과의 결별에서 얻어진 결과로도 볼 수 있습니다. 물론 얼마 전 홍콩에서 공전의 인기를 끈 〈대장금〉(MBC, 2003~2004) 같은 드라마는 전통의 현대적 재해석의 산물이기도 합니다. 그러나 한류에 그것만 존재하지는 않습니다. 일본 주부들의 심금을 울린 〈겨울연가〉(KBS, 2002)는 인류 보편의 순수한 사랑을 문화 상품으로 재포장한 데서, 강제규 감독의 〈쉬리〉와 〈태극기 휘날리며〉(2003) 같은 영화는 냉전과 동족상잔이라는 한국적 특수

〈대장금〉

를 바탕으로 우리만의 독창적 이야기를 그린 데서 그 성공 원인을 찾을 수 있습니다. 이처럼 한류는 한 마디로 정의하기 어려운 문화 현상인 것입니다.

어쨌거나 한 가지 분명한 것은 문화가 높은 곳에서 낮은 곳으로 흐른다는 사실입니다. 한국의 대중문화가 동아시아 지역에서 높은 위치를 점하고 있다는 점, 그리고 그 이면에 한국이 근대 이후 겪었던 특수한 역사 경험이 깔려

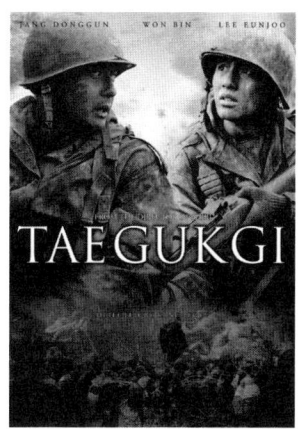

〈태극기 휘날리며〉

있다는 점을 부정할 수는 없습니다. 아마 오늘의 한류에는 1876년 개항 이후 우리가 수용한 일본 문화, 그리고 1945년 이후 홍수처럼 쏟아져 들어온 미국 문화를 꼭꼭 씹어 소화해 자기화하고, 이를 소비함으로써 재생산이 가능하도록 해준 한국 시민사회의 문화적 저력과 역동성이 뒤에서 큰 역할을 한 것으로 보입니다.

흐르는 강물은 썩지 않는 자기 정화 능력이 있습니다. 한류라는 강물이 썩지 않고 마르지 않게 하기 위해 우리는 무엇을 해야 할까요?

불휘 기픈 남간 바라매 아니 뮐쌔, 곶 됴코 여름 하나니.
새미 기픈 므른 가마래 아니 그츨쌔, 내히 이러 바라래 가나니.

한류는 문화 콘텐츠입니다. 한류가 일과성—過性의 해프닝이 아니라, 바람에 흔들리지 않는 뿌리 깊은 나무나 가뭄에도 마르지

않는 샘이 깊은 물처럼 지속적인 문화 현상으로 자리 잡게 하기 위해 우리는 무엇을 해야 할까요? 아마 그 첫걸음은 문화의 일방통행이 아닌 쌍방통행이 가능하도록 함으로써 동아시아 여러 나라의 문화가 서로 넘나들며 상대의 문화 토양을 적셔 주게 하는 데 있을 것입니다. 근대 이전의 중국에서 흘러들어온 중국 문화나 근대 이후 일본을 통해 파고든 서구 문화는 모두 일방적 전파의 오만함을 보였습니다. 앞으로의 동아시아의 문화적 관계망은 그것과 달라야 합니다. 서로 주고받는 상생의 문화 주고받기가 되어야 합니다.

문화의 쌍방통행 이후 한류와 같은 문화 현상의 지속을 위한 그 다음 징검다리는 아마 상대에게 유의미한 타자로 거듭나기일 것입니다. 우리가 한반도로부터 일본으로 문화가 동류하던 옛날의 영광이나 오늘날 일부 대중문화에 치우친 한류만을 자랑하고 세계인들 앞에 '유의미한 타자'로 거듭나기 위한 노력을 소홀히 한다면, 결코 우리는 지구마을의 거주자들과 당당히 연대하고 협력하는 새 시대를 열지 못할 것입니다.

여담 하나

박 선생님의 글을 읽으면서 공감했던 것 하나와 그렇지 못했던 것 하나를 말함으로써 글을 맺고자 합니다. 박 선생님은 "국가보안법이나 학교에서의 두발제한, 군대에서의 구타와 욕설, 외국인 노동자에 대한 야만적인 인간사냥" 등 남한 사회의 특수한 후진성에 대해 성찰을 촉구할 때에는 세계 "보편"의 엄격한 잣대를 적용하는 반면 남한의 쌍생아인 북한 사회에 대해서는 감싸 안기식의 특수한 잣대를 쓰시더군요.

저 역시 북한을 악의 제국으로 규정하고 북한 인민의 해방을 위해 전쟁이라는 극약 처방을 써야 한다는 근본주의적 극우세력의 북한관에 동조하는 것은 아닙니다. 그러나 저는 독재자에 대한 비판이 어찌해서 북한 인민에 대한 공격이 되는지 이해할 수 없습니다. 북한 사회의 인민들을 조선 시대 왕에게 충성한 백성과 동일시하는 우민관에도 동의할 수 없습니다. "역사 발전에서 인민의 역할을 중시하는 역사적 유물론과는 달리 수령의 역할만을 결정적인 것으로 보고 수령의 영도 하에서만 노동계급의 혁명 위업을 달성할 수 있다"는 북한의 김일성 유일독재체제를 정당화하는 논리인 "수령론"은 북한식 사회주의의 특수성을 자명하게 드러내는, 사회주의 보편의 입장에서도 비판받아 마땅한 논리가 아닐는지요?

남북한 사회를 성찰할 때 키 작은 놈은 다리를 잡아 빼 늘이고 키 큰 놈은 다리를 자른 '프로크루스테스의 침대Procrustean bed'처럼 대상에 따라 달라지는 보편과 특수의 잣대를 따로따로 적용한다면 이는 균형을 잃은, 학문의 영역에서 쓰기에는 부적절한 척도가 아닐까 하는 생각입니다.

한국의 인문학이 자기들끼리만 통하는 우리만의 특수를 강조하고 재생산해내는 학문 풍토에서 벗어나 세계 기준의 보편적 담론에 기여할 수 있을 만큼 보편적 시각을 길러야 한다는 박 선생님의 고언苦言은 참 마음에 와 닿습니다. 우물 안을 벗어나 민족적 특수를 목청껏 외치는 우리만의 색안경을 벗고 글로벌한 시각과 차원에서 전 지구적 문제에 대해 해결을 모색하는 인문학자들이 샘처럼 솟아나올 날을 고대하며 미흡한 글을 마칩니다.

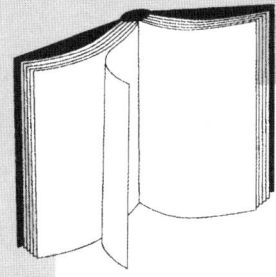

더 읽을 만한 글

김현미, 〈'한류' 담론 속의 욕망과 현실〉, 《당대비평》 19, 2002.

백원담, 《동아시아 문화선택 한류》, 팬타그램, 2005.

이동연, 〈한류 문화자본의 형성과 문화민족주의〉, 《문화과학》 42, 2005.

조한혜정, 〈동서양 정체성의 해체와 재구성: 글로벌 지각변동의 징후로 읽는 '한류열풍'〉, 《한국문화인류학》 35권 1호, 2002.

식민지 시대의 영화

근대의 가시성可視性과 동원의 정치

박노자

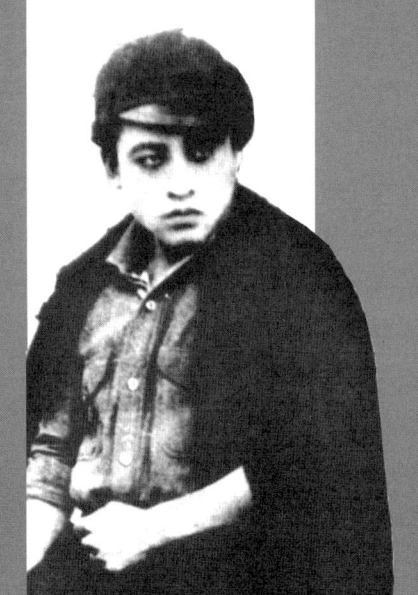

가장 중요한 예술은 영화다

허동현 교수님, 안녕하십니까?

제가 어렸을 때 다녔던 학교의 벽에는 마르크스와 레닌의 온갖 인용문들이 늘 걸려 있었습니다. 그 중 하나는 지금도 생생히 기억납니다. "우리에게 가장 중요한 예술은 바로 영화다"라는 레닌의 말입니다. 심심풀이로 헤겔의 책을 원문으로 읽곤 했으면서도 영화에 대해서는 별다른 관심을 표하지 않았던 대표적인 19세기형 인텔리 레닌의 주지주의主知主義적 모습을 염두에 둔다면 그가 과연 그러한 발언을 했으리라 믿어지십니까?

그러나 생각해보면 개인으로서의 레닌이 아닌, 혁명의 지도자로서의 레닌은 분명히 그러한 생각을 가졌을 법도 합니다. 문맹자가 70퍼센트에 달했던 당시 러시아에서 대중을 공산화 작업으로 유도하기 위해서는 반드시 영화의 대단한 대중 동원력을 이용해야 했습니다. 과연 일반 군중뿐만이었겠습니까? 문맹자가 아닌 글 읽을 줄

아는 도시인이라 해도 마찬가지입니다. 헤겔의 책 속에서 영감을 찾는 레닌형 "골수 인텔리"가 아닌 이상 그들 또한 이념적인 패러다임을 움직이는 이미지가 담긴 영화를 통해 가장 잘 동원될 수 있었습니다.

소련의 초기 영화들은 일종의 선전적 토속성과 초超계급적인 급진주의적 호소력을 잘 겸비했으며 기술 수준도 당시로서는 거의 첨단이었습니다. 예컨대 레닌이 별세한 1년 뒤인 1925년에 개봉된 〈전함 포템킨〉 같은 영화를 생각해 보시지요. 지렁이가 꿈틀거리는 썩은 고기수프를 더 이상 먹지 못하겠다고 폭력적인 장교들에게 "대들기" 시작하여 결국 봉기를 일으키는 수병들, 제정 정권이 보낸 학살자들의 흉탄에 맞아 죽어가는 아이 엄마와 계단 밑으로 계속 굴러 떨어져가는 주인 없는 유모차⋯⋯. 수많은 사람들의 이성과 감성을 동시에 자극한 명작이었습니다. 아니면 기술적 참신함이나 "현실 그대로를 담겠다"는 사실주의와 묘하게 결합된 "은근한" 프로파간다적 경향으로 1920년대에 크게 유명해진 지가 베르토프Dziga Vertov(1896~1954)와 같은 다큐멘터리 명감독은 어떤가요? 1920년대의 소련은 종합적인 면에서는 여전히 후진국이었지만 영화계는 국가의 지원에 힘입어 상당한 선진성을 과시했습니다.

〈전함 포템킨〉

이처럼 레닌 시대의 러시아는 정치적 동원 체계가 영화 없이 성립되지 못하는 사회였습니다. 그렇다면 문맹률이 러시아를 약간 웃돌았던 식민지 조선은 과연 어떠했을까요? 러시아와 다른 모습이었을까요? 그렇지 않습니다. 일제의 여러 가지 통치 프로젝트들도, 온건 우파의 문화민족주의도, 좌파의 계급전선 준비 작업도, 그리고 외국 자본의 침투도 다 영화를 필요로 했습니다. 가사나 소설, 풍자물들을 풍부하게 싣곤 했던 개화기의 신문들도 감정에 직접 호소하는 방법을 이용하긴 했습니다. 그러나 영화만큼 감수성을 자극하지는 못했습니다.

영화, 현대판 "대중을 위한 아편"

저는 늘 외부적으로 접하는 모든 것에 대해 "진보적 의미냐 반동적 의미냐"라고 마음속으로 따져 봅니다. 아마 저 개인의 편벽偏僻일지도 모르겠습니다. 이런 제가 영화를 볼 때마다 떠올리는 책이 한 권 있습니다. 마르크스주의 입장에서 근대적인 문화산업에 최초로 체계적인 비판을 가한 아도르노Theodor Adorno(1903~1969)와 호르크하이머Max Horkheimer(1895~1973)의 고전 《계몽의 변증법》(1944)입니다. 이 책 가운데 특히 "문화산업: 대중적 기만으로서의 계몽"이라는 꼭지가 기억에 남아 있습니다(http://www.marxists.org/reference/archive/adorno/1944/culture-industry.htm).

잘 알려진 이야기이지만, 프랑크푸르트 학파의 이 두 기수는 그

꼭지에서 영화라는 장르에 대해 경고합니다. 현존 체제를 유일하고 확고부동한 것으로 인식시키고 모든 탈주적 욕망들을 원색적인 "재미"와 "흥미"로 잠재우면서 깨끗이 없애는 현대판 "대중을 위한 아편" 가운데 가장 위험한 것이라고요.

자본주의 국가의 영화는 극소수의 자본과 그 자본에 마음을 판 예속적 예술인에 의해 제작, 배포됩니다. 그리고 수백만, 많게는 수천만 명에 의해 소비됩니다. "극소수에 의한 대다수의 심성적 조절"이라는 전체주의적 면모를 갖고 있는 셈이지요. 또한 대개 기존의 사회 체제를 "당연한", "정상적인" 것으로 묘사하고 그에 대한 어떤 미래 지향적인 대안도 제시하지 않습니다. 게다가 감각적이고 자극적인 화면을 만드는 쪽에 좀 더 많은 공을 들입니다. 자동차가 부품으로 만들어지듯이 인간 의식의 원색적인 부분에 호소하는 기성의 장면들을 중심으로 기계적으로 "조립"하는 것이지요.

요컨대 창조성 없는 이 사이비 "예술"이 결국 문학이나 진정한 예술을 지배하게 된 것입니다. 그리고 위기 속의 후기 자본주의의 심성적인 풍경을, 창조가 원천적으로 불가능한 "영혼의 사막"으로 만들어버린 것입니다. 자본주의는 살상무기인 폭탄을 대량 제조하여 이라크 같은 곳에서 마구 사용합니다. 영화도 마찬가지입니다. 자본주의는 영화라는 이데올로기적 무기를 대량 제작하여 대중을 노예화시켜 로봇으로 만듭니다. 이것이 바로 아도르노와 호르크하이머 글의 요지입니다.

자본에 포획된 영화

물론 허동현 교수님께서는 이 이야기를 읽으시면 "한 장르를 획일적으로 부정하는 좌파적인 교조주의"라고 비판하실 것 같습니다. 사실 그러한 측면들이 어느 정도 있음을 부정할 수도 없지요. 예컨대 같은 좌파이긴 하지만 발터 벤야민Walter Benjamin(1892~1940)은 영화가 공간과 시간, 인간 신체의 운동에 대한 육안의 관측의 한계를 뛰어넘어 사물에 대한 새로운 시각을 제시할 수 있다면서 환영했습니다. "복제 예술"로서의 영화가 가져다준 연기자와 관람자 사이의 유기적 관계 두절과 소외, 더 이상 육안으로 볼 수도 없고 만날 수도 없는 소외된 연기자를 "스타", 즉 돈벌이 기계로 만들 수 있는 상업주의적 기능성 등을 경계하긴 했지만요(《기계적 복제 시대의 예술품》, 1936; http://www.marxists.org/reference/subject/philosophy/works/ge/benjamin.htm).

벤야민이 말한 영화의 긍정적인 가능성들을 다 인정한다 칩시다. 그렇다 하더라도 오늘날의 상업 영화들을 보면 아도르노와 호르크하이머의 말이 절로 떠오릅니다. 예컨대 대중의 의식 속에서 사회 문제에 대한 관심을 지워버리고 "세상을 즐기는 태도"를 심어주어야 하는 영화계 "스타"들을 생각해 보시지요. 예외도 있지만 대개는 획일적인 연기 기법을 사용합니다. 획일적인 "미남미녀"의 외모를 가지고 있습니다. 각종 "센세이션", "스캔들", "열애설" 등과 같은 획일적인 방식들로 자신의 이름을 세인의 입에 오르내리게 합니다. 몇몇 주요 연예계 자본("소속 기획사" 등)에 예속

되어 있거나 유착 관계를 맺고 있습니다. 그 연예 자본들을 "스타 제작소"라 합니다. 사실 기본적인 연기 능력과 기준에 맞는 외모만 갖췄다면 누구라도 일정한 "프로모션" 과정만을 거친 후 "스타"로 제작될 수 있지요.

그만큼 문화산업의 우상들은 몰개성적입니다. 그리고 그 우상 숭배는 연예계의 신도信徒인 대중들을 똑같이 몰개성적인 우민愚民으로 만듭니다. 그게 우리의 현실이 아닌가 싶습니다.

정말로 무서운 것은, 사회적으로 중대한 사안을 소재로 삼아 영화 만들기에 나선 감독의 자기검열입니다. 아무리 재능 있는 감독이라 해도 이 "대중 기만술"의 기존 틀을 벗어나지 못합니다. 일단 수용해서 영화를 처음부터 속류화俗流化시키는 것이지요. 수많은 감독들이 작가주의적 "수준급" 작품으로 시작했다가 결국 상업주의와 결부되는 민족주의 등과 같은 영상의 논리에 포획되고 맙니다.

〈실미도〉

예컨대 "천만 명 관객 동원 돌파"로 유명해진 강우석의 〈실미도〉(2003)를 생각해 보시지요. 전과자 등의 "이등 국민" 내지 "비국민"들을 "국가를 위한 육탄"으로 만들었다가 나중에 폐기물 버리듯 없애려 한 박정희 정권의 반인륜성, 나아가 일제를 계승한 남한 군사주의의 추악한 모습을 폭로한다는 의미에서 보면, 이 영화는 과거에 대한 예술적인 폭로일 뿐만 아니라 현재에 대한 고발이기도 하지요. 일제의 악습들을 확대 재생산한 군대는 지금도 본질적인 개혁을 거치지 않았습니다. "군대 구타가 없어졌다"고들 하지만 비무장 지대 가까이에 있는 부대나 의경 부대 등에서 여전한 구타를 견디다 못해 자살하거나 탈영하는 이들의 소식은 요즘도 계속 뉴스에 등장합니다. 군대가 구각舊殼을 벗지 못한 것이지요. 어디 이뿐인가요? 일반 사회의 군사주의적 지향도 여전합니다. 군대식의 "해병 캠프 체험"이나 "극기 훈련"에 대한 한국 기업체들의 선호도 여전히 높습니다. 보수적인 "주류"가 일제식의 군사주의에 얼마나 젖어 있는지를 잘 보여주는 모습입니다.

그런데 고발이어야 할 이 영화를 보다보면 관객은 곧 본인도 모르는 사이에 "군사주의의 미학"에 빠져들게 됩니다. 함께 훈련을 받고 서로 살을 부대낌으로써 "따뜻한 전우애戰友愛"의 분위기를 만드는 근육질의 남체男體들이야말로 이 영화의 시각적인 코드입니다. 여성의 본격적인 등장은 강간 장면이 유일합니다. 그런데 여성에 대한 배제, 억압, 물화를 상징하는 이 강간 장면이 바로 "근육질 남체들의 낭만"의 전제조건입니다.

요컨대 강우석 감독은 일견 군사주의를 고발하는 듯하지만, 기존 영화의 상투적인 코드인 "근육질 남체에 의한 액션"에 얽매여 벗어나지 못합니다. 즉 그 코드를 정치, 사회적으로 문제가 되었던 "실미도"라는 상황에서 재현시킴으로써 상업적 흥행 효과를 극대화한 것입니다.

〈실미도〉를 찍은 강우석 감독은 처음부터 상업주의적 영화인이었습니다. 특히 〈한반도〉(2006)처럼 맹목적인 반일적 국수주의와 "민족 감정"을 자극하는 졸작을 선보이는 등 진정한 의미의 "작가"

〈한반도〉

로서의 위치에는 오르지 못한 감독입니다. 그런데 자본주의적 영화판에서는 예술인 정신을 보유한 감독들조차 강우석 형型의 "민족주의적 영상업자"로 전락하기 쉽습니다. 예컨대 1987년 〈붉은 수수밭紅高粱〉이라는 명작을 찍어서 중국 현대 "제5세대의 감독"들의 위력을 전 세계에 과시한 장예모張藝謀를 생각해 보시지요. 〈붉은 수수밭〉에는 굴곡 심한 한 여성의 인생이 있습니다. 혼란한 시대를 살아가는 민초들의 명암도 있습니다. 이와 동시에 개인적 "복수"가 국민적 "저항"으로 확대되는 "계기"들을 집중 조명함으로써 "개인"과 "우리 모두의 항일의 역사"를 연결시킵니다. 그런데 이 명작을 만들었던 주인공이 2002년 엄청난 돈을 퍼부어 대형 무협 영화 〈영웅英雄〉을 만듭니다. "천하 통일"의 중요성을 강조합니다. 사실상 오늘날 중국의 권력자들의 입장을 변호해 준 것이지요. 〈붉은 수수밭〉에서 무명 민초들의 생활력과 혼란 속의 인간성을 주요 테마로 삼았다면 〈영웅〉에서는 천하를 통일한 "영웅"에만 시선을 두었던 것이지요. 그리고 그 영웅은 다름 아닌 "중국 통일의 주역" 진시황제秦始皇帝였습니다. 〈영웅〉은 뛰어난 무술 장면들로 미국에서 커다란 흥행 성과를 내는 한편 중국 권력자들이 가장 좋아하는 영화 작품이 됐습니다. 그러나 작가주의 감독으로서의 장예모는 죽고 말았습니다. 영화계에서 이러한 경우가 어디

장예모 감독

한 두 가지입니까?

장예모가 "흥행 성공"을 거듭한 것처럼 강우석의 〈실미도〉도 "대박"을 터뜨렸습니다. 한국 군사주의에 대한 비판적인 해부는 사산死産된 반면, 그 군사주의의 미학에 대한 은근한—또는 어쩌면 너무나 명백한—쾌락적 음미는 한국 사회에 만연된 마초주의와 맞닿아 이 영화를 최고의 흥행작으로 만들었습니다. 아도르노와 호르크하이머가 이야기했던 대중적 상업 영화의 "반동성"의 핵심은 바로 이와 같은 기존의 억압적 코드들의 끈질긴 주술呪術이 아닐까요?

〈영웅〉

일제 강점기 영화들, 민족-남성 코드에 잠식되다

현대 대중문화의 위와 같은 문제들이 과연 식민지 초기의 한국 영화라고 해서 없었겠습니까? 주체적인 국민 국가가 만들어지지 못했던 식민지 시대였기 때문일까요? 우리는 당시 대중문화에 대해서는 그것이 상업적인 목적에서 만들어졌다 하더라도 일단 조선인에 의한, 조선에 대한 것이라면 모두 "민족적"이라는 형용사를 붙이고 무조건 긍정시하는 경향이 있습니다. 국민 국가의 건설이 불가능했던 시절 "민족문화"가 그 기능을 대체했다는 무의식이 깔려 있는 것이지요.

〈오몽녀〉의 한 장면

그런데 대중 영화라는 이름의 "민족문화"의 내용을 조금 더 클로즈업시켜 보면 재미있는 측면들이 발견됩니다. 예를 들어 "민족 영화예술"의 상징이라 할 나운규羅雲奎(1902~1937)의 재기작으로 평가받는 1937년의 〈오몽녀五夢女〉를 생각해봅시다.

제작을 일본 자본이 맡았지만 감독과 배우들이 조선인이고 배경도 조선이라 국민국가 방식의 분류법으로 "민족문화" 경계선 안으로 들어가는 것이겠지요? 더군다나 원작이 바로 1925년 《조선문단》 7월호에 당선되어 나중에 《시대일보》에서 개작 연재했던 상허 이태준李泰俊(1904~?)의 처녀작 《오몽녀》였기에 우리로서는 "근대 민족문화"와 떼려야 뗄 수 없는 관계를 갖는 작품이 됩니다.

〈오몽녀〉는 인신매매가 횡행하고 식민지의 하급 관료들이 여성을 겁탈하고 남의 재산을 빼앗는 부조리한 조선의 모습을 보여줍니다. 그런 탓에 당연히 적극적으로 의미를 부여하기 쉽습니다. 더군다나 토속적인 요소가 강하게 느껴지기에 "조선적인 것"에 대한 갈증을 풀어주기도 했습니다. 그 때도 그렇고 지금도 그러한 경향이 여전히 강하지만, 한국인들의 입맛에 가장 잘 맞는 소설이나 영화의 범주 중 하나는 바로 "향토적" 이미지의 작품들이지요. 도시의 원자화된 군중들의 "집", "고향"에 대한 향수를 풀어주는 동시에 개인으로서 감정적 애착을 갖기 쉬운 "고향"을 강조함으로써 수많은 "고향"들로 이루어진 "민족"을 은근슬쩍 이야기해주는 것이지요. 예컨대 《메밀꽃 필 무렵》(1936)과 같은 누구나 아는 명작을 생각해보시지요. 더운 여름 달밤, 아름다운 강가, 여성에게 끌리는 발가벗은 남성의 "나귀와 같은 발정發情", 그리고 고향과 같은 장터와 혈연의 "끌림"……. 향토성만큼 대중성, "민족성"이 짙은 자연주의 문학의 세계입니다.

그런데 이태준의 원작도 그렇고 영화도 그렇지만, 이 작품에서 보이는 남녀 관계의 모습은 기존 사회의 가부장적인 "상식"에 그대로 들어맞는 것입니다. 영화에서 오몽녀라는 여자는 열두 살 때 단돈 35원에 본인보다 20살이나 더 많은 객주이자 봉사 점쟁이 지참봉에게 팔려간다는 점에서 일단 사회의 "희생자"입니다. "희생된 어린 여성"만큼 가부장적인 상상력을 잘 자극하는 모티브는 없을 것입니다.

지참봉과 비정상적인 부부관계를 강요받는 여성으로서의 오몽녀는 일차적으로—남성의 시선으로 관조觀照된—그녀의 "몸"으로 규정됩니다.

(五夢女는) 美人이라는 것보다 거저 투실투실하고, 푸근푸근한 福스러운 계집이라고 할지? 그러나 이 족오마한 드멧거리에선, 제가 一色인체 하고 꼬리를 치기에는 넉넉하얏다.

"투실투실, 푸근푸근한 계집"의 이야기는, 기본적으로 남성들과의 관계 맥락에서만 전개됩니다.

이뿐만이 아닙니다. 소설에서 오몽녀는 청년 어부 김돌이의 남성적인 기력과, 남순사라는 하급 관료의 부富 사이에서 선택을 해야 했습니다. 여기에서 오몽녀는 결국 맛있는 음식을 가져다주고 젊은 남체男體로 "여성적인 음욕"을 잘 채워주었던 김돌이와 블라디보스토크로 달아나는 선택을 합니다. 영화에서는 소설과 달리 총각 김돌이가 오몽녀를 거의 훔치다시피 해서 자신의 배를 통해 무인도로 데려가는 것으로 나옵니다. 하지만 어쨌든 여성으로서의 오몽녀는 "대남對男관계"와 "성적인 욕망"으로만 읽힙니다. "여성"을 "음욕淫慾", "윤락淪落의 잠재적인 가능성"과 등가시等價視하는 가부장적인 사고의 전형을 바로 이 원작과 원작에 의해 만들어진 영화에서 볼 수 있는 것입니다.

이미 가부장적인 사고에 길들여져 성애화性愛化된 여성에게 "흥미진진"을 느끼는 대중 관객들로서는 환영할 만한 "고품질 눈요깃감"이었겠지요. 과연 이러한 영화가 넓은 의미의 억압으로부터의 해방을 지향합니까? 과연 좀 더 나은 사회로 우리를 인도하는 역할을 수행합니까? "향토적", "민족적"이라는 수사를 붙이면 붙일 수도 있겠지요. 하지만 "식민지 시대의 민족 영화"라고 해서 아도르

〈성황당〉의 한 장면

영화사 경도제京都帝키네마의 멤버들. 방한준 감독의 모습도 보인다. 《영화시대》 1931년 6월호.

노와 호르크하이머가 지적한 대중문화의 본질을 결코 벗어난 것 같지는 않습니다.

물론 허동현 교수님께서 다음 장면을 언급하며 반박하실 수도 있을 겁니다. 즉 소설에서 남편을 박차고 외간 남자를 스스로 택한 오몽녀의 적극성이 적어도 전통 문화의 맥락에서는 거의 찾아볼 수 없는 진일보한 여성상이라고 말입니다. 물론 여성이 삼강오륜의 멍에를 벗어났다는 것만으로도 근대의 상대적인 진보성을 이야기할 수는 있겠지요. 그러나 여성이 주인공인 일제 강점기의 "민족영화"를 하나하나 보다보면 가부장적 상상에 짓눌려 있는 듯한 느낌이 대단히 강하게 듭니다.

예컨대 〈오몽녀〉가 나온 2년 뒤에 방한준方漢駿 감독에 의해 영화화된 정비석鄭飛石(1911~1991)의 《성황당》(1937)을 생각해보시지요.

식민지 시대의 영화 217

《조선일보》에 연재됐던 소설 《성황당》도, 각본이 《삼천리》(1939년 6월)에 실리기까지 했던 영화 〈성황당〉도 일제 말기의 "성공적인" 대중문화 작품의 표본이라면 표본이겠지요. 잘 아시겠지만 이 작품의 분위기는 거의 오리엔탈리즘적입니다. 배경도 일종의 "이질적인 별천지"로 그려진, 원시적이며 성적인 두메산골이고요.

이야기의 큰 뼈대는 숯을 구어 생계를 이어가는 현보의 아내 순이를 빼앗으려는 김상(김주사)의 "겁탈 시도"입니다. 겁탈에 맞서야 할 순이는 "개 같은 놈" 김상에게 나름의 저항을 하지만 기본적으로 순진무구하여 모든 것을 성황님의 덕으로 생각하고 어려울 때마다 "환상의 가부장" 성황님을 찾는 "의타依他의 나약한 여성"으로 그려집니다. 김상의 흉계로 현보가 경찰들에게 넘겨지고 늦은 밤 집에 혼자 있는 순이가 김상에게 거의 겁탈을 당하게 됐을 때, 그녀를 구하는 것은 그녀 자신의 노력이 아니라 그녀를 구하기 위해 김상을 보기 좋게 때려준 남성 광부 칠성의 "남성적인 힘"입니다. 김상과 칠성의 이 격투신이 영화의 절정이이지요. 그런데 남자들이 자신을 놓고 격투를 하는 그 긴박한 상황에서 "약한 여자" 순이는 성황당으로 달려가 "이 싸움을 좀, 성황님, 성황님!"이라고 호소하기만 합니다.

남자는 〈의리적 구투〉(1919)나 〈장한몽〉(1926) 등 한국인에 의해 만들어진 "복수/설욕" 코드의 초기 영화부터 "힘"으로 표상됩니다. 〈성황당〉에서도 이 "전통"은 이어집니다. 반면 여성은 근본적으로 남성을 흥분시키는 "매혹적인 육체의 소유자"로 묘사됩니다. 순이가 나체로 하천에서 목욕하는 모습을 공들여 찍은 장면은 이 같은 여성 인식을 잘 보여줍니다. 식민지 시절의 영화에서 여성의 이미지는 이처럼 "요부妖婦/음녀淫女"와 "양처良妻" 사이를 배회했습니다.

하지만 재미있게도 당시의 여성 스타들은 대중적 이미지상 "음녀"보다 "현모양처"에 더 가까웠습니다. 예컨대 오몽녀의 역을 맡았던 노재신盧載信은 1930년대 말 신문에서 "가정생활을 충실히 하는 순박한 여성"으로 그려집니다. 잡지사 등에서 지경순池京順 같은 일제 말기의 대표적인 미녀 스타들에게 늘 퍼붓는 질문은 "언제 결혼할 것이냐"였습니다(《삼천리》 1940년 5월호). 대중문화가 공고화하고 확대 재생산하는 남성들의 상상이란 참 단순하지요?

일제의 영화 활용

대중문화는 남성 헤게모니라는 모든 가부장적 사회들의 가장 기본적인 틀을 뒷받침할 뿐만 아니라 "그때그때"의 구체적인 권력자들에게도 늘 유용하지요. 총독부가 영화를 활용하는 방법은 다양했습니다. 가장 직접적인 방법은 조선 통치에 필요한 영화들을 제작한 것이었습니다. 예컨대 한국의 최초의 극영화로 평가받는 〈월하의 맹서〉(1923년 4월 9일 시사試寫)는 바로 저축 장려용 선전 영화였습니다. 약혼녀 가정의 저축이 도박 빚에 허덕이던 주인공을 구한다는 스토리는 드라마틱하면서 대중적이었습니다. 도박의 무모함에 대한 비판이라는 테마도 "조선인들의 악습을 고치겠다"는 총독부의 "문화정치"의 표어와 잘 맞아떨어졌지요.

물론 선전 영화이긴 했지만 윤백남의 시나리오의 테크닉이나 이

윤백남 감독

월화李月華(1904~1933)의 뛰어난 연기력은 높이 평가해야 할 것입니다. 이 영화가 한국 영화사의 한 분수령이라는 점도 인정해야 할 것입니다. 그러나 식민지 시기 최초의 극영화가 바로 선전물이었다는 점, 참 시사하는 바가 크지 않습니까? 〈월하의 맹서〉 후에도 선전물들은 계속 나왔습니다. 특히 1940년의 "조선영화령"으로 기존의 영화사들이 다 해체되고 국영 영화사 하나만이 유일하게 영업하던 전시 체제 하의 영화는 조선인들에게 군 입대를 강요하는 전쟁 선전 일색이었습니다. 사실 관중들로 하여금 눈물을 흘리게 한 〈월하의 맹서〉와 같은 뛰어난 선전물들이야말로 그람시가 이야기했던 헤게모니—즉 통치에 대한 피치자들의 "자발적" 합의—만들기의 중요한 방법 중 하나 아니었습니까?

이상 살펴본 것처럼, 이러한 선전물들의 직접적 효과는 무시 못할 것임에 분명합니다. 그러나 넓은 의미로 봤을 때 식민지 통치자가 영화를 이용하여 통치를 공고화하는 방법은 단순한 직접적 주입을 넘어섭니다. 바로 스크린의 마술이 가져다주는 대중의 탈脫정치화 효과를 노리는 것입니다. 식민지 상황이었음에도 1940년 영화의 총관람객 수가 1천 2백만 명을 넘었습니다. 영화의 대중적인 마력이란 이미 그때에도 무시 못할 수준이었던 것이지요. 당시는 사회주의적 지향의 지식인들이 "조선의 나이 어린 여자들이 하등의 민족적, 계급적 의식 없이 공상적 소부르조아 심리에서 스크린에서 나타나는 미모와 고운 목소리에 유혹된다"(김유영, 〈영화여우 희망하는 신여성군〉, 《삼천리》 1932년 10월호)라고 지적할 정도였습니다. 더구나 성이 대중에게 개방되지 않았던 시대였기에 키스신이라도 구경할 수 있었던 영화는 대중의 성적 욕구의 대리 분출구이기도 했었습니다. 즉 대중의 직접적 동원과 함께 대중의 정치적인 우민화愚民化도 스크린 그리고 스크린에서의 선정적 요소—그때까지는 아주 제한적인—를 통해 이루어질 수 있었던 것입니다.

물론 모든 문화적 현상들이 다 그렇듯이 헤게모니 창출의 도구인 영화는 동시에 기존의 헤게모니와의 경쟁의 도구로도 얼마든지 이용될 수 있었습니다. 나운규의 〈아리랑〉(1926)과 같은 "민족 영화"들은, 잠재적으로 일제와의 대결의 주체가 될 수 있는 "민족"에 소속되어 있다는 정서를 대중화시키는 데 있어 다른 어떤 신문이나 소설보다 더 크게 공헌했습니다.

당시 한 비평가는 영화의 이와 같은 효과를 두고 다음과 같이 이야기했습니다.

> 하얀 옷이 영화면에서 펄펄 날린다. 아! 얼마나 가슴이 저리고도 동포애 깊은 동경이냐? …… 그 찌그러진 초가집, …… 긴 두루마기 자락을 써늘한 바람에 나부끼면서 일하러 다니는 농촌의 인텔리겐차 박선생, 풍년이 왔네 풍년이 왔네를 부르고 춤추는 신. 이것이 조선에서 조선의 모든 것을 배경으로 하고 우러난 영화이다
> —승일, 〈라디오, 스포츠, 키네마〉(《별건곤》 1926년 1월호)

일제 강점기 대중의 스타들(위, 좌로부터)
신일선申一仙. 〈아리랑〉을 통해 일약 스타로 떠오른 후 '조선의 애인'으로 불리며 여러 영화에 출연했다.
이경선李慶善. 섬세하고 경쾌한 연기를 주로 선보였다.
이원용李源鎔. 〈세동무〉, 〈낙화유수〉, 〈종소래〉 등에서 남성적 연기를 보여주었다.
김일송金一松. 〈춘희〉 등에 출연했으며 중국에서도 활약했다.
강홍식姜弘植. 심훈이 연출한 〈먼동이 틀 때〉의 주연 배우로, 당당한 체구와 낭랑한 음성이 장기였다.
정기탁鄭基鐸. 상해에서 안중근을 주제로 한 〈애국혼〉 등을 감독하고 주연을 맡았던 영화계의 풍운아였다.
이규설李圭卨. 노역을 주로 맡았던 배우로, 〈아리랑〉, 〈장한몽〉 등에 출연했다.
김연실金蓮實. 신일선이 은퇴한 후 은막의 여왕으로 군림한 배우로, 능숙한 연기를 펼쳤다.
복혜숙卜惠淑. 〈카추샤〉에서 풍부한 감정 연기로 카추샤 역을 잘 소화하여 "조선의 카츄샤"로 불렸다.

"민족"이라는 "상상의 공동체" 만들기는 20세기에 접어들어 영화 없이는 상상할 수도 없는 작업이었습니다. 조선의 주체적인 민족주의가 상대적으로 봤을 때 일제가 강요했던 식민지적 "동화주의"보다 진보라면 "조선 민족 만들기"에 동원된 영화는 상대적으로 진보의 도구가 됐다고 볼 수도 있겠지요.

그러나 1926년 6월 필름검열 부칙이 제정되면서 본격적인 영상물 검열의 시대가 열렸기 때문에 영화를 헤게모니 경쟁에 이용하는 것은 거의 불가능에 가까운 일이었습니다. 저항적 요소가 탄압을 받은 것이지요. 또한 이와 동시에 조선의 스크린을 정복한 것은, 이미 1900~1910년대부터 일찌감치 상륙했던 서양의 영화였습니다. 서양의 유명 배우들이 조선 대중의 "스타"가 되고, 서구적인 미의 기준이 조선인의 미의식을 장악하고, 영화에 의해 낭만적이고 극적인 "서양"이 대중의 상상 속으로 침투한 것은 바로 식민지 시대부터 아닙니까? 즉 영화는 일본의 정치적 헤게모니뿐만 아니라 서구의 문화적 헤게모니 성립에도 크게 기여한 셈이지요.

자본주의의 악몽을 깨우는 영화를 바라며

영화를 선전용으로 이용하고 영상물을 검열하고 스크린을 통해 대중을 우민으로 만드는 정책이 과연 식민지 시기의 종말과 함께 사라졌을까요? 아닌 것 같습니다. "미제놈"들을 때려죽이는 모습을 강조하는 북한의 "혁명 영화", 그리고 남한의 반공 드라마 및 스크린과 섹스를 통한 1980년대의 우민화 정책은 총독부의 통치법을 계승한 것임에 틀림없습니다.

요컨대 지금의 우리는, 여전히 영상에 의한 헤게모니의 시대를 벗어나지 못한 것 같습니다. 물론 국산 영화들이 거의 60퍼센트를 넘는 시장 점유율을 보이고 그것을 통해 우리가 적어도 미국의 문화제국주의의 헤게모니적 마수魔手를 조금이나마 벗어난 것은 상대적인 선善이라면 선입니다. 〈실미도〉 같은 영화를 보시지요. 비록 사회의식이 남성우월주의 등 기존틀에 의해 왜곡되기는 했지만, 〈실미도〉는 아직도 박정희 신드롬을 앓고 있는 사회에 일정 수준에서 필요한 이야기를 해준 부분도 있습니다. 그러나 대다수의 미제 상업주의적 영화는 말 그대로 "안 보는 게 나은" 백해무익의 눈요깃거리일 뿐입니다.

그럼에도 한계는 여전합니다. 상업적 대중문화라는 범위 자체를 벗어나 높은 예술적 차원에서 가부장주의와 자본주의의 적나라한 추태, 그리고 그 추태를 넘어서는 방법을 보여주는 영화들은, 비록 만들어진다 해도 대부분 저低예산의 독립영화라 대중의 접근이 힘듭니다. 저는 앞으로 〈오발탄〉과 〈바람 불어 좋은 날〉(1980), 〈파업전야〉(1990)의 전통이 계승·발전되어 한국 영화가 자본주의의 악몽에서 세상을 깨우는 데 많은 힘이 됐으면 좋겠습니다.

한국 영화가 높은 인기를 끌고 있는 오슬로에서
박노자 드림

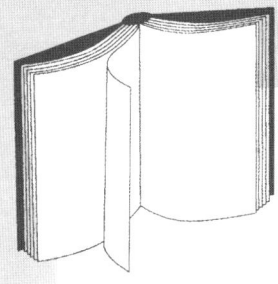

더 읽을 만한 글

권용선, 《이성은 신화다, 계몽의 변증법》, 그린비, 2003.

김수남, 〈작가 연구: 나운규의 민족 영화 재고〉, 《한국영화학회회보》 제7권, 1990, pp. 38~58.

김진송, 《서울에 딴스홀을 허하라》, 현실문화연구실, 1999.

박헌호, 《한국인의 애독작품—향토적 서정소설의 미학》, 책세상, 2001.

유민영, 〈연극, 영화〉, 《한국사 51: 민족문화의 수호와 발전》, 국사편찬위원회, 2001, pp. 364~378.

이영일, 《한국영화 전사》, 도서출판 소도, 2004.

식민지 시대의 영화

'해방의 무기' 인가,
'욕망을 파는 문화상품' 인가

허동현

영화는 자본의 친구이자 노동의 적인가

박노자 선생님,

저는 학창시절 박 선생님께서 "안 보는 게 나은 백해무익의 눈요기 거리"일 뿐이라고 일축한 "미제" 영화에 빠져들었던 수많은 "할리우드 키드" 중 한 명입니다.

초등학생 시절에는 미국의 서부영화를 보면서 포장마차를 타고 신천지를 향해 가는 개척민을 공격하던 아메리카 인디언의 잔인함에 마음을 졸였습니다. 그러다가 기병대의 출동 나팔소리가 울리면 안도의 숨을 내쉬곤 했지요.

좀 더 커서는 할리우드 자본과 기술로 만든 영국 영화 007시리즈에 등장하는 최신 병기와 본드 걸의 섹시함에 눈이 멀었습니다. 세상을 적과 동지, 둘로 양분하는 냉전 이데올로기의 주술에 사로잡히기도 했었고요.

냉전 해체 이후에는 인디언의 시각으로 서부 개척 시대를 그린

〈역마차〉(1939)

〈007 두번 산다〉(1967)

〈라스트 모히칸〉(1992)

〈늑대와 춤을Dances With Wolves〉(1990)이나 〈라스트 모히칸The Last Of The Mohicans〉(1992)을 보면서 미국의 소수민족 탄압 역사에 대한 성찰에 감동하기도 했습니다. 〈어 퓨 굿맨A few goodman〉(1992)에서 군대 조직의 범죄 행위에 맞서 싸우는 하급 법무관의 노력을 보며 미국 사회를 썩지 않게 하는 각성된 개인들의 투쟁에 박수를 보내기도 했고요.

이런 말을 하면 박 선생님께서는 제가 할리우드 영화자본이 파놓은 함정에 빠져 그 어두운 이면을 읽지 못한다고 비판하시겠지요. 인디언에 대한 억압의 역사를 백인 남성의 눈을 빌려 이야기하는 것은 백인 남성 우월주의의 표출일 뿐이고, 제임스 본드의 남성적 매력에 빠져 조국과 이데올로기를 배반하는 본드 걸은 여성 차별의 숨은 코드이며, 국가조직의 범죄에 맞서 싸우는 영웅의 싸움 상대가 항상 부도덕과 부패한 문제 인물이라는 것은 미국의 국가 권력과 제도가 안고 있는 구조적 문제점을 애써 회피하는 보수적 세계관의 투영일 뿐이라고 말입니다.

저 역시 할리우드 영화가 백인 남성 우월주의 시각에서 소수민족과 여성을 낮추고 자본과 국가권력을 옹호하는 입장을 취하고 있다는 데 동의합니다. 그렇다 해도 할리우드 영화를 한번 웃고 즐기는 킬링 타임용 눈요기 내지 구경거리로 "안 보는 게 나은 백해무익"한 것에 지나지 않는다고 보지는 않습니다. 왜냐하면 저는 영화는 "자본주의의 악몽에서 세상을 깨우는" 도구여야 한다는 박 선생님의 생각과는 달리 욕망을 파는 문화상품이라고 보는 쪽에 서 있기 때문입니다.

박 선생님의 어린 시절 기억 속에 각인된 "모든 예술형식 중에서 우리에게 가장 중요한 것은 영화다"라는 레닌의 말도 러시아에서 내전이 끝난 이후에 휘몰아친 경제적 위기를 모면하기 위해 레닌이 1928년까지 부분적인 시장경제체제를 도입한 신경제정책 NEP(New Economy Policy, 1921~1928)과 관련이 있다고 하더군요. 사실 선동영화든 계몽영화든 관객의 요구에 부응하지 못하면 발붙일 수 없습니다. 그렇기에 아이러니컬하게도 사회주의 소비에트에서도 영화산업은 이윤 창출을 위한 재생산 구조를 만들지 않고는 살아남을 수 없었다고 하더군요.

대중은 계몽되어야 할 우중인가

박 선생님은 영화를 노동 해방의 무기나 자본주의 세상을 바꾸는 혁명의 도구로 보는 영화운동의 입장을 취하고 계시는군요. 그렇기에 자본주의의 대안을 찾거나 대중 교화를 목적으로 하지 않는 오락영화를 무가치한 것으로 보시는 듯합니다. 또한 박 선생님은 나치스 독일의 박해를 피해 미국으로 망명한 프랑크푸르트 학파의 영화관을 따르시는군요. 그렇기에 영화를 부르주아의 헤게모니를 지켜주는 선전 도구이자 노동자들의 의식을 마비시켜 문화적 부패와 타락을 조장하는 아편이나 알코올에 지나지 않는 것으로, 배우들을 "자본에 예속된 꼭두각시"로, 그리고 영화 관객인 대중을 "몰개성적 우상을 숭배하는 몰개성적 우민"으로 보시는 것 같습니다.

허나 저는 상업영화를 비판하고 영화배우나 소비자를 우민시하는 이러한 계몽적 내지 엘리트주의적 영화관은 상대적 오만을 범하고 있다고 생각합니다. 과연 대중은 사회적·정치적·문화적으로 계몽되고 일깨워져야 할 무지한 존재일까요?

종래의 교조주의적 마르크스주의자들은 사회주의의 전 세계적 실현을 역사 발전의 최종 단계로 확신했습니다. 하지만 냉전 종식 이후 신좌파 지식인들은 현세에 낙원을 건설하는 것을 필연의 역사 법칙으로 꿈꾸지는 않습니다. 우리가 알고 있는 세계의 종언을 확언하는 이매뉴얼 월러스틴Immanuel Wallerstein도 자본주의 세계체제가 무너진 이후에 올 새로운 사회체제가 장밋빛 낙원이 될 것이라고 이야기하지는 않더군요.

사실 저는 영화의 역할을 기득권을 가진 세력들의 이익을 옹호하고 노동 대중들이 현실의 고통에 눈감게 하는 아편이나 종교로 치부하는 것에 동의하지 않습니다. 저는 영화는 현실을 비추는 거울이라고 생각합니다. 특히 많이 소비된 영화는 시대정신을 잘 반영한 영화일 개연성이 높다고 봅니다. 이데올로기가 지배하던 시절 우리의 눈길을 사로잡던 007시리즈의 주인공 제임스 본드의 눈에 비친 세상은 적과 동지로 선명히 나뉘었지만, 냉전이 무너진 현재 이분법은 진부하지요. 〈공동경비구역 JSA〉(2000)를 떠올려 보시지요. 누가 적이고 누가 동지인지 준별할 수 없지 않나요?

신이나 이데올로기가 지배하던 시절 개개의 인간은 무력한 존재였습니다. 차라투스트라가 신이 죽었다고 선언한 후 사람들은 백 년 후에 일어날 일식과 월식도 알 수 있다고 자만했지요. 허나 오늘 우리의 이성은 바람에 흩날리는 물방울 포말이 어디로 날아갈는지조차 알아내지 못하지 않습니까?

불확실성의 시대를 사는 인간은 불안합니다. 필연과 우연. 냉전 시대에는 필연의 역사법칙과 인간의 이성이 지배하는 세상이었다면, 냉전 해체 이후에는 우연의 혼돈이, 삶을 위협하는 불가지不可知의 불확실성이 우리 눈앞에 펼쳐지고 있습니다. 역사가 앞으로 어떤 식으로 전개될지 모르는 카오스의 세상에서 누가 누구를 계몽하고 깨우칠 수 있을까요?

〈아마겟돈Armageddon〉과 〈딥 임팩트Deep Impact〉를 보셨는지요? 소행성이나 혜성이 지구와 충돌하는 위기 상황을 가정해 만든 영화를 보면, 신이 요즘에는 인류의 운명을 판돈으로 걸고 주사위를 던지더군요. 하지만 절체절명의 위기 상황에서 우리를 구해주는 이는 신이 아니라 자신을 희생하는 영화 속 주인공이었습니다. 그리고 그는 영웅이기 이전에 평범한 인간이지요.

신자유주의의 거센 물결 앞에 구명조끼도도 걸치지 못한 채 이리저리 떠밀리고 있는 우리의 현실은 영화만큼 녹녹하지 않습니다. 영화들은 속삭입니다. 살고 싶다면 너 자신이 영웅이 되라고 말이지요. 게다가 영화는 어떻게 행동해야 하는지에 대한 해법도 제시하더군요. 〈딥 임팩트〉의 주인공은 여자 친구를 오토바이 꽁무니에 태우고 어마어마한 높이로 엄습해오는 해일에 맞서 싸우지요. 영화 속 주인공은 신자유주의의 거센 물살에 직면한 현실의 우리에게 온몸으로 외치고 있습니다. 나를 따라 응전하라고. 토인비의 말을 빌리자면, 그들은 도전의 거센 물살에 당당히 맞서 싸워이긴 창조적 소수자creative minority겠지요.

오늘날 인류의 운명을 걸고 주사위 장난을 하는 것은 신만이 아닌 것 같습니다. 〈쥬만지Jumanji〉라는 영화 속 장면 하나를 떠올려 보시지요. 게임판에 새겨진 지시에 따라 던진 주사위의 숫자에 따라 듣도 보도 못한 괴수들이 튀어 나오고 엉겁결에 게임에 끼어든 아이들은 주사위에 운명을 걸더군요. 그들처럼 우리도 주사위 던지기에서 자유롭지 못합니다.

지금 우리 눈앞에 넘실거리는 해일은 민족이나 민중이라는 이름의 제방으로 막기에는 너무도 거센 것 같습니다. 무너지는 제방의 구멍을 손바닥으로 막아 마을을 구한 네덜란드 소년의 신화적 이야기, 전체를 위해 개인을 희생하라는 구시대 대중 동원의 수사는 오늘을 사는 우리에게 더 이상 설득력이 없습니다.

오늘의 우리는 더 이상 국가 권력이나 이데올로기에 동원되는 우매한 존재가 아닙니다. 민족과 민중이라는 방파제 너머에서 넘실거리는 신자유주의의 물결에 맞서 응전해야 합니다. 이제 민족이나 민중의 거대담론을 이용한 동원의 정치의 주술에 휘둘려서는 안 됩니다. 제국의 그물망에 맞서 개인의 양심을 지키며 남과 함께 더불어 살아가기를 꿈꾸는 각성된 주체로 우뚝 서야 합니다.

무엇이 할리우드 영화에 맞서 한국 영화를 살아남게 만들었나

박 선생님께서는 〈실미도〉와 〈오몽녀〉를 예로 들어 한국 영화가 군사주의의 미학과 남성 우월을 찬양하는 마초주의에 찌들어 "더 나은 사회로 우리를 인도하는 역할"을 포기한 "대중적 상업영화의 반동성"을 벗어나지 못하고 있다고 비판합니다. 저 또한 박 선생님이 지적하는 그러한 부정적 측면을 감싸거나 외면할 생각은 추호도 없습니다. 그러나 사실 박 선생님이 지적하는 군사주의와 마초주의는 한국 영화만의 고유한 특성이 아니라 자본에 의해 제작된 세계 모든 지역의 상업영화에 공통되는 일반 속성이지 않습니까?

따라서 저는 한국 영화의 부정적 측면을 성찰하기보다는 한국 영화가 할리우드 블록버스터 영화와 맞붙어서 수많은 관객을 불러 모은 힘이 과연 어디에서 비롯된 것인지를 살펴보는 쪽을 택하겠습니다. 이런 의문에 대한 답은 여러 가지를 제시할 수 있겠지요. 역량 있는 감독·시나리오 작가·배우의 등장, 자본 확대에 따른 제작 여건 호전, 사회의 다원화와 민주화에 따른 표현의 자유 증대, 관객의 호응, 외국영화제 수상, 그리고 장르의 다양화 등을 들

수 있을 겁니다. 그러나 이러한 설명은 우리보다 긴 역사와 충분한 자본, 시장, 인력을 갖고 있는 일본 영화의 침체에 비추어볼 때 충분한 답이 될 수 없다고 봅니다. 따라서 저는 한국 영화가 갖고 있는 저력을 역사적 전통과 관련지어 살펴봄으로써 이러한 의문에 답해볼까 합니다.

보편과 특수. 민족을 단위로 한 국민국가를 이루지 못하고, 외세

〈패트리어트: 늪 속의 여우〉의 한 장면

에 의해 식민지 지배를 받고, 이데올로기에 의해 분단된 질곡의 역사를 살아 온 데에서 비롯된, 한국 영화에서만 찾아 볼 수 있는 특수성은 무엇일까요? 남성성을 강조하는 전쟁영화를 비교해 봅시다.

〈패트리어트: 늪 속의 여우The Patriot〉(2000)와 〈태극기 휘날리며 TaeGukGi: Brotherhood Of War〉(2003)의 주인공들은 모두 전쟁의 포화 속에서 가족의 안전을 최우선으로 여긴 전쟁 영웅이라는 점에서 공통적입니다. 허나 차이점도 있습니다. 〈패트리어트: 늪 속의 여우〉의 주인공은 사랑하는 가족을 지키는 길이 미국이라는 국

민국가의 독립과 자유를 위해 외세와 싸우는 길밖에 없음을 깨닫고 독립전쟁에 몸을 바칩니다. 반면 〈태극기 휘날리며〉의 장동건은 이데올로기와 동족 간의 내전이 덧없음을 온몸으로 외치며 지킬 것은 가족밖에 없다고 절규하지요. 성조기를 자랑스럽게 휘날리는 〈패트리어트: 늪 속의 여우〉와 달리 장동건에게는 태극기와 인공기 그 어느 것도 가족보다 중요하지 않더군요. 나아가 혈족 동

〈태극기 휘날리며〉의 한 장면

생 구하기에 나선 〈태극기 휘날리며〉의 특수성은 여덟 명의 병사가 목숨을 걸고 라이언 일병을 구하기 위해 사지로 뛰어드는 〈라이언 일병 구하기Saving Private Ryan〉(1998)의 미국적 가치와도 충돌합니다. 허나 이러한 한국의 특수성은 아시아 사람들의 마음에는 공통적으로 흐르는 보편적 가치입니다. 그렇기에 미국 영화에 대한 한국 영화의 특수성이야말로 한국 영화가 할리우드 메이저 영화와 맞붙어 살아남아 소위 한류라는 물결을 일굴 수 있었던 저력 가운데 하나가 아닐까 합니다.

영화는 아편인가, 욕망을 파는 문화 상품인가

박 선생님의 지적처럼, 영화를 정치적 헤게모니 장악의 도구로 이용하고 검열의 칼날을 번쩍이던 일제 강점기 영화 정책은, 권위주의 시대 영화 정책의 선행 모델이자 한국 영화의 발전을 가로막는 부정적 전통이었습니다. 그러나 일본에서 유래한 것 중 신파극은, 전래의 한恨의 정서와 맞물려 상승작용을 일으키며 관객의 기호에 맞는 새로운 변형을 새롭게 만들어냄으로써, 한국 영화가 관객의 사랑을 받는 데 적지 않은 영향을 주었다고 볼 수 있습니다.

80년이라는 짧지 않은 영화사에서 명멸한 수많은 영화들 중에 "눈물을 자아내게 하거나" 권선징악형 결말 같은 신파영화의 기본에 충실하여 공전의 히트를 친 영화는 헤아릴 수 없이 많습니다. 아직도 사람들 입에 오르내리는 이수일과 심순애 이야기를 영화화한 〈장한몽〉(1926)과 민족영화 〈아리랑〉을 비롯해 멜로물의 전형인 〈미워도 다시 한번〉(1968) 등이 대표적인 예이지요.

1920년대 신파조 영화가 3·1운동 실패 후의 좌절감을 잘 어루만져 관객을 사로잡았듯, 해방 후 신파조 영화들은 외세침략과 동족상잔으로 점철된 근·현대사의 비극을 감싸주거나 급격한 산업화에 따른 사회·경제적 갈등 요인들을 어루만져주는 역할을 수행했습니다. 특히 인터넷이라는 현대적인 통신 문화에 전통적 신파 정서를 잘 접목시킨 〈접속〉(1997)의 성공 이후, 멜로영화는 화려하게 부활해 다시 한 번 한국 영화의 전성기를

〈장한몽〉의 한 장면
3·1운동의 실패에 따른 대중의 좌절감을 잘 어루만진 신파 영화였다.

열었습니다. 신파 영화의 전통을 오늘에 잘 되살린 것이 상업적 성공 원인 중 하나였던 것이지요. 일본에서 일었던 〈겨울연가〉로 대표되는 한류도 그 뿌리를 찾아 들어가 보면 일본에서 유래된 신파 멜로의 한국적 재해석이 아닐까 합니다.

사실 자본주의 사회에서 영화란 욕망을 만들어 파는 문화상품 아닙니까? 까까머리 중학생 시절, 〈별들의 고향〉(1974)을 몰래 보다가 당시로서는 파격적인 여배우의 상반신 노출에 가슴이 달떴던 기억이 납니다. 그런데 1920년대 후반 서양 영화를 상영하던 극장 풍경을 그린 글을 보니, "노부인, 여염집 부녀, 기생 그리고 여학생들로 매일 만원"이었던 부인석의 절반 이상이 "성에 갓 눈뜬 여학생"들로 채워졌고, 그들도 "키스 하는 장면, 그 순간에는 반드시 질식할 듯한 외마디 소리"를 터뜨리곤 했다는군요(《극장만담》, 《별건곤》 1927년). 그들 역시 영화의 마술에 놀아난 우중들이라기보다 억눌린 욕망과 몸의 자유를 스크린을 통해서나마 발산하려 한, 나름대로 주체적이고 "현명한" 영화 소비자였던 셈입니다. 그렇다면 한국 영화가 시대와 사회 변화에 따라 대중의 욕구를 채워주는 욕망의 상품화에 성공한 것에서도 또 하나의 요인을 찾을 수 있겠지요.

그러나 무엇보다도 우리 영화인들이 나운규의 〈아리랑〉이 남긴 전통을 이어 치열한 역사의식과 작가정신, 그리고 비판정신과 사명감을 간직하고 있다는 것이, 한국 영화 성공의 가장 중요한 원인이 아닐까 합니다. 분단과 이데올로기 갈등 같은 민족의 고통을 직시한 〈쉬리〉와 〈공동경비구역 JSA〉,

《영화시대》 1931년 6월호의 표지그림
일제 강점기 서구 영화는 대중들의 억눌린 욕망의 분출구였다.

노동자와 광주의 아픔에 귀 기울인 〈아름다운 청년 전태일〉(1995)과 〈꽃잎〉(1996), 한 개인의 삶이 국가폭력 앞에 어떻게 무너져 내리는지를 그린 〈박하사탕〉, 그리고 우리의 소리와 그림에 담긴 예술혼을 영상으로 옮긴 〈서편제〉와 〈취화선〉 같은 작품들이 있기에, 한국 영화가 "우민화나 헤게모니 장악의 도구"로 이용될 수 있다는 박 선생님의 우려를 조금은 덜 수 있지 않나 생각합니다.

깨어 있는 영화인들이 우리 곁에 있기에 한국 영화는 자본주의적 상품화에 따른 타락의 유혹과 할리우드 영화의 위협에 굴하지 않고, 우리 문화를 다양하고 풍성하게 살찌워 나갈 자생력을 갖고 있다고 믿습니다.

끝으로 식민지 시대 서구 영화의 문화 전파력은 "학교의 수신修身 과정보다도, 목사의 설교보다도, 또한 어버이의 회초리보다도 감화되기에 빠른 것"이었다고 합니다(〈모던 뽀이의 산보〉, 《조선일보》 1928년 2월 7일). 물론 이를 서구의 문화 침략 내지 문화적 헤게모니 장악의 수단으로 볼 수도 있지요. 하지만 어찌 보면 이와 같은 적극적이고도 개방적인 자세가 서구 문화의 빠른 수용과 소화의 기반이자, 장기적으로는 미국 영화 직배 시대에 한국 영화의 생존을 가져다주고 한류라는 문화 흐름을 일구어낸 토대였다고도 볼 수 있지 않을까요?

봄이 다가오는 수원의 연구실에서
허동현 드림

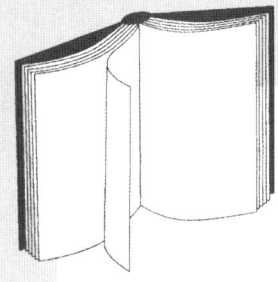

더 읽을 만한 글

김수남, 〈작가 연구: 나운규의 민족 영화 재고〉, 《한국영화학회회보》 7, 1990.

김소영, 《근대성의 유령들》, 씨앗을 뿌리는 사람, 2000.

김진송, 《서울에 딴스홀을 허하라》, 현실문화연구, 1999.

김학수, 《스크린 밖의 한국영화사》, 인물과 사상사, 2002.

신명직, 《모던보이 경성을 거닐다》, 현실문화연구, 2003.

유민영, 〈연극·영화〉, 《한국사》 51, 국사편찬위원회, 2001.

유지나, 《멜로 드라마란 무엇인가: "자유부인"에서 "접속"까지》, 민음사, 1999.

유현목, 《한국영화발달사》, 책누리, 1997.

진보적 미디어운동 연구센터 프리즘 엮음, 《영화운동의 역사—구경거리에서 해방의 무기로》, 서울출판미디어, 2002.

한국예술연구소 편, 《이영일의 한국영화사 강의록》, 소도, 2002.

IV
종교

무속과 기독교의 명암

무속 혹은 "마취제 판매 시장"에 대한 단상들 | 박노자
종교가 아편이면, 신도는 마약중독자? | 허동현

한국 불교를 보는 두 개의 시선

한국 불교의 "부끄러운 역사" | 박노자
시민의 눈으로 불교 역사 들여다보기 | 허동현

무속과 기독교의 명암

무속 혹은
"마취제
판매 시장"에
대한 단상들

박노자

무속신앙=열등성

허동현 교수님, 안녕하십니까?

개화기에 조선을 찾아온 외국인들의 기록을 보면, 다름 아닌 무속신앙을 한국 민중의 "가장 보편적인 종교"로 인식한 것을 알 수 있습니다. 기독교 우월주의의 입장에 선 그들 서구의 시각으로는 조선인의 무속이 조선인의 "열등성", "주술에 의존하려는 의타적 성격"의 증거이기도 했습니다.

예컨대 영국의 비숍 여사(Isabella B. Bishop(1831~1904)는 다음과 같이 말합니다.

무속의 정신이 …… 몽매한 대중들—특히 여성들—을 완전히 구속하고 있다. 전 우주가 무수한 마귀(귀신—인용자주)로 가득 차 있다는 것을 맹목적으로 믿는 조선인이 늘 무한한 공포에 둘러싸여 살고 있기 때문이다. 마귀들이 조선인의 일거수일투족을 지켜보고 있기에 마귀와

통하는 무속인들에게 태어날 때부터 죽을 때까지 절대적으로 의존하지 않으면 안 된다."

—*Korea and Her Neighbours*(《조선과 그 이웃 나라들》), 1898

서구의 이러한 토속신앙 폄하가 어디 조선뿐이었겠습니까? 오만에 가득 찬 당시 유럽인들은, 기독교를 신봉하지 않는 모든 비非서구인들을 늘 겁에 질려 귀신에게 빌기나 하는 불쌍한 존재로 상상하고 있었던 것이지요. 그리고 저들은 조선의 불교까지도 "무속신앙과 별반 다를 것 없는 주술적 우상 숭배" 이상으로 보려 하지 않았습니다. 즉 무속에 대한 경멸을 불교에까지도 연장시킨 것이지요. 물론 당시 불교의 경우 사찰마다 산신각을 세우기도 했습니다. 무속과 어느 정도 결합된 모습을 실제로 발견할 수 있었다는 말이지요.

무속, 불안의 마취제

그러나 무속신앙이 정말 공포를 극복하려는 열등한 기복에 불과했을까요? 물론 무속에 그러한 요소가 있는 것은 사실입니다. 그러나 그것이 과연 무속만의 특징일까요? 그리고 그것만이 무속의 전체를 대표할까요? 종교의 기원을 자연에 대한 원시적인 인간의 공포와 사회적인 소외에 대한 환상적 내지 공상적 "극복"의 시도에서 찾으려 했던

이사벨라 버드 비숍 여사

마르크스나 레닌의 설을 굳이 빌리지 않더라도 보편적인 "종교적 심성"에 공포를 벗어나려는 심리가 중요한 역할을 하고 있다는 사실은 쉽게 알 수 있습니다. 오늘날의 한국이 조금 심한 축에 속하긴 하지만, 인간의 불안과 공포 심리를 잠재우려는 기복적인 측면이 전혀 없는 종교 의식은 존재하지 않습니다.

일제 강점기 장승을 바라보는 소년의 모습
무속을 단순히 '우상 숭배를 통한 공포 극복'이라는 '열등한 기복'으로 폄하하는 것은 무속에 담긴 종교적 보편성을 보지 못한 처사다. 종교는 불안의 마취제이자 생의 용기를 북돋아주는 자극제다. 무속은 이러한 종교의 모습을 가장 단적으로 드러낸 것이다.

무속은 종교에 대한 인간의 기대들을 가장 단적으로 드러낸 것입니다. 종교야말로 마음 속 깊이 요동치고 있는 계급 사회 구성원의 영원한 불안을 마취시키고 비인간적인 사회에서 살아갈 만한 용기를 북돋워주는 것입니다. 물론 한국에서 가장 흔한 종교인 불교나 기독교의 본래 모습이 마르크스가 이야기한 "억압 받는 존재의 신음 소리, 심장心臟이 없는 세계의 마음, 무無정신적 상황의 정신, 민중의 아편"("Die Religion ist der Seufzer der bedrangten Kreatur, das Gemut einer herzlosen Welt, wie sie der Geist geistloser Zustande ist. Sie ist das Opium des Volkes", 〈헤겔의 법철학 비판 입문〉)으로서의 종교였는가 그렇지 않았는가 하는 점은 얼마든지 논쟁할 수 있는 부분입니다.

초기의 불교는 계급 사회를 벗어나 승가僧伽라는 범위 내에서 일종의 "무소유 공산 사회"를 만들어보겠다는 고대 인도의 일부 중산층·상류층 지식인의 몸부림이었습니다. 또한 초기의 기독교는 로마 제국 내 도심의 중산계층과 하층의 천년왕국적이고 저항적인 신앙이었습니다. 그러나 한국에 들어간 시점의 불교나 기독교는 이미 계급 사회에 전적으로 편입된 채 "마취제"로서의 역할을 수행하고 있었습니다.

이러한 측면에서 봤을 때 불교와 기독교는 비록 무속보다 훨씬 더 복합적인 이념 체계를 갖추고 훨씬 덜 직접적인 방식으로 그 기복성을 표현하긴 했지만 본질적으로 공포를 잠재우는 노릇에 있어서는 무속과 그리 큰 차이가 없었습니다. 사실 순복음교회와 같은 곳에 들려 안수 치료하는 모습을 보면, "아하, 굿을 이렇게도 할 수 있구나"라는 생각이 들 정도입니다. 이것은 어떤 특정 교단을 비하하는 것이 절대 아닙니다("굿"이라고 하면 비하하는 것도 아니지만). 그저 종교의 기본적인 성격에 대해 고민해보자는 취지입니다.

종교가 본질적인 "악"은 아니다

여담이지만, "마취제"라는 용어를 썼다 해서 제게 무속이든 기독교든 불교든 현실 속의 종교를 본질적인 "악"으로 보려는 의도가 있는 것은 아닙니다. 일반적으로 제도권 종교는 기존 체제를 뒷받침해주는 경향이 강하다고 합니다. 그러나 한 특정 국가에서 혁명적인 상황이 조성되면 민심에 예민한 종교계가 거기에 편승하여 보다 혁신적인 쪽으로 갈 확률도 있습니다. 그렇기에 저는 종교를 "태생적으로 반동적인 것"으로 보지는 않습니다.

예컨대 베네수엘라의 급진 좌파인 차베스 대통령이 가톨릭교회 상층부와 몇 차례에 걸쳐 충돌을 했어도 거의 전부가 가톨릭 신도인 베네수엘라 빈민들은 차베스의 초상화를 예수님의 성상 옆에 걸어놓습니다. 상당수의 하급 성직자들도 차베스의 노선을 부분적으로 혹은 전체적으로 지지합니다. 가톨릭 학교 출신인 카스트로가 통치하는 쿠바에서도, 비록 1991~92년 이전까지 교회와 국가 사이에 일정한 긴장이 있었지만, 수많은 공민들이 가톨릭 신앙과 혁명의 이상들에 대한 애착을 겸비합니다. 즉 제도권 종교가 기존 체제의 버팀목이라 하더라도 체제 변혁이 불가피하다는 확신이 서면 "사수死守"보다 "적응" 쪽을 택할 수 있다는 말입니다.

억울한 빈민이 있을 경우 스스로 그 억울함의 근본 원인을 파악하여 혁명적 행동에 나서는 것이 최선의 시나리오겠지요. 그렇게 못할 경우 울화가 평생 쌓여 갈 겁니다. 따라서 울화를 풀긴 풀어야 할 텐데, 과연 무엇으로 풀까요? 가정 폭력이나 술주정, 마약 복용으로 "푸는" 것보다 차라리 예배나 예불, 굿을 통해 "푸는" 것이 좀 낫지 않겠습니까?

종교적 마취제 장사에 바란다

종교적 마취제가 현실적으로 최선은 아닐 겁니다. 그렇다고 최악도 아닐 것입니다. 다만 "마취제 장사"하시는 분들께서 자신들의 노릇을 조금 제대로 파악했으면 좋겠습니다. 또한 "엉터리 장사"를 하지 말고 기본적인 상도덕商道德을 지켰으면 하는 바람입니다.

"노릇 파악"은 일단 아무 뜻도 없는 수사修辭부터 자제하는 것을 가리킵니다. 예컨대 "우리 종교가 세계 평화에 기여한다"거나 "종교들 사이의 상호 이해 증진이 세계 평화의 관건"이라는 식의 무의미한 주문들을 되뇌는 "마취제 판매 전문 업체"를 보면 저도 모르게 웃음이 터져 나옵니다. 자본주의와 국민국가가 존속되고 있는데 세계에 무슨 평화가 있을 수 있겠습니까? 백성을 살육에 내모는 것이 이 체제의 본질인데 말입니다. 체제에 순치된 종교들은 단 한 번도 그것을 제대로 막으려 한 적도, 성공적으로 막은 적도 없었습니다. 예컨대 6·25전쟁을 "성전聖戰"이라고 불렀던 당시 남한의 기독교·불교의 반공주의와 군사주의의 수위를 생각해주시기 바랍니다. 그리고 아무리 사찰에서 예수님의 상을 세우고 교회에서 부처님의 상을 세우고 이슬람 사원에서 기독교의 내용에 대해 강의를 한다 해도(물론 그렇게 하면 나쁠 것이 하나도 없고 좋기만 하지만) 자본가들이 부추기는 여러 종교, 종족 간 갈등과 충돌들은 끊이지 않고 전 세계에 계속 터질 것입니다.

한 발짝 더 나아가볼까요? "상도덕"은 다음과 같은 것을 염두에 둔 말입니다. 즉 종교 단체에서의 성직 세습 관행, 하급 성직자와 고용인(예컨대 교회에서의 부목사 이하의 전도사, 사무원, 운전사 등)에 대한 악질적인 착취 관행, 교회나 사찰에서의 노조 탄압, 타 종교에 대한 편견과 증오를 은근히 조장하는 일부 종교 단체, 그리고 무엇보다 사찰이나 교회의 "성공" 여부를 오로지 헌금의 규모와 건물 크기로 재단하는 인식의 수준 등을 말이지요.

사실 "상도덕의 엄수"는 "마취제 판매업자" 자신들에게도 크게 필요한 부분입니다. 지금 종교 단체의 위세에 눌린 언론들의 자기 검열 관행 때문에 그렇지, 만약 매체를 통해 한국 종교계의 실제 그대로의 모습이 만천하에 드러났다면, 아마도 기존 업자들의 매상고가 대폭 축소되는 등 우리의 "마취제 시장"에는 지진이 일어났을 것입니다. 그러나 언론의 자기 검열은 영원하지 않습니다. 그러니 "관련 업계"로서는 일찍부터 "준비"해놓는 것이 좋을 듯합니다.

허동현 교수님, 여담이 너무 길어 죄송합니다. 하지만 요즘 "종교업자"들을 보기만 하면 왠지 다단계 판매 업체와 같은, 무언가 속아

돈을 잃기만 할 것 같은 기분이 자꾸 들기에 이렇게 장황한 말씀을 올리는 것이니 양해해 주십시오. 물론 지금은 편법을 쓰지 않고서는 치부致富할 수 없는 자본주의 세상입니다. 따라서 "종교 시장"의 편법 판매만을 편향적으로 문제 삼아서는 안 되겠지요. 저도 그럴 생각은 없습니다. 그러나 자신들이 예수님이나 부처님과 무슨 관계라도 있는 양 거드름 피우는 광경은 참으로 참아내기 힘드네요.

무속신앙의 긍정적인 면들

무속신앙의 기복성이나 주술성은 계급 사회의 다른 종교들과 차이가 없습니다. 이를 부정할 수는 없습니다. 하지만 계급 사회 형성 이전인 원시 시대부터 지금까지 이어져온 무속 의례들이 공동체의 안정과 합심, 갈등의 완화 등에 기여한 것도 사실인 듯합니다. 굿판의 종교적 카타르시스 속에서 강자와 약자, 부자와 빈자 사이의 불신과 미움이 극복되지 않습니까? 진오귀굿(영혼천도굿) 같은 경우에는, 망자의 편안한 저승길을 기도함으로써 죽음에 대한 살아남은 자의 부담을 덜어주는 등 인류의 영원한 과제인 "죽음과의 관계 설정"을 나름대로 풀어보지 않습니까?

이뿐만이 아닙니다. 기독교가 "사탄의 유혹"이라고 맹비난하고 박해했던 마녀魔女 중심의 유럽 중세의 "요술妖術"(즉 중세 사회에서 잔존해온 각종의 토착 신앙의 요소들)도 그랬듯이, 남성이 지배하는 한국 사회에서 무속의 세계는 여성의 사회적 지위 확보가 가능한 몇 안 되는 영역이기도 했지요. 에로티시즘과 풍자, 신비적인 개인 체험이 깃든 무속 의례들은 엄숙한 유교적 의례들과 좋은 대조를 이루며 조선의 일상문화를 좀 더 다양하고 풍부하게 만들기도 했습니다.

예컨대 "제석풀이"를 생각해보시지요. "제석풀이"는 한국에서 출산, 산육産育을 관장해온 삼신할머니라는 주요 무신巫神의 기원을 이야기해줍니다. 지역마다 차이가 있지만 대강의 줄거리는 다음과 같습니다. 한 처녀와 "땡땡이중"의 성교性交로 아들 셋이 태어납니다. 아들은 제석신이 되고 아들을 잉태한 뒤 집에서 쫓겨난 여성은 삼신할머니가 됩니다. 아마도 오늘날의 무가巫歌에서 "중"으로 표현되는 존재는 원래 무교巫教의 독립적인 신이었을 겁니다.

굿하는 모습
굿 등 무속 의례들은 공동체의 안정과 갈등 완화에도 기여했다.

그리고 이 이야기는 신들 사이의 성교와 그로 인한 새로운 신의 탄생을 그리는 신화였을 겁니다. "제석풀이"는 이 엄숙한 신화가 풍자성과 인간미가 넘치는 전설로 변화된 것입니다.

그런데 "제석풀이"에서 중과 처녀의 만남 장면이 그야말로 걸작입니다. 한 젊은 중이 어여쁘다고 소문난 명문가 무남독녀의 얘기를 듣고 음심淫心을 품습니다. 기회를 엿보다가 가족들이 모두 집을 비운 것을 확인하고는 그 처녀에게 시주를 청합니다. 그러면서 "오늘 해로 어찌 지울꼬", 즉 오늘 해가 질 때까지 어떻게 시간을 끌 수 있을까 고민합니다. 그러다가 좋은 방법 하나를 생각해 냅니다. 자기의 자루를 찢어 시주 받은 쌀을 땅에 떨어뜨리고는 처녀에게 그 쌀을 해가 질 때까지 젓가락으로 줍게 한 것이지요. 처녀의 집에 공양을 빙자하여 온 중의 음욕淫慾을 그린 이 부분은, 신들 간의 장난스러운 성性을 잘 그리는 것으로 유명한 그리스 신화를 생각하게 합니다.

알고 계시다시피 조선은 성리학 사회였습니다. 사대부들에게는 성적 욕망을 충족시킬 수 있는 기회를 무한정 주면서도 공적인 성적 표현에 대해서는 엄격하게 통제했던 위선적인 모습이 계속된 체제였지요. 그런 사회에서 이처럼 순박하면서도 진실한 성性 이야기가 살아남을 수 있었던 것은, 오로지 대중의 신앙에 기반을 둔 무교 덕분 아닐까요?

무속의 에로티시즘 이야기가 나온 김에, 제게 깊은 감동을 주었던 김기영 감독의 영화 〈이어도異魚島〉(1977)에 대해서도 몇 말씀도 올리고 싶습니다. 영화 끝부분에서 주인공인 주막 여성이 무당집

무신巫神의 조각 밑에서 생전에 제대로 사랑을 나누어보지 못했던 애인의 시체를 놓고 열정적인 "한마당"을 벌이는 장면을 기억하십니까? 물론 1977년 개봉 당시에는 삭제됐지만 요즘 DVD판에서 다행히 복원되었더군요. 전 그 장면을 보면서 무속이 죽음마저도 두려워하지 않는 어떤 영원한 생명력의 종교적인 표현이라는 생각이 들었습니다. 불교 쪽으로 본다면, 중생의 선근善根이 익어 업장業障이 풀리면서 더 이상 음욕淫慾이 일어나지 않을 경지에 오른 것이겠지요. 아직 번식 본능이 작동되는 중생이라면 꼭 전래의 무속 그대로는 아니더라도 어떤 형태로든 "생명력의 종교"가 남을 듯한 느낌입니다.

무속이 민중 생활에서 얼마나 중요한 역할을 맡고 있는지를 잘 알고 있었던 조선조의 유교적 관료들은, "음사淫祀" 탄압의 명분을 내걸기는 했지만 실제로는 "아랫것"들의 신앙을 그냥 묵인하거나 적절히 이용하는 경향이 강했습니다. 실학자 이익李瀷(1681~1763)의 말대로 "궁궐부터 고을들까지 모두 주무主巫들이 마음대로 출입하"던(《성호사설星湖僿說》 권1 下, 〈귀신문부鬼神門附〉) 곳, 국립 서민병원 격인 활인서活人署에서 무당들이 소속돼 활동했던 곳, 실학자 유암流巖 홍만선洪萬選(1643~1715) 같은 석학이 지혜로운 생활의 한 방편으로 무경巫鏡을 방불케 하는 거울로 산도깨비를 물리치는 것을 권했던(《산림경제山林經濟》 제4권, 〈잡방雜方〉) 곳은 바로 무당 5천여 명이 굿판들을 벌였던 후기의 조선이었습니다.

무속과 기독교의 명암 253

물론 민씨 족벌의 부정부패가 극에 달했던 고종 치하에서 진령군眞靈君 이씨와 같은 민비 계통의 무녀들이 수회收賄에 연관돼 관민의 원성을 사기도 했습니다. 하지만 왕실의 별기은別祈恩과 같은 무속 의례는 궁중과 민중 사이의 문화적인 간극을 좁히는 효과를 발휘하기도 했습니다. 또한 비록 한반도에서 명실상부한 제정일치祭政一致의 시대는 이미 고대의 삼국이 국가의 근본적인 기틀을 잡기 이전에 끝나고 말았지만 최고 국가 권력자의 제사장으로서의 기능은 조선 말기까지 완전히 없어지지 않았다고 합니다.

임금의 명에 따라 가뭄이 심한 지방에서는 기우제祈雨祭를, 전염병이 도는 지방에서는 여제厲祭를 각각 지내던 모습은 해마다 볼 수 있는 풍경이었습니다. 가뭄이 심할 적에 왕이 북교北郊에서 또는 사단社壇에서 친제親祭하는 것도 거의 몇 년에 한 번씩 생기는 일이었습니다. 물론 왕실에서 행하는 유교적 국가의 공식적인 기복과 무당들의 기복은 절차와 의례에서 서로 아주 다른 모습을 보였습니다. 그러나 왕실도 역시 기복을 했다는 것은 "무교적 사고思考"가 전근대 사회에서 얼마나 보편적인 것이었는가를 보여줍니다. 관료들의 무세巫稅 갈취에 노출되고 유교적 관료들에게 통제와 간헐적인 탄압을 받기는 했지만 무당들 역시 조선 사회의 유기적인 일부였던 것입니다.

개화기 근대주의자들, 무속을 배척하다

성리학적인 배타성으로 유명한 조선조의 사대부들도 어느 정도 공인해준 무속신앙을 미신으로 간주하여 근절에 나선 것은, 바로 서구의 자본주의적 합리성과 맹목적 과학 숭배에 흠뻑 젖은 개화기의 근대주의자들이었습니다. 국가에 대한 충성, 일상생활의 근대적인 균질화, 저축과 소비를 위한 "생산적인" 생활을 이상으로 삼았던 그들은, 국가적 통제와 과학적 이해, 일률적인 통합이 불가능한 조선의 다양하고 복잡한 무속을 마땅히 없애야 할 재산 낭비와 미신으로밖에 보지 않았습니다. 이 같은 시각에서 근대주의자들은 전래의 무속들 가운데 가장 민중적이고 비非제도권적 "무녀巫女"들의 공개적 기도 의례들을 1873년 1월 15일부터 금지시켰습니다.

메이지 일본의 근대주의자들은 이미 어느 정도 제도화된 지역 신사神社(토착신앙의 사원)들을 하나로 묶어서 "신도神道"라는 이름 하에 국가화시켜 내셔널리즘적 상징물로 만들었습니다. 그러나 이들과 달리 개화기의 조선 계몽주의자들은 무속에 친화적이지 않은 기독교나 개신改新 유교와 같은 종교, 이념적 배경을 가졌기에 무속을 조선 민족의 상징으로 볼 생각을 가지지 못했습니다. 그들은 남산의 국사당의 "잡동사니 화상"을 불에 태워버린 개신교도들을 "애국자"로 칭찬합니다(《독립신문》, 1897년 7월 27일). 반면 무속이나 점술은 조선인의 발목을 잡은 "악습"으로 지목합니다(박은식, 〈舊習改良論〉, 《서우》 제2호, 1907년 1월). 근대 지상주의적 "무녀 사냥"에 좌우가 따로 없었습니다.

김동리와 영화 〈무녀도〉(1972)의 한 장면.

시대는 훨씬 늦지만 우리에게 잘 알려진 작가 김동리金東里(1913~1995)의 단편소설《무녀도巫女圖》(1936년 최초 발표)도 사실 무속에 대한 이와 같은 종류의 의식을 그 근저에 깔고 있는 것이 아닌가 싶습니다. 실제로는 기독교 쪽에서 무당을 압박하고 폭력적으로 배제하는 경우가 훨씬 많았음에도,《무녀도》에서는 기독교인이 된 무녀의 아들이 어머니의 칼에 찔려 죽습니다. 그리고 그 무녀는 신령에만 의지하고 사는, 무지하면서도 광신적인 인물로 그려집니다.《무녀도》가 오랫동안 인기 작품으로, 그리고 학교의 필독 작품으로 "문화적 권력"의 위치를 장악하고 있었기에 그만큼 우리 일반인들도 무속에 대한 계몽주의적인 멸시의 세례를 어쩔 수 없이 받아오지 않았을까요?

일제 강점기에 일제 당국과 우파적 민족주의자, 그리고 좌파는 모두 "미신 타파"라는 표어를 각자 나름대로 내걸고 있었습니다. 물론 목적은 서로 달랐지요. 일제는 종교 활동의 규제를 통해 조선인의 일상을 보다 잘 통제하려는 목적 하에 "길흉화복을 함부로 말하는 자"를 처벌하겠다고(〈경찰범 처벌 규칙〉, 1912년 3월) 나섰습니다. 우파 민족주의자는 "백성으로 하여금 재산을 탕진케 하는 미신"들을 "타파"함으로써 일상의 "합리화"(즉 자본주의화)를 지향했고요. 그리고 좌파는 "정신으로 만병을 치료하겠다"는 목사들을 "큰 무당"이라고 불러 조롱했습니다("경성의 迷信窟", 《개벽》 제48호, 1924년 6월).

그러나 근대는 우월하다는 시각에서 무당이나 판수들을 쓸데없는 인간으로 파악한 것은, 식민지 당국이나 "민족진영"의 좌·우파나 모두 마찬가지였습니다. 일제는 여기에서 한걸음 더 나아갑니다. 1920년대부터 한국 무속을 "조선 신도의 유풍遺風"으로 파악하여 한국 무속과 일본 신도의 흡사성이 "일선동조日鮮同祖의 증거"라고 주장하는 등 한국의 무속까지도 "황민화" 정책에 이용하려 했던 것이지요. 하지만 근본적인 근대주의적 멸시의 태도에 큰 변화가 생기지는 않은 듯합니다.

미신 타파의 광기를 극복하자

오늘의 대한민국은 어떻습니까? 40만 명의 무속인과 역술인들이 활동하고 있습니다. 주요 무속 의례 기능의 보유자들이 "인간문화재"로 지정되어 국가적 관리와 "보호"를 받습니다. 물론 문제도 많습니다. 무속의 공동체 신앙적·예술적·미적 가치까지 다 훼손시켜버리는 극단적인 상품화, 무속을 가장한 금품 갈취와 사기 등을 찾기란 그리 어려운 일이 아니지요.

그럼에도 불구하고 무속은 지옥과 같은 무한 경쟁의 상황에서 많은 이들에게 스트레스와 불안을 제거해주는 역할도 합니다. 앞에서도 말씀드렸지만, 이 스트레스와 불안의 근본적인 원인인 자본주의를 제거하지 못하는 한에서는, 차라리 예배당이나 굿당이 술이나 마약보다 건강에 덜 해롭다는 것이 제 생각입니다.

무속을 믿지 않는 사람도 무속의 예술적 가치는 인정해주는 오늘날의 무속에 대한 일반적 태도는, 우리가 근대 초기의 "미신 타파"의 광기를 어느 정도 극복했다는 사실을 보여주는 것이 아닐까요? 100년 전의 개화파들은 비숍 여사와 같은 서구인들의 무속에 대한 부정적 판단을 절대적 진리로 여겼습니다. 그러나 우리는 당시의 서구인들의 세계관이 얼마나 편협하고 왜곡됐는지를 충분히 알 수 있습니다.

눈 덮인 오슬로에서
박노자 드림

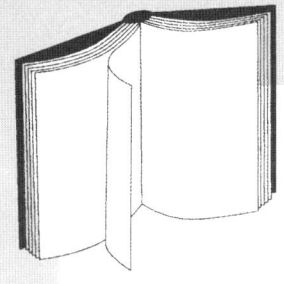

더 읽을 만한 글

김인회 외, 《한국 무속의 종합적 고찰》, 고려대학교 민족문화연구소, 1982.

이두현, 장주근, 이광규, 《한국 민속학 개설》, 일조각, 1991.

최석영, 《일제하 무속론과 식민지 권력》, 서경문화사, 1999.

황선명, 《조선조 종교사회사 연구》, 일지사, 1992.

마르크스, 칼, 〈헤겔의 법철학 비판 입문〉(http://www.marxists.org/archive/marx/works/1843/critique-hpr/intro.htm).

무라야마 지준村山智順, 《朝鮮の鬼神》, 조선총독부, 1929; 노성환 옮김, 《조선의 귀신》, 민음사, 1990.

카와무라 구니미쯔川村邦光, 《巫女の民俗學: 〈女の力〉の近代》, 東京: 靑弓社, 1991.

무속과 기독교의 명암

종교가 아편이면, 신도는 마약중독자?

허동현

아직도 남은 근대 훈육의 무속 멸시를 넘어서야

박노자 선생님께,

"우리 것이 좋은 것이여"라는 광고 카피나 "신토불이身土不二"라는 새로 만들어진 한자어를 굳이 들지 않더라도, 이미 우리는 서구인의 파란 눈으로 스스로를 재단하는 서구 맹신의 "근대제일주의"에서 벗어나 전통문화의 가치를 재발견할 만큼 정신적으로 성숙했습니다. 요즈음 우리들은 동지에 붉은 팥죽을 먹는 것이 귀신을 쫓기 위한 주술행위만이 아닌 나름의 과학성을 갖고 있는 세시풍속임을 잘 알고 있고, 한 세기 전 싸늘한 타자의 시선으로 낮추어 본 무속 의례의 전통 춤사위와 노래 가락을 소중한 전통 문화유산으로 보존하려 하니 말입니다.

그렇다 해도 개화기 이래 무속은 없애야 할 "악습"이자 "미신"이라는 생각을 우리 마음 속 깊숙이 주입한 근대 교육 프로젝트의 잔재는 아직도 그 꼬리를 길게 드리우고 있는 것 같습니다. 어린 시절 우리들은 오색 전구가 영롱하게 명멸하는 크리스마스트리를 볼 때 왠지 모르게 마음이 들뜨곤 했지만, 색동천을 휘감고 있는 성황당의 성황나무를 보면 왠지 모를 두려움을 느끼곤 했지요. 크리스마스트리에 걸린 양말 속에는 선물이 담겨 있었지만, 성황당의 돌무더기와 성황나무에 소원을 빌며 던진 돌이 그러한 영험을 보이지 않아서일까요? 크리스마스트리와 성황나무, 그리고 굿판의 신간神竿(무당이 굿을 벌리는 곳에 세워 신이 내려오는 길을 상징하는 나무)과 교회의 첨탑은 신과 인간을 이어준다는 상징적 기능 면에서 매한가지입니다. 그러나 오늘을 사는 우리들의 눈에 이 둘은 너무도 판이하게 다릅니다. 여전히 문명과 야만의 표상으로 비치는 것이지요. 왜 그럴까요? 우리의 마음 속 한 모퉁이에 아직도 무속은 미신이라는 근대의 훈육이 꿈틀거리며 숨쉬기 때문은 아닐까요?

1960년에 나온 초등학교 3학년 《도덕》 교과서에 실린, 고려 말 주자학을 처음 들여온 안향安珦(1243~1306)의 "미신 타파" 이야기는 우리들이 무속을 어떻게 보도록 교육받았는지 잘 보여줍니다.

옛날에 안향이란 분이 있었습니다. 안향은 서른세 살 때 판관이 되어 경상북도 상주로 갔습니다. 그 때 상주 골에는 세 사람의 무당이 있었습니다. 그들은 이상한 귀신을 받들고 천장에서 소리를 내어 그것이 귀신의 소리라고 사람들을 속이고 있었습니다. 무당들은 이 귀신을 받들지 않는 사람들은 귀신의 화를 입을 것이라고 을러댔습니다. 어리석은 사람들은 두렵고 겁이 나서 서로 다투어 돈과 물건을 무당에게 바쳤습니다. 안향은 자기가 다스리는 골에서 미신을 없애 버릴 생각을 가지고 있었습니다. 그래서 무당들을 모두 감옥에 가두었습니다. 무당들은 처음에는 '우리들을 괴롭히는 이는 반드시 귀신의 벌을 받으리라' 하고 큰 소리를 쳤지만, 안향은 조금도 이런 말을 곧이듣지 않았습니다. 그런 귀신한테 벌을 받을 리가 없다고 굳게 믿고 있기 때문이었습니다. 감옥에 들어간 무당들은 처음에는 여러 가지로 큰 소리를 쳤지만 괴로움을 받는 것은 무당들뿐이었습니다. 며칠이 지나자, 무당들은 마침내 견딜 수가 없어 자기들의 잘못을 깨닫고 '이제부터 다시는 사람을 속이지 않겠사오니 용서해 주십시오' 하고 빌었습니다. 안향은 그들을 잘 타이른 다

일제 강점기 성황당의 모습
우리가 무속을 야만의 표상으로 간주하는 것은 그것을 "미신"으로 보고 근절하려 했던 근대화 프로젝트의 영향 때문이다.

음에 감옥에서 놓아주었습니다. 그 후 그 곳에서는 미신을 믿는 이가 점점 줄어졌습니다.

이처럼 무속신앙을 "미신"으로 간주해 근절하려던 노력은 개화기에 시동을 건 뒤 일제 강점기를 거쳐 개발독재 시절까지 이어진 근대화 프로젝트의 일환이었습니다. 오늘을 사는 우리들이 생각이 다른 사람과 더불어 살기를 꿈꾼다면, 무속신앙도 이를 믿는 사람들에게는 절대적이고 궁극적인 신념체계라는 점에서 종교임에 틀림없기에, 무속에 대한 탄압과 배척은 되풀이되어서는 안 될 폭거임에 분명합니다.

인류학자 조흥윤은 무속신앙의 순기능으로 공동체적 특성 못지않게 공존과 조화의 정신을 중요하게 꼽습니다. 다양한 종교가 공존하는 우리 사회에서 심각한 종교 분쟁이 일어나지 않는 이유가 여기에 있다고 보고, 이러한 무속신앙의 사회적 역할을 긍정적으로 평가하는 것이지요. 무속은 우리나라에 들어온 모든 종교의 신앙 형태에 영향을 미친 고유 전통이 분명합니다. 예컨대 불교는 산신당·칠성각·삼성각 등이 웅변

복조리를 사고파는 모습
조리가 만복을 이루어줄 것이라는 믿음에서 비롯한 복조리 풍습 또한 무속신앙의 기복적 측면의 하나다.

하듯 현세적 이익을 얻는 소원 성취의 수단으로 무속과 타협했습니다. 오늘날의 기독교도 기복신앙에서 자유롭지 못한 것은 매한가지입니다.

저 역시 고유의 춤과 음악이 어우러진 무속 의례를 우리가 지켜야 할 소중한 전통문화의 하나로 생각합니다. 또한 인간 소외 현상이 날로 심해지는 오늘의 우리 사회에서 무속인들이 이를 완화시키는 일종의 상담심리 전문가로서의 순기능을 발휘한다고 봅니다. 나아가 무속신앙이 다종교가 평화롭게 공존하는 데 기여했다고 생각하며, 특정 종교의 우열을 논하는 종교적 제국주의 관점을 배격해야 한다고 생각합니다. 다른 이들의 믿음이 지닌 정신문화적 가치를 존중하는 종교상대주의와 종교다원주의를 따르는 것만이 다종교 사회인 우리 사회에서 혹시 일어날지도 모를 종교적 갈등을 막을 수 있는 최선의 길일 터이니 말입니다.

종교가 마약이라면, 신도는 마약중독자?

그런데 박 선생님과 저는 종교를 보는 눈에서 차이가 있는 것 같습니다. 흥미로운 것은 시장 경제를 받아들인 이후 중국에서 "종교가 인민의 아편"이라는 마르크스의 말을 놓고 벌어진 중국학자들 사이의 논쟁이 우리 두 사람의 생각의 차이와 유사하다는 점입니다. 중국의 종교를 연구하는 오재환에 의하면, 비교적 일찍 개방된 장강 이남의 학자들과 그렇지 않은 북방의 학자들 사이의 종교에 대한 생각이 크게 다르다고 하더군요. 남방 학자들은 수많은 종교 인구가 존재하는 현실에서 종교를 아편에 비교한다면 종교는 마약이고 신도들은 마약중독자가 되고 말 터인데 이는 현실을 무시한 것이라 말합니다. 이에 대해 북방의 학자들은 "아편이 진통 효과가 있듯이 종교도 신앙자의 정신에 안위를 주는 것은 사실이므로, 사회 자체에 결함이 있고 그 결함을 사회 제도적으로 해결해주지 못하게 되면 고난 가운데 있는 인민들이 정신적인 진통 혹은 마취를 종교에서 찾게 되는 것은 자연스런 이치이니 아직 사회에 결함이 남아 있는 한 종교의 존재 의의를 완전히 부정할 것만은 아니다"라고 반박한다고 하더군요. 양자의 차이는 "남방 학자들은 마르크스주의의 종교론을 부정하고 대체적으로 종교 존재의 긍정론을 주장하고 있으나, 북방 학자들은 마르크스의 종교관을 옹호하면서 사회 구조의 취약성이 남아 있는 한 종교도 한시적으로는 존재 의의가 있다는 식으로 예전과는 다른 절충론을 제시하고 있다는 점"이라더군요.

아마 박 선생님의 종교에 대한 견해가 중국의 북방 학자들과 비슷하다면, 저는 남방 학자들의 생각에 공감하는 쪽 같습니다. 박 선생님께서는 근대 자본주의 계급 사회에서 무속이건 기독교건 불교건 모든 종교는 살벌한 생존경쟁의 장에 내몰린 노동 대중이 가질 수밖에 없는 "공포를 잠재우는 마취제" 내지 민중들의 저항의지를 잠재워 체제의 변혁에 나서지 못하게 만드는 정신적 "아편"으로서 기존 체제의 버팀목으로 기능할 뿐이라고 보시는 것 같습니다. 나아가 약육강식의 정글 같은 살벌한 세상에서 느끼는 공포나 스트레스를 제거하는 근본적인 길은 자본주의를 제거하는 혁명적 행동에 민중들이 나서는 것이 최선책이지만, 현실적으로 이것이 불가능한 상황이니 공포나 스트레스를 술이나 마약에 의존해 달래는 것보다는 차라리 예배나 굿판을 벌리는 쪽이 차선이라는 생각이신 것 같습니다.

그러나 저는 현실 사회의 변혁이 아닌 내세나 해탈을 꿈꾼다고 해서 신앙인들을 마취제나 아편에 중독된 이들로 보고 교역자를 "마취제 장사"로 비유하는 것은 지나치다는 생각입니다. 왜냐하면 2003년도 통계에 의하면 우리나라 사람 중 무속신앙을 제외한 종교를 믿는 인구 비율이 53.9퍼센트—종교별 분포는 불교 47퍼센트, 개신교 36.8퍼센트, 천주교 13.7퍼센트, 유교 0.7퍼센트, 원불교 0.7퍼센트, 기타 0.4퍼센트—로 전체 인구의 절반을 넘었기 때문입니다.

물론 저 또한 성전 높이기와 불사 키우기에 여념이 없는 "종교 장사"를 비호할 생각은 추호도 없습니다. 허나 신교의 자유가 헌법에 보장된 기본권인데 전 인구의 절반 이상인 신앙인들을 "마약중독자"로 만들 순 없지 않습니까? 우리와 세속적 가치를 같이 하지 않는다고 조선 후기 가톨릭 신앙을 지키기 위해 목숨을 바친 200여 명의 순교자나 이슬람 신앙을 지키기 위해 성전에 나서는 이들의 행동을 "마취제"에 취해 저지른 일로 깎아내릴 수는 없는 일이지요. 역사적으로 볼 때 "무소유의 공산사회"의 실현을 위해 신명을 바친 이들보다 종교적 신앙을 지키기 위해 죽은 이들이 더 많다는 점에서 우리는 종교의 의미를 다시 새겨보아야 한다고 생각합니다.

기독교와 무속의 명암, 고루 비추어야

또한 박 선생님께서는 자본주의와 국민국가 체제의 본질은 백성을 살육으로 내모는 것이고, 이에 순치된 종교들은 이를 막은 적이 없다고 보십니다. 따라서 박 선생님께서는 자본주의와 계급사회로 귀결되는 국민국가 만들기를 꿈꾼 개화파나 이들이 호의적으로 수용한 가진 자의 종교 기독교에 대해서는 비판적이십니다. 그리고 그에 비해 예나 지금이나 대체로 고통 받는 민중용 "마취제"일 수밖에 없는 무속에 대해서는 비교적 관대한 잣대를 들이대시는 것 같습니다. 그러나 역사적으로 볼 때 자본주의와 종교의 소멸을 꿈꾼 사회주의 국가에서도 대량 학살은 자행되었습니다. 근대 이전에도 전쟁과 살육은 그친 적이 없던 것이 우리가 사는 인간세상이었습니다.

1924년 발행된 잡지 《개벽》(48호)에 실린 〈경성의 미신굴迷信窟〉이라는 제목의 글은 당시 무속이 행한 "마취제 장사"의 부패상을 잘 보여줍니다.

> 귀신이 많기로는 강원도 영동이 유명하지만은 귀신도 영동보다 몇 곱절이 많고, 굿 잘하기로는 개성이 손꼽는 곳이지만 서울은 그보다 몇 백 배다 …… 국사당國師堂의 장구 소리는 항상 그칠 날이 없고 노량진의 굿 구경꾼은 밤낮으로 이어진다. '왔소. 나 여기 왔소. 바람에 불려왔나. 님 보려 나 여기 왔네' 하는 무녀의 노래 가락은 화류계까지 보급이 되고 '불설명당, 아이금강, 심신금강, 발월풍륜' 하는 안택경安宅經(무당

이 집터를 지켜주는 신인 터주를 위로할 때 읽음) 읽는 소리는 말 배우는 아기라도 다 흉내를 낸다 …… 감기가 들면 패독산(한방 감기약)이나 '가제 삐린(일제 감기약)'은 잘 먹지 아니하여도 국밥은 의례이 해 내버려서 길바닥을 더럽히고 사람이 죽으면 가산을 탕진하야서라도 '자리거지도' 하고 재도 올린다 …… 채동지蔡同知라는 요물이 한번 나오매 장안 만호萬戶의 남녀가 과자를 사 가지고 선후를 다투어 그 놈의 침을 단 꿀같이 받아먹었고 백인白人이라는 사주장이가 간판을 부친 지 오래지 않아 수 만 원의 졸부가 되었다 한다.

　이처럼 무속은 80년 전 서울의 번창하는 "마취제" 사업이자 일상생활의 일부였습니다. 최근의 통계를 보면 역술인과 무속인이 각각 10만 명과 20만 명을 상회하고, 영업 중인 점집도 20만 개에 육박하더군요. 운세·궁합 등의 역술 서비스를 제공하는 인터넷 사이트 중에는 하루 400만 회의 방문 횟수를 기록하는 곳도 있다고 합니다. 그야말로 무속의 나라 아닐까요? 무속이 성리학자들과 개화파 인사들, 그리고 일제의 탄압과 견제 속에서도 면면히 이어져 내려와 불가지不可知의 포스트모던 시대에도 우리의 심성psyche을 지배하고 있음이 분명해 보이니 말이지요.
　따라서 저는 "신령(신)·무당(사제)·고객(신도)·굿(종교의례) 등이 신앙체계를 갖춘 어엿한 전통종교이자 기층문화로서 다종교 공존의 바탕이기에 앞으로도 지켜나가야 할 전통문화"라는 생각에도 공감하지만, 한 세기 전이나 요즘이나 무속을 가장한 금품 갈취나 지나친 일탈행위에 대해서는 비판도 필요하다는 생각입니다. 분명 무속은 현대인들의 스트레스와 소외감을 소통시켜주는 순기능을 발휘합니다. 그러나 기복에만 매달리는 무속신앙은 상충하는 개인의 이해만을 대변하기에 사회 문제의 합리적 해결을 어렵게 만들고, 공동체 문화의 형성을 저해한다는 지적도 있음을 간과해서는 안 됩니다.

나눔과 더불어 삶의 정신을 망각한다면 그것이 어떤 종교이든 비판을 받게 마련이겠지요. 무속을 믿는 사람들이 오로지 자기만을 생각하는 기복행위에만 관심을 두고, 무속인들도 고려 시대의 팔관회나 연등회, 조선 시대의 당제와 성황제와 같은 사회적 통합의 옛 전통과 순기능을 오늘에 되살리거나 이웃 사랑과 나눔의 정신을 끌어내려 하기보다 기복의 대중심리에 편승해 영리추구에 급급하다면, 무속은 사회적 질타의 대상으로 남아 있을 수밖에 없을 겁니다.

마찬가지로 기독교도 전래 이후 한국 사회에 부정적 영향을 많이 끼쳤기에 이에 대한 비판이 필요한 만큼, 긍정적 역할에 대해서도 평가해주어야 한다는 것이 제 생각입니다. 박 선생님 표현을 빌리자면, 근대화 지상주의자 박영효朴泳孝(1861~1939)가 1894년 말 내무대신으로 갑오경장을 주도할 때 어느 미국인에게 개혁을 도와달라고 요청하면서 한 말은 한번 곱씹어 볼 만합니다.

당신들은 우리를 위하여 훌륭한 일을 얼마든지 할 수가 있습니다. 당신들은 지리적으로 조선과 떨어져 있기 때문에 이곳에서 어떤 (영토적) 욕심을 부리리라는 의심을 받지 않습니다. 우리에게 필요한 것은 (국민)교육과 기독교화입니다. 당신들은 선교활동과 기독교계 학교를 통해 조선국민들을 교화시킬 수 있고, 그들의 생활을 향상시킬 수 있습니다. 그런 일은 매우 훌륭하면서도 매우 힘든 과제입니다. 그러나 당신들의 위대한 공화국은 이 일을 감당할 수 있습니다. 귀국의 선교사들은 이미 조선에서 많은 일을 했습니다. 우리의 만신은 누그러져 있으며 기독교화로의 길은 활짝 열렸습니다. 많은 기독교 교육자들과 사업가들이 우리나라의 모든 분야에서 활약해주기를 바랍니다. 우리 민족은 어떤 제도적 개혁을 단행하기에 앞서서 먼저 교육수준을 높여야 하고 기독교화되어야만 합니다. 그 다음에야 우리는 입헌정치를 이룩할 수가 있을 것이며, 먼 훗날 아마 미국과 같은 자유롭고도 개명된 국가가 될 수 있을 것입니다.

—F. A. McKenzie, *The Tragedy of Korea*

박영효

이 글에 의하면 박영효는 분명 미국과 같은 국민국가 만들기를 꿈꾸었고, 그 전제 조건으로 미국 선교사의 힘을 빌려 한국의 기독교화를 꾀했던 것으로 보입니다. 1900년을 전후해 한국의 근대화를 도모한 서구 중심주의적 친미개화파 세력은 기독교를 유교를 대체할 정신적 지주로 보고 미국식 공화제를 전제왕권과 양반 지배체제를 대신할 국가체제로 받아들였던 것이지요. 박 선생님이 보실 때 박영효는 살육을 일삼는 근대 국민국가를 이 땅에 도입하려 한 근대화 지상주의자일 것입니다. 또한 세계평화를 깨는 악의 세력인 미국의 앞잡이를 자임한 매국적 계몽주의자일 것입니다. 그리고 가진 자를 위한 종교인 기독교를 수용하려 한 "마약중개상"에 지나지 않을 수도 있을 것입니다.

그러나 시각을 달리해 보면, 한 세기 전 사회진화론이 지배하던 살벌한 약육강식의 세상에서 이 땅의 민중을 외세의 침략에서 보호하기 위한 실질적 수단이 국민국가 만들기 말고 어떤 것이 있었을까요? 물론 기독교가 "서양 제국주의의 앞잡이" 역할을 한 측면도 분명히 있습니다. 선교사들 가운데 돈벌이에 나서거나 일제에 야합한 이도 적지 않았습니다. 그러나 거족적으로 일으킨 국민국가 세우기 운동인 3·1운동을 주도한 민족대표 33인 중 기독교계열의 대표가 16인으로 가장 많았습니다. 당시 전체 인구의 2퍼센트에도 못 미치던 기독교도가 피체자 중 17.6퍼센트로 가장 많았다는 사실은 기독교가 한국의 근대국가 수립 과정에서 어떠한 역할을 했는지를 잘 웅변합니다. 이러한 전통이 20세기에 들어와서도 한국의 기독교도들이 민족·민중적 정치운동에 앞장서게 한 것으로 보입니다.

끝으로 작은 문제지만, 박 선생님은 전래의 무속을 "신도神道"라는 이름으로 국가화해서 내셔널리즘의 상징물로 만든 메이지 일본의 근대주의자와 달리 우리의 개화파 인사들은 외래 종교인 기독교를 수용하려 했기에 민족의 상징인 무속을 악습으로 지목했다고 보시더군요. 그러나 일본의 근대주의자들이 내셔널리즘의 상징물로 만든 것은 엄밀히 말해 전통적인 무속이 아니었습니다. 메이지 유신의 주축 세력들은 애초에 왕정복고王政復古와 제정일치祭政一致를 내걸고 신도를 국교로 정하면서 1869년 기독교 신자 3,000명을 유배시키는 등 기독교를 탄압하고 신도와 불교가 엄연히 다르다―신불판연神佛判然―는 명분을 내세워 신사에 남아 있는 불교적 요소도 없애려 했습니다. 그러나 이러한 신도 국교화 정책이 서구열강의 반발을 초래하자 국가의 제사로서 "신사神社신도"를 일반의 종교로부터 분리해 내셔널리즘의 상징인 국가신도로 하고 무속에 해당하는 신도를 "교파敎派신도"로 구별하는 제사와 종교의 분리를 추진해 1882년에 국가신도가 신도·불교·기독교 위에 군림하는 특이한 국교 제도를 확립한 것입니다. 따라서 근대 일본에

일제 강점기 남산의 조선신궁
1925년 10월 15일 일제의 식민 지배의 상징으로 완공되었다. 메이지 일본의 근대주의자들이 국교로 정한 신도는 무속적 요소를 제거했다는 점에서 전통적인 무속이 아니었다.

서도 미코(무당) 등 민간 종교인들의 기복, 주술행위를 금압하고 민중이 사사롭게 신사를 세우는 것도 철저하게 막았습니다. 즉 기독교 수용을 거부한 일본의 근대주의자들도 무속을 탄압하고 배제한 점에 있어서는 우리의 근대주의자들과 마찬가지였던 것입니다.

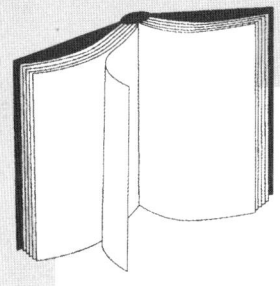

더 읽을 만한 글

김인회 외, 《한국무속의 종합적 고찰》, 고대 민족문화연구소, 1982.
김태곤, 《한국의 무속》, 대원사, 1991.
이필영, 《마을신앙의 사회사》, 웅진, 1994.
조흥윤, 《한국의 샤머니즘》, 서울대학교 출판부, 1999.
오재환, 〈개방 20년 기간 중국 종교 정책의 변화〉, 《중국학보》 48, 2003.
유영익, 〈개화파인사들의 개신교 수용 양태〉, 《한국근현대사론》, 일조각, 1992.

村上重良・高橋昌郎, 〈教派神道・キリスト教〉, 《(岩波講座)日本歷史: 近代 2》 15, 東京: 岩波書店, 1967.
村上重良・吉田久一, 〈明治期の宗教〉, 《宗教史: 體系日本史叢書 18》, 東京: 山川出版社, 1964.

한국 불교를 보는 두 개의 시선

한국 불교의 "부끄러운 역사"

박노자

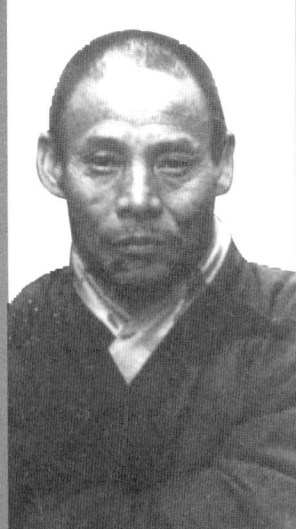

한국 불교사의 명암明暗

허동현 교수님, 안녕하십니까?
 불교계와 직접적으로 인연이 닿지 않은 한국의 일반적 지식인들의 한국 불교관을 보면 두 가지 상반된 측면이 있는 듯합니다.
 한편으로는 민족문화를 역사적으로 구축하는 데 있어 불교가 중심이다 보니 '우리 문화로서의 불교'에 대한 일종의 민족주의적인 긍지를 느끼는 사람들이 많은 것 같습니다. 불국사의 화려한 조화의 정신, 석굴암 본존불의 자비스러운 위엄, "산은 산이요 물은 물이다"라는, 이해할 수 있는 것 같으면서도 좀처럼 이해 안 되는 말씀을 중생들에게 던지신 성철스님의 성자연聖者然한 모습……. 우리가 세계에 내세울 만한 무언가를 꼽는다면 바로 불교라고 생각하기가 아주 쉬운 것입니다. 한국의 관광자원은 고궁古宮을 제외한다면 대부분이 고찰古刹 아닙니까?
 물론 민족적 긍지는 어떠한 성찰도 필요로 하지 않습니다. 그렇기에 우리는 불국사와 석굴암을 만들었던 신라 경덕왕(742~765년 재위)의 이 대형 불사佛事에 관련된 정치적인 계산이 무엇이었는지, 과연 불교계가 그렇게 전제왕권에 크게 의지해도 괜찮은 것이었는지, 불국사를 장악해온 화엄종이 중국의 당나라 시대부터 권력자들과 어떤 관계를 가져왔는지, 아니면 과연 "산은 산이요 물은 물이다"라는 말이 성철스님 이전에도 존재해왔는지, 존재했다면 누가 어떤 맥락에서 했는지에 대해 꼼꼼히 생각해보지 않으려는 경향이 있습니다. 너무 자세히 들여다볼 경우 모든 위대한 일들의 어두운 이면이 눈에 띄는 법이지요. 그렇기에 민족적 긍지를 느끼려는 사람은 대체로 비판적 성찰에 인색합니다.

그런데 이 "민족문화적인" 긍지의 또 한편으로는—특히 불교의 교의와 오늘날의 실상의 관계를 조금 아는 경우라면—일종의 부끄러움을 느끼는 측면도 없지 않아 있습니다. 조계종에서 권력 다툼이 "실력 다툼"으로 번질 때마다 "조계사 근방에서의 육박전" 모습이 세계 각국 텔레비전에서 어떻게 비추어질까에 대해 걱정하며 부끄러워합니다. "대입 기도" 사진이 외국 신문에 실릴 때마다 왠지 항의하고 싶어도 그것이 우리의 현실인 만큼 항의할 만한 근거도 찾기가 어렵습니다. 생사를 훨훨 벗어나 언어로 표현되지 않는 초월의 상태, 즉 열반으로 모든 중생들을 인도해야 할 종교에서 생生과 사후死後에 관련된 온갖 "재齋"나 기도들이 너무나 많이 행해집니다. 이런 모습을 볼 때면 종교의 진실한 얼굴은 가면으로 가린 한 편의 가면극을 보는 듯한 느낌입니다.

부끄러운 불교사

"대입 기도"도 말문이 막힐 지경의 일입니다. 하지만 그 전에 사찰 명부전冥府殿의 시왕상十王像 앞에서 절을 올리는 문제부터 꼼꼼히 따져야 한다고 봅니다. 불교에서는 부처가 될 가능성이 나에게도 있고 내가 원래 부처라는 사실을 인식하여 깨닫기만 하면 해탈을 얻을 수 있다고 말합니다. 그런데 왜 쇳덩어리 앞에서 굽실거려야 합니까? 다음 생에 잘못된 곳에서 태어날 것 같아서요?

만해 한용운韓龍雲(1879~1944)은 한 나라에 법이 있는 것처럼 중생이 세세생생世世生生 닦는 업業에도 일정한 법칙이 있다고 말했습니다. 또한 마음을 닦는 차원에서 석가모니 부처님의 상 앞에서 세 번 절을 올리는 것까지는 하나의 관습적 의식儀式으로 받아들일 수 있지만, 그것도 불교의 본질과 실로 크게 관계되는 일이 아니라고 보았습니다(〈불교에서 숭배하는 塑繪〉; 〈불가의 각종 의식〉, 《조선불교유신론》). 법관에게 아부해서 죄를 면하게 해달라는 것이 상식과 법리에 어긋나는 것처럼 어떤 신격에게 아무리 아부해도 악업을 쌓은 경우에는 어차피 좋은 과보果報를 얻을 수가 없는 것입니다.

한용운의 말이 세상에 울려 퍼진 지 벌써 한 세기입니다. 그동안 불교를 인식하는 우리의 수준이 크게 향상됐던가요? 내 마음 밖 어느 곳에도 부처가 없다면 내 마음을 닦고, 나와 둘이 아니고 하나인 중생들의 마음이 잘 닦아지도록 도와주고, 중생들이 악업을 쌓게 만드는 외부적인 환경을 고치도록 노력하는 것이 불교일 겁니다. 그런데 그러한 불교를 과연 우리 주변에서 쉽게 발견할 수 있습니까?

사찰이 "문화재", "국보"가 되었습니다. "템플 스테이"가 오리엔탈리즘적 호기심에 찬 구미 관광객의 구미에 들어맞았는지 성업 중입니다. 급기야 "세계문화유산"으로 선정된 사찰도 생겼습니다. 하지만 그러면 그럴수록 마음이 왠지 불안합니다. 그 사찰에서 행해지는 일들이 과연 부처님의 가르침과 어떤 관계에 있는가에 대한 의심들이 계속 일어나기 때문입니다.

여담이지만 몇 년 전 안동을 답사하면서 안막동의 치암고택恥巖故宅에서 며칠 지낸 적이 있었습니다. "치암", 곧 "부끄러움의 바위"……. 이름의 연유가 대단히 궁금했습니다. 주인의 설명을 들어보니, 조상 되시는 이만현李晚鉉(1832~1911) 선생은 왜적倭敵에게 나라가 망하자 격분을 이기지 못하여 병사하셨다고 합니다. 그런데 선비들이 나라를 망하게끔 놔둔 데 대해 부끄러움을 느껴 아호를 "치암"으로 하셨다고 합니다. "사회 책임"이라는 차원에서 이 이야기가 꽤 이상적으로 들렸었습니다.

저는 이만현 선생처럼 부끄러움으로 병사할 위인은 되지 못합니다. 그러나 불교에 대해서는 부끄러움을 표하는 글을 쓰고 싶습니다. 그저 평상시에 불교사에 대해 학술논문 등의 형태로 글 몇 편 쓰는 일개 불자佛子일 뿐이지만 불교의 역사에 대해서는 "치사恥史", 즉 부끄러운 역사라고 쓰고 싶습니다.

불교에서는 부처님께서 깨달음을 얻은 후 한 분의 벽지불僻支佛로서 혼자서 그 즐거움을 만끽하지 않고 삼계三界의 일체 중생에게 진리의 감로甘露를 내려주신 것을 커다란 은혜로 인식합니다. 나아가 우리가 정업淨業을 닦아 정진과 중생구제에 매진함으로써 그 불은佛恩에 보답해야 한다고 봅니다. 그러나 불교사를 통째로 놓고 보면, 사부대중四部大衆이 불은에 보답한 일보다 불은을 배반한 일이 훨씬 많았습니다.

지배계급의 폭력과 선을 긋는 부처의 가르침

부처님께서 깨달으신 공空과 연기緣起의 이치로 보면 일정한 자성自性이 없는 일체의 인간들은 모두 절대적으로 평등한 존재였습니다. 바라문 계급 등의 세습적인 특권이나 번잡한 종교 의식儀式들은 다 허망한 거짓이었습니다. 국가가 분쟁 중재나 재물의 재분배와 빈민 구제 등 "사회적 조절자"로서의 역할 이외의 어떤 폭력적이고 착취적인 일, 특히 전쟁을 할 경우 그 악업은 고스란히 지배자들에게 넘어가는 것이었습니다.

그러기에 부처님께서는 국왕들을 '독사毒蛇'에 비유하며 제자들에게 일체 중생들과 고락을 같이 나누는 탁발과 무소유의 생활을 명하셨습니다. 돈을 만지는 일이나 왕궁, 군영에 들락날락거리는 일, 국왕에게 예의를 올리거나 국가에서 심부름을 맡는 일은 절대적으로 금하셨습니다.

부처님이 계획하셨던 승가僧伽 공동체는 탈국가적이며 친민중적인, 일종의 "원시 공산주의적" 공동체였지요(나카무라 하지메, 차차석 옮김, 《불교정치사회학》, 불교시대사, 1993). 부처님께서 민중들을 이끌고 지배계급의 폭력배들을 상대로 보다 혁명적인 투쟁을 전개하지 않고 소극적인 "국가로부터의 분리"에 머무른 것은 아쉬운 일입니다. 하지만 어쨌든 부처님의 가르침이 본래 지배계급의 폭력과 선을 그어 각을 세운 것은 틀림없습니다. 바로 이러한 의미에서 마르크스나 레닌을 '현대의 보살'이라고 생각하고 사회주의적 실천을 일종의 '보살행'으로 보는 것입니다.

한데 불교가 위와 같은 부처님의 가르침을 무엇으로 만들었는지, 그리고 한국에서 부처님의 제자임을 내세우는 이들이 어떻게 살아왔는지를 보면 정말 울고 싶을 뿐입니다. 예컨대 부처님 가르침 중 핵심이라고 할 '무소유'부터 생각해봅시다. 원시 불교에서는 계율을 통해 토지에 대한 소유를 포함한 일체의 부동산 소유와 금전 만지는 모든 일들을 수행자에게 금했습니다. 대승 계율만 해도 노비를 소유하거나 파는 행위를 엄격하게 금지했습니다(《범망경》 제12경계: 傷慈販賣戒).

그런데 우리 불교사는 어떠했나요? 한국 불교에 가장 큰 영향을 미쳤던 중국 불교도 애초부터 그래왔지만 사찰에서 노비를 소유했다는 사실은 5~6세기 이후부터 《삼국사기》, 《삼국유사》와 여러 금석문에서 확인됩니다. 조선의 태종이 1405~1406년에 억불 정책의 일환으로 서울의 일부 유명 사찰을 제외하고 사찰의 노비 소유를 금지하는 등 국가에서 정책적으로 막기 전까지 "사찰들의 노비 소유"는 계율상 있을 수 없는 일이었음에도 중국이나 일본과 마찬가지로 한국 불교의 엄연한 현실이었습니다. 1365년 노국공주魯國公主가 죽었을 때 공민왕이 명복을 빌라고 운암사雲岩寺에 노비 46구口를 기증했다는 등의 기록이 보여주는 것은 노비에 대한 착취와 기복신앙, 그리고 봉건 지배계급과의 유착이 불가분하게 중첩되어 있었다는 점입니다.

  노비나 농노(예속 농민)에 대한 소유뿐만 아니라 사령寺領을 경작해야 했던 소작인에 대한 착취, 그리고 "장생고長生庫"라는 일종의 사찰 기금을 통한 고리대금업도 한국 불교의 황금기라고 할 고려시대 승가 생활의 모습이었습니다. 물론 지금도 우리의 감탄을 자아내는 아름다운 불상과 불화, 불서佛書들이 지배자들의 헌금, 예속된 생산 담당자의 착취, 고리대금업을 통해 사찰의 재정 덕분인 점도 일부 있을 겁니다. 그러한 생활 방식이 부처님께서 말씀하신 무소유 실천과 무슨 관계인가요? 고대, 중세의 고급 승려들은 자신들의 부富를 당연한 것으로 여겼습니다. 예컨대 지증대사智證大師(824~882)가 자신의 제자들에게 "나의 집안이 원래 가난하지 않다. 친척이 다 죽었으니 우리 집 재산을 남에게 빼앗기는 것보다 제자들의 배를 채우게끔 하는 게 낫다"라고 하여 자기 땅 500결을 자신의 사찰로 이관시킨 일은 유명합니다. 일정 정도의 재산을 사찰 소유로 돌렸지만 "나의 재산"이라는 개념 자체를 포기한 것은 전혀 아니었던 것이지요.

  땀내 나는 민중의 손에서 매일 양식을 받았던 부처님이야 민중과 권력이 대립할 경우 민중의 편에 설 수 있었겠지요. 하지만 농민 위에서 군림하는 승려의 경우 정말로 일체 중생을 평등하게 볼 수 있었겠습니까? 해방 이후 사찰이 받은 세 가지 커다란 타격에 한국전쟁, 이승만의 "왜색 승려 척결"의 유시와 함께 사찰의 토지를 빼앗은 토지개혁도 포함된다고 합니다. 한 미국 승려는 1970년대 한국의 한 유명 사찰에서 참선 수행하던 중 근방에서 토지를 경작하는 소작인들을 봤다고 증언합니다. 이것을 과연 어떻게 생각해야 합니까?

우리 불교는 부처님 정신의 진수라 할 무소유를 철저하게 저버렸습니다. 그리고 요즘에 와서도 이 같은 상황은 전혀 나아지지 않고 있습니다. 그렇다면 현실적인 해결책이 무엇일까요? 삼보정재 三寶淨財(사찰의 재산)의 운영을 차라리 평신도들과 국가의 감찰기관이 늘 감시할 수 있는, 민주적으로 선출된 신도 위원회들에게 맡기는 것이 어떨까 싶습니다. 승복 입은 몸으로 돈을 만진다는 것, 과연 부처님께서 바라시는 바였을까요?

권력과의 유착사

돈과의 관계도 그렇지만 우리가 가장 아프게 생각하는 부분은 아무래도 이 세상의 최강, 최악의 폭력단체, 즉 절대왕권이나 자본주의 국가와의 유착일 것입니다. 만해 한용운 스님께서 머무셨던 사찰에 광주 학살의 주범이 머문 광경을 본 사람이라면 과연 그러한 일이 어떻게 가능했을까 의아하게 생각하지 않는 이가 없을 겁니다. 하지만 아소카왕(기원전 273~232년 재위) 때 불교가 군주의 외호外護를 받는 준準국교가 된 이후 인도에서나 동아시아에서 불교와 국가의 관계는 부처님께

지눌

서 설하신 기준에 따른 적이 거의 없었습니다.

　삼국이나 통일신라, 고려 시대의 불교를 일별해보면 무신 집권기의 지눌知訥(1158~1210)만큼 독특한 사람이 없을 것입니다. 지눌은 개경의 명리名利 추구 분위기를 싫어해 벽지의 지리산이나 조계산으로 가서 철저하게 수행에만 전념합니다. 왕궁에 출입한 일이 없을 뿐만 아니라 매일 제자와 함께 고된 울력 노동을 하는 등 당시의 귀족적인 "고승대덕"과 사뭇 다른 모습을 보였던 것이지요. 물론 온 나라가 민란으로 들끓던 시대에 민중에 편에 서서 지배자들에게 저항한 것은 아니었습니다. 하지만 어쨌든 지배자들과 적당한 거리라도 둘 줄 알았던 승려였습니다.

　지눌 이전의 한국 선불교 역사에서 왕궁에 가기를 거절한 선승禪僧이 과연 몇이나 됩니까? 지눌이 속했던 사굴산파의 원조에 해당되는 범일梵日(810~889)의 경우 매우 예외적인 인물이었습니다. 세 명의 국왕의 귀의에 응하지 않고 오늘날의 강릉 지역에서 오로지 묵묵히 정진하는 데 전념했던 것이지요. 하지만 그런 그도 중앙권력의 외호가 필요하지 않을 만큼 강릉 지역 호족의 외호를 충분히 받았습니다.

　범일을 제외하면 신라 말기의 고승 중 왕궁 출입을 제대로 삼간 사람은 찾아보기 어렵습니다. 지눌만 하더라도 자신은 권력자들과의 유착을 피했습니다. 그러나 그의 수제자 혜심慧諶(1178~1234)을 비롯한 다수의 제자는 국사, 왕사가 되어 최씨 무인정권 인사 및 왕실과 튼튼한 관계를 맺었습니다. 지눌이 세운 송광사는 이러한 중앙권력의 집중적인 지원 덕분에 14세기 중반 "동방 제일의 도량"으로 불렸습니다.

그런데 재미있는 것은 송광사가 그 시절에 16명의 국사國師를 배출했다는 것을, 지금도 국가와의 부끄러운 유착이 아닌 "정당한 인정認定"으로 생각한다는 점입니다. "나라님 일을 도와주고 나라님에게 외호를 받는" 것이 당연지사이자 자랑이라는 것입니다. 그렇기에 박정희가 베트남 침략의 현장으로 군대를 보냈을 때 군승들이 미 제국의 침략 현장에 한국 사찰을 지어 침략군의 "무운장구"를 빈 행위를 독재자와 권승權僧에 의한 불교 모독이 아닌 "호국 불교의 당연한 발로"로 보는 것입니다.

이 같은 인식의 뿌리는 너무나 깊습니다. 광주의 살인마가 만해가 주석하셨던 사찰을 더럽혀도 불교계에서 할 말을 다 하는 사람이 거의 보이지 않았던 것도, 불교 계율에서는 있을 수 없는 군의

송광사

승려 징집에 승가의 저항이 거의 없었던 것도 모두 그러한 인식의 발로였습니다. 이 땅에 사는 중생들이 불은佛恩을 저버린 것이 어찌 이보다 더 심할 수 있습니까?

역사의 업보라 할까요? 한반도 주민들은 4~6세기와 19~20세기에 약자의 편에 서서 평등을 주장하는 불교와 기독교를 받아들이는 축복을 입었습니다. 그러나 그 중 어느 하나도 민중에 의해서, 민중을 위한 방향으로 정착되지 못하는 불행을 겪고 있습니다.

개신교의 대형 교회들은 부의 축적이 곧 하나님의 은총이라고 말합니다. 예수님께서 들으셨다면 기절하셨을 만한 친親자본주의적이고 친미적이며 군사주의적인 설교로 극우파의 혹세무민惑世誣民의 핵심을 이루고 있는 것이지요. 불교는 국가와의 유착이라는 전근대적인 관습대로 폭력단체인 신자유주의적 국가를 그대로 인정하여 전력으로 협력합니다. 원자화된 군중에게 기복신앙으로서 일시적이며 기만적인 위안을 주는 역할에 스스로 만족해하고 있습니다. 계급 사회에서 "진통 마취제"로서의 역할은 종교의 "본령"에 가깝지만, 부처님께서 가르치신 바를 생각하면 억울하지 않을 수 없는 노릇이지요.

현실에 맞춘 불교적 하화중생下化衆生이란

과연 어떻게 해야 불교가 부처님 정신, 즉 무소유와 반反폭력, 계급 철폐와 약자를 위한 사회적인 재분배 등을 실천할 수 있을까요?

제가 보기에는 일단 '전통'의 미몽에서 깨어나야 합니다. 전통이란 원래 간직할 것과 버릴 것이 함께 혼재되어 있습니다. 하지만 한국 불교의 역사적인 모순들은 앞에서 이야기한 것처럼 실로 깊고 깊습니다. 따라서 참 불교를 실천하기 위해서는 "한국 전통"이라는 수식어를 과감히 버려야 합니다. 또한 부처님의 육성을 가장 가깝게 담은 초기 경전을 중심으로 "전통"의 찌꺼기가 아닌 오로지 부처님의 교리만을 배워야 합니다.

그렇다고 부처님의 한계까지 무비판적으로 받아들일 필요는 없습니다. 부처님의 깨달음은 연기와 공의 최상의 진리를 깨우친 것이었습니다. 하지만 고대 인도 계급 사회의 귀족 남성으로 태어난 가우타마 사캬무니 붓다는 여성을 남성에 비해 낮은 존재로 여기고 계급 사회에 대한 현실적인 도전을 불가능한 것으로 여기는 등의 역사적인 한계를 지녔습니다. 부처님의 진리를 배우되 부처님의 한계까지 굳이 배울 필요는 없겠지요.

부처님과 그 제자들은 당시 계급 사회를 벗어나 숲속에서 무계급의 공산주의적 공동체인 승가를 만드셨습니다. 하지만 이미 계급의 철폐가 가능하고 역사적으로 합법칙적인 이 시대에 무계급 사회를 만들기 위해 숲에 갈 필요는 없을 것입니다. "지금, 여기"에서의 사회주의 실현을 위한 투쟁이야말로 오늘날의 현실에 맞춘 불교적 "하화중생下化衆生"의 일종이라는 것이 저의 굳은 믿음입니다.

현대 사회가 지향해야 할 가장 이상적인 목표, 즉 사회주의와 불교의 정신은 둘이 아닌 하나입니다. 그런데 어떻게 해서 오늘의 불교가 지금과 같이 별로 보고 싶지 않은 모습이 된 것입니까? 어떻게 해서 지금도 "친일 불교"에 대한 논의가 끊임없이 일어날 만큼 근대 불교사에 별로 들추어내고 싶지 않은 일들이 그다지도 많이 존재하게 된 것일까요?

전근대의 불교도 문제투성이였습니다. 그러나 "근대"와 불교의 만남은 일본이라는, "개화"와 "침략"을 동시에 의미하는 타자가 개입되어 아쉬운 방향으로 갈 수밖에 없었습니다. 최근에는 사정이 많이 달라졌지만 1960~70년대에 나온 남한의 한국사 개설서들은, 개화기의 학교나 병원의 개설 등의 "선진문물 수용"을 거의 전적으로 기독교 선교사와 한국 초기 기독교인들의 업적으로 서술했습니다. 그 개설서만 배운 학생이라면 불교가 개화기에 쇠퇴해서 근대화 움직임과 거의 무관했으리라 쉽게 생각할 수 있었을 것입니다. 1980~90년대의 교과서 내용이나 연구 논문들을 보면 불교의 근대적인 발전을 보다 중시합니다. 하지만 동시에 근대 불교의 "민족의식 결여"와 "일본 불교 침투에의 저항 부족", 전체적인 "일본화"를 규탄합니다. 쉽게 짐작하시겠지만 개화기 승려들의 일본 불교 포교에 대한 호의적인 태도와 대일 협력의 모색, 1920년대 승려들의 대대적인 일본 유학, 대처帶妻와 육식肉食 풍토 조성 등의 문제들이 집중적 비판의 일차 대상에 오릅니다.

일제하 불교의 대일 종속성을 조심스럽게 재평가하기

과거의 일에 대한 심판이나 규탄은 쉽습니다. 하지만 그것이 과연 역사학자의 직무인가요? 당시 겨우 형성되기 시작했던 민족의 관념을 절대적인 척도로 삼아 100년 전 승려들의 "비非민족성"을 규탄하기보다는, 그들의 행동 논리를 당대의 문맥 속에서 가치중립적으로 분석하는 것이 보다 생산적이며 과학적인 역사 서술 태도가 아닐까요?

"민족 독립"을 우선시하는 오늘의 입장에서 보면 1870년대 말부터 조선 포교에 착수한 일본 승려들은 제국주의의 첨병으로 이해됩니다. 반면 유생과 탐관오리, 토호들의 토색討索에 계속 시달려온 조선 승려들에게는 가렴주구의 방지를 약속해주고, 모욕적인 도성 출입 금지법을 해제시키도록(1895) 갑오내각에 압력을 넣어준 일본의 "동류"들이 "밝은 세계"로 인도해주는 "선우"로만 보였을 것입니다.

그런데 이 같은 근대 초기의 대외 의존적 경향이 조선 불교만의 특징이었을까요? "중심부 따라잡기" 프로젝트에 매달리지 않을 수 없었던(그러면서도 성공적인 "따라잡기"를 위한 정보력과 재력 등은 태부족했던) 세계 체제의 주변부라는 특수성도 고려해봐야 하지 않을까요?

개화승으로 잘 알려진 이동인李東仁이 1880~81년에 일본의 아시아 연대론자 단체인 "흥아회"나 하나부사 요시모토花房義質(1842~1917) 등 일본 외교관과의 접촉에서, 조선이 일본의 투자를 받아가면서 일본에 원자재를 공급해야 한다는 등 일종의 "종속 발전"의 계획안을 내놓은 것은 물론 사실입니다(《흥아회보고》 제4권, 1880 등 참조). 그러나 일본의 투자에 의존하는 "종속 발전"을 현실적으로 불가피한 것으로 본 것은 어윤중魚允中 (1848~1896) 등의 갑오 내각의 주인공들도 마찬가지 아니었는지요? 윤치호尹致昊(1865~1845)와 같은 초기 기독교적 근대주의자들은 자신의 일기에서 "열강"에 대한 의존뿐만 아니라 어떤 한 강대국의 직접적이며 적극적인 간섭만이 "조선의 개혁"을 촉진시킬 수 있다는 생각마저 피력합니다(《윤치호 일기》 1894년 7월 31일). 즉 세계 체제의 중심부나 그 중심부의 '대리인'을 자임한 지역적인 '패권국가 후보생' 일본에 대한 의존성은 불교계뿐만 아니라 1880~90년대 개화파 전체의 일반적인 경향이었습니다.

대한제국에서 내셔널리즘이 본격적으로 형성·보급되기 시작한 1900년대의 사정도 구조적으로 비슷했지요. "그때 조선의 새 문명이 일본을 통해서 많이 들어오는 때이니까 …… 새 시대의 기운이 융흥하다는 일본의 상황을 보고 싶던 것이었다 …… 그래서 동경의 조동종曹洞宗대학(오늘의 구마자와 대학교 전신)에 입학하여 일본어도 배우고 불교도

■ 이동인
■■ 어윤중
■■■ 윤치호

배웠다"(〈내가 왜 중이 되었나〉, 《삼천리》 1930년 5월)라는 자신의 1908년의 도일 유학에 대한 한용운의 설명에서 보이듯이, 당시 조선의 개화적인 젊은 승려들에게는 일본이 불교 근대화의 방법을 배워야 할 "새 문명의 중심"이었습니다.

그러나 한국 내의 일본어 교육을 "한국의 지사志士 아닌 일본의 지사"를 만드는 매국적 망동(〈한국 교육계의 비관〉, 《대한매일신보》 1908년 2월 15일)이라면서 다른 누구보다 강력하게 비판한 급진적 민족주의자 신채호申采浩(1880~1936)마저도 〈동화의 비관〉 등의 글에서는 "국수의 보존"을 조건으로 한 근대화를 위해 외국의 모방

2·8독립선언을 주도한 재일 한인 유학생들
주류 개화주의자들에게 이들 유학생들은 우리나라를 부강하게 만들 주역이자 조선혼의 보호자였다.

이 불가피하다고 설파했습니다. 또한 "주류" 개화주의자들은 재일 유학생들을 "우리나라를 미국이나 영국처럼 부강하게 만들 주역", "조선혼魂의 보호자"라고 극찬했습니다(〈警告我日本遊學生諸公〉, 《대한학회월보》, 1908년 2월).

요컨대 중심부 경험의 내면화를 "따라잡기"의 주된 방법으로 삼았던 초기 내셔널리즘의 문맥으로 보면, 불교의 대일 종속성은 결코 예외적인 사례가 아니었습니다. 혹 후진국 일본이 아닌 선진국 미국 등을 모델로 삼았던 기독교계의 "따라잡기" 프로젝트가 훨씬 더 미래지향적이었다고 말할 수 있을는지 모르겠습니다. 하지만 구미 "주류" 사회가 동아시아의 대승불교를 "미신"이나 "우상숭배"로밖에 보지 않았던 당시 상황에서 불교계의 대미 접근이 가능했겠습니까?

"불교적 근대성"의 발전 가능성

미국 선교사뿐만 아니라 "신민회"(1907) 등 국민국가 건설 운동들을 지휘했던 그들의 한국 제자들도 불교를 "타파"해야 할 "미신"으로 취급하던 상황에서, 불교계가 선택할 수 있는 "문명화"의 방법·방향은 그다지 많지 않았습니다. 한용운의 예는 이 같은 당시 불교계의 처지를 잘 보여줍니다. 한용운은 일본에 갈 생각을 갖기에 앞서 1904년 러시아를 경유해 유럽으로 가 "신문명"을 배우려 했습니다. 그러나 블라디보스토크에서 엄인섭嚴仁燮 등 러시아 당국과 가까웠던 독립운동가들에 의해 "일본 간첩"으로 오해 받아 간신히 생명을 부지합니다(〈시베리아 거쳐 서울로〉, 《삼천리》, 1933년 9월). 구미를 직접 알고 싶어도 조건상 그 "신문명"을 접하지 못해 일본의 "이차적 근대"로 만족해야 했던 불교계의 비극이 그대로 엿보입니다.

개화기·일제 강점기 때 불교계의 "근대로의 이동 경로"가 일본이었다는 사실은 그 모든 부정적인 점에도 불구하고 "불교적 근대성"의 발전 가능성을 나름대로 열어두었습니다. 예컨대 1930년대에 한용운이 심취했던 "불교적 사회주의" 사상 의 경우 당시 일본 불교의 진보적 승려 운동이 시사해준 바가 컸습니다.

그러나 불교계의 대일 종속적인 근대화가 남긴 짐 또한 여간 무거운 것이 아니었습니다. 식민지 당국에 대한 충성심이 검증된 큰 사찰의 주지들이 당국과 유착하여 축재·사치에 빠진 것이 그때부터였습니다. 호국 불교가 단순히 전근대적인 국가와의 유착이 아닌 훨씬 더 무자비한 근대적인 군국주의로 이해되기 시작한 것도 그때부터였습니다. 일제 말기부터 굳어진 불교의 국가주의적·군사주의적 왜곡을 벗어나는 것은 오늘의 한국 불자들에게 결코 쉬운 과제는 아닐 것입니다.

오슬로에서
박노자 드림

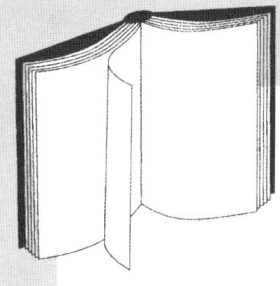

더 읽을 만한 글

《보살계본 범망경》, 보성문화사, 1986.

가마타 시게오, 신현숙 옮김, 《한국불교사》, 민족사, 1988.

고익진, 《현대한국불교의 방향》, 경서원, 1984.

안병직 엮음, 《한용운》, 한길사, 1979.

여익구, 《민중불교철학》, 민족사, 1988.

한국 불교를 보는 두 개의 시선

시민의
눈으로
불교 역사
들여다보기

허동현

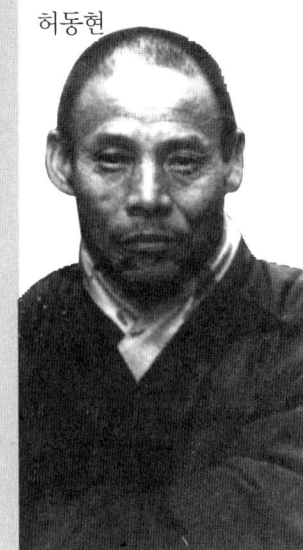

우리의 불교사 인식

박노자 선생님,

빛과 그림자가 함께 하듯 양지가 있으면 음지가 있기 마련입니다. 허나 우리의 불교사 인식은 항상 자랑스럽고 밝은 면만을 말해 왔습니다. 어두운 역사를 드러내는 것이 결코 유쾌한 일은 아니겠지요. 그러나 참회나 반성 없이 건강한 미래는 오지 않습니다. 그렇기에 우리 불교의 어제를 부끄러운 역사로 보고 맹성猛省을 촉구하는 박 선생님의 글 감명 깊게 읽었습니다.

박 선생님은 과거의 치사恥史를 반성하지 않는 오늘 우리 불교도 부처님 정신을 실천할 수 없는 똑같이 부끄러운 상태이며, 우리 불교의 미래는 계급투쟁class war을 통한 사회주의의 실현 여부에 달려 있다고 생각하시는 것 같습니다. 이러한 저의 추론은 박 선생님의 다음과 같은 말을 근거로 했습니다.

불교는 전근대적인 관습대로 폭력단체인 신자유주의적 국가를 그대로 인정하여 전력 협력하는 채 원자화된 군중들에게 기복신앙으로 일시적이며 기만적인 위안을 주는 역할에 스스로 만족하는 상황입니다. 과연 어떻게 해서 불교가 부처님 정신, 즉 무소유와 반폭력, 계급철폐와 약자를 위한 사회적인 재분배 등을 실천할 수 있습니까? 제가 보기에는 일단 '전통'의 미몽에서 깨어나야 합니다 …… 부처님과 그 제자들이 그 당시의 계급사회를 벗어나서 숲 속에서 무계급의 공산주의적 공동체인 승가를 만드셨지만 이미 계급의 철폐가 가능하고 역사적으로 합법칙적인 이 시대에 무계급사회를 만들려고 숲에 갈 필요는 없을 것입니다. '지금, 여기'에서의 사회주의 실현을 위한 투쟁이야말로 오늘날의 현실에 맞춘 불교적 수행이라는 것은 저의 굳은 믿음입니다.

박 선생님께서 서구의 좌파들이 이미 포기한 민중혁명 필연론을 아직 가슴에 품고 있는 것으로 보아도 될지 모르겠습니다. 또한 제 생각으로는 박 선생님은 탈脫민족주의의 시각에서 불국사나 석굴암을 자랑스러운 민족문화 유산으로 예찬하거나 개화기 승려들의 일본불교에 대한 호의적 태도와 대일협력을 "민족"의 이름으로 심판하는 민족주의를 비판하시는 듯합니다. 아울러 탈근대주의의 입장에서 호국불교의 가면을 쓴 살생에의 동참이나, 국가나 왕실에 빌붙는 정불政佛유착과 재물에 대한 탐욕이 빚은 민중 착취를 통박하는 것 같습니다.

성찰과 자긍의 두 날개를 동시에 펼쳐야

오늘 우리는 이데올로기가 모든 것을 지배하던 시대에 자신들이 상상하는 세상에 정당성을 부여하려는 목적 하에 만들어진 개인 동원을 위한 거대 담론의 수사로서, 일란성 쌍둥이와 같은 민족과 민중의 주술에서 벗어나야 합니다. 그래야 국가·민족·인종·성차(젠더)를 넘어 생각과 지향과 이해를 달리 하는 이들이 함께 살아가는 다원화된 시민사회를 열 수 있다고 생각합니다. 따라서 저항 주체로 깨어 있지 못해 세상을 바꾸는 데 실패한 전통 시대나 식민지 시대의 민중과 달리 오늘의 시민들은 자신이 소신과 양심에 따라 연대하는 주체로 거듭나야 한다고 봅니다. 그렇기에 저는 오늘 우리의 시민을 자본이나 국가의 "착취나 억압의 대상"에 머문 우민이거나 현세와 내세의 복락을 비는 기복에만 눈먼 우중으로 보고 계몽의 대상으로 여기는 민중혁명 필연론에 회의를 품습니다.

물론 저 역시 남녀차별과 환경파괴, 그리고 대량살육이 자행된 근대와 그 원인을 제공한 철 지난 민족주의를 벗어나야 한다는 데 생각을 같이 합니다. 허나 탈근대와 탈민족이 유행인 서구와 달리 공동번영과 평화를 꿈꾸는 공동체의 싹을 돋아나게 하기엔 너무도 척박한 동아시아의 국제 환경을 고려하면 아직은 민족주의 폐기를 말할 때가 오지 않았다고 봅니다. 왜냐하면 강대국이 민족주의를 먼저 폐기하지 않는 한 약자가 갑옷을 먼저 벗는 '민족주의 넘어서기'는 시기상조라고 보기 때문입니다. 지금은 우리 안의 타자를 차별하는 민족주의의 역기능은 줄이고, 민족주의 사이의 전압을 낮춰 국가 사이의 충돌은 막는 열린 민족주의가 현실과 이상을 아우르는 차선책이 아닐까 합니다.

이러한 현실 인식과 세계관의 차이를 바탕으로 우리 불교의 역사를 살펴보면 박 선생님과 다른 불교 역사 들여다보기가 될 수 있을 것 같습니다. 먼저 저는 다음과 같은 화두를 던져 보렵니다. 우리 불교가 1,600여 년이라는 긴 역사를 이어올 수 있던 이유는 불교계의 타락과 현실순응을 경계하고 개혁하려는 작지만 큰 목소리와 움직임이 있었기 때문이 아닐까요? 우리 불교의 역사 가운데 오늘의 우리가 이어받아야 할 자랑스러운 전통이나 자취는 찾을 수 없을까요?

"벼는 익을수록 고개를 숙인다"는 격언이 웅변하듯 진정한 자긍은 성찰이 수반될 때 빛을 발합니다. 정당한 자긍마저 배제한 성찰 과잉은 균형을 잃은 역사 이해입니다. '자긍 과잉'이나 '성찰 결여' 모두 건강한 역사 인식의 적입니다. 성찰과 자긍이라는 두 날개가 함께 펼쳐질 때 미래를 위한 바른 거울로서의 역사가 기능할 수 있지 않을까 합니다. 이런 맥락에서 저는 우리 불교 역사 속에서 오늘 이어받을 만한 전통이나 자취를 찾아보고자 합니다.

민족의 코드를 넘어서

먼저 민족의 코드로 본 불교 역사 읽기의 문제점을 이야기해 볼까요? "반만년에 빛나는 우리 역사"라는 근거 박약한 민족 띄우기와 석굴암과 불국사에 대한 예찬을 통한 민족 긍지 만들기는 궤를 같이합니다. 민족의 신화화는 열린 세상에서는 불가능합니다. 독재정권의 우민화 정책은 시민들을 우물 안에 가두어 우매한 민중으로 남아 있게 할 때에만 가능한 것이지요. 세계를 향한 여행의 문이 활짝 열린 지금 앙코르와트와 같은 세계적인 불교문화 유산과 우리의 그것을 비교해 볼 수 있는데 우리 것만을 배타적으로 높일 수는 없는 일이겠지요.

허나 우리의 문화 토양에서 나온 문화유산이 어떠한 의미를 지니는지를 주체적으로 인식할 필요는 있다고 봅니다. 오늘 우리는 불국사와 석굴암 두 절의 조영을 민족적 긍지의 표상으로 보기보다는 불교사학자 김상현 선생님의 지적처럼 "험한 세상을 사는 사람들이 절망하지 않고 이상세계 불국에 대한 희망을 버리지 않게 하기 위한 배려에서 창건된 것"으로 보아야 한다고 생각합니다(김상현, 《한국불교사 산책》, p. 71). 이럴 때에야 비로소 종교와 예술의 조화가 가져다주는 감동을 천년의 세월을 뛰어넘어 생생하게 느낄 수 있지 않을까요?

다음으로 박 선생님은 호국불교를 국가권력과 결탁해 살생금지라는 불교 계율을 어긴 좋지 않은 행위로 보고 못마땅하게 생각하시는 것 같더군요. 임진왜란 때 일본의 선봉장 가토 기요마사加藤淸正는 부처의 뜻에 따라 조선을 불국토로 만들겠다는 명분으로 나무묘법연화경南無妙法蓮花經이라는 깃발을 펄럭이며 쳐들어 왔다더군요. 호국불교가 우리만의 특징이 아니라 중국과 일본에서도 찾아

볼 수 있는 일반적 현상이었다는 것이지요. 게다가 호국신앙의 정도는 일본이 가장 강했다고 하더군요. 따라서 호국불교를 한국 불교만의 부끄러운 전통으로 기억하기보다는 동북아 불교의 공통된 특징으로 보는 것이 합리적인 해석인 듯합니다.

물론 이이화 선생님의 지적처럼, "무도한 외적을 물리쳐 불국토를 건설한다는 호국불교는 엄밀한 의미에서 본다면 불교의 핵심인 살생을 범하는 결과를 빚는 불교 이념의 현실 영합적 왜곡현상"일 것입니다. 허나 저는 개인의 각성을 촉구하는 김상현 선생님의 말씀에 더 귀가 기우는군요(김상현, 《한국불교사 산책》, p. 256, 258).

호국이란 어떤 왕실이나 국가를 수호하는 것으로 이해하면 그것은 피상적인 것이 된다. 중생들이 의지하고 있는 터전, 그 울타리를 수호하고 지키는 것이다. 천태대사는 호국이란 사제四諦(네 가지가 영원히 변하지 않는 진리), 곧 고제苦諦 · 집제集諦 · 멸제滅諦 · 도제道諦의 경계를 지키는 것이라고 해석했는데, 이것은 곧 호국이 진리를 지키는 울타리라는 의미일 것이다. 물론 이것은 원칙적인 이해일 뿐이다. 역사적으로나 현실에서는 가끔 호국의 본래적 의미보다는 왕실의 호위나 권력의 시녀가 곧 호국인 양 착각한 경우도 있었기 때문이다. 이 점은 비판받아 마땅하다 …… 수많은 죄악을 저지르고도 부끄러워하거나 참회할 줄 모르는 국토, 진리와 정의가 통하지 않는 사회에 살고 있는 사람들은 불안하다. 그 국토는 언제 무너지고 무슨 재앙의 바람이 불어올 줄 모르기 때문이다. 이 사회와 이 국토를 지켜 편안하게 살기 위해서는 우리들 각자의 옷자락 속에 감추어진 선근의 씨앗을 키워야 한다.

개화기의 불교는 비자주적 종속 발전만을 꿈꾸었나

 개화기의 불교계와 민족 문제를 보는 제 입장은 박 선생님과 많이 다릅니다. 개화승 이동인의 일본 밀항(1879)이나 한용운의 일본 유학(1908)은 일본 불교계의 도움으로 가능했으며, 갑신정변(1884)과 갑오경장(1894~1895)도 일본 정부의 무력과 경제적 지원에 힘입어 일어난 것입니다. 그렇기에 이들은 일본에 의존적일 수밖에 없었습니다. 그러나 《조선불교유신론朝鮮佛教維新論》(1910)이 웅변하듯 불교의 자주성 회복과 근대화를 도모한 한용운의 노력과, "일본이 동방의 영국 노릇을 하려 하니 우리는 우리나라를 불란서로 만들어야 한다"는 김옥균金玉均(1851~1894)의 의지, 그리고 800만 원의 차관을 기반으로 3년 안에 자립경제를 이룸으로써 일본 의존에서 벗어나려 한 어윤중의 갑오경장 청사진을 보면, 한 세기 전 불교계나 개화파 인사들이 일본에 의존한 "종속 발전"만을 꿈꾸었다고 할 수는 없지 않습니까?

《조선불교유신론》

 이들의 행동과 사상 속에는 외세 의존성과 자주 독립성이 아울러 보입니다. 따라서 그 어느 한 쪽만을 강조하는 것은 "가치중립적"인 분석이라 할 수 없을 것입니다. 일본의 침략성과 개화파, 불교계 인사들의 몰주체성만을 규탄하거나 주체적 노력만을 애써 높이는 것으로는 한 세기 전 참담한 실패의 역사에서 우리가 져야 할 책임으로부터 자유로울 수 없을 겁니다. "민족"과 "국가"를 들먹이며 개인의 인권을 억압해 온 시절을 돌아볼 때 이를 구실로 단죄하는 것 또한 시의에 맞지 않을 수 있겠지요. 그러나 지구촌 시대를 말하는 오늘날에도 국가의 틀을 넘어 우리의 삶이 존재할 수 없는 것이 현실이라면, 근대 불교계의 "민족의식 결여"에 대해 무턱대고 눈감을 수도 없지 않습니까?

> 우리 본원사本願寺는 '종교는 정치와 서로 상부상조하며 국운의 진전·발양을 도모해야 한다'는 것을 신조로 삼고 있었다. 메이지 정부가 유신의 대업을 완성한 뒤로부터 점차 중국·조선을 향해 발전을 도모함에 따라, 우리 본원사도 …… 중국·조선에 대한 포교를 계획하였다.
>
> -《朝鮮開校五十年誌》(1922)

후쿠자와 유키치가 일본의 승려를 "정부의 노예"(《文明論之槪略》, 1875)라고 표현할 정도로 한 세기 전 일본의 불교는 국가에 종속되어 제국주의 침략의 도구로 쓰인 국수주의적 종교일 뿐이었습니다. 그렇기에 그 침략을 받은 우리 불교가 아직도 "국가주의적·군사주의적 왜곡"에서 벗어나지 못하고 있다고 책임을 일본에 돌릴 수도 있겠지요. 그러나 개화파들이 국내에 지지기반이 없는 왕조에 기생하던 관료집단이자 스스로의 꿈을 실현시킬 만한 독자적 경제·군사 기반을 갖지 못한 비혁명적 정치세력이었기에 근대국가 만들기에 실패했다고 보는 것이 실패의 역사에 대한 우리 몫의 책임 찾기에 합당한 자세라면, 불교계가 주체적인 근대화에 실패한 이유도 우리 안에서 찾아야 하지 않을까요?

메이지 유신 직후 일본 정부는 신도神道를 국교로 정하면서 불교와 엄연히 다르다는 명분神佛判然을 내세워 신사에 남아 있는 불교적 요소를 없애려 한 적(폐불훼석廢佛毁釋)이 있었습니다. 이러한 탄압을 거치면서도 일본 불교계는 "사원불교에서 가두불교"라는 슬로건을 내걸고 은둔불교에서 참여불교로, 나아가 귀족불교에서 대중불교로 시대의 변화에 발맞춰 거듭나는 데 성공했습니다.

그러나 이와는 대조적으로 개화기, 특히 1880년대 초 "선진 문물 수용"에 있어 이동인과 탁정식卓挺埴 같은 승려들과 유홍기·김옥균·서광범과 같은 불교도들의 활약이 눈부셨음에도 불구하고, 이들 어느 누구도 일본 불교를 모델로 한 불교의 대중화나 근대화에 대해서는 언급하지 않았습니다. 못내 아쉬운 대목이지요. 이동인은 일본 활동 중 "항상 국제간의 정세를 이야기하면서도 불교에 관해서는 말을 하려 하지 않았다"《朝鮮開敎五十年誌》)고 하며, 김옥균도 일본 망명 중인 1886년에 "외국의 종교(개신교)를 끌어들여 교화에 도움이 되도록" 하라고 국왕에게 상소했을 뿐이라고 하더군요.

불교를 세간으로 끌어내려 대중의 눈높이에 맞추려는 노력이 한용운 등 극소수의 승려들에 의해 나라가 망한 이후에야 시도되었다는 것이 우리가 불교 근대화에 뒤쳐진 주된 이유가 아닐는지요.

불교는 구세救世의 가르침이요 중생제도衆生濟度의 가르침인 터에, 부처님의 제자된 사람으로서 염세와 독

서광범
갑신정변 후 일본을 거쳐 미국에 망명했다가 10년 만인 청일전쟁 후 귀국, 제2차 김홍집 내각의 법무대신이 되었다. 개화기 선진 문물을 수용하는 데 큰 역할을 했다.

선에 빠져 있을 따름이라면 잘못된 것 아니겠는가.

-〈조선불교유신론〉(1910)

불교가 민중과 더불어 동화하는 길이 무엇인가. 첫째 그 교리를 민중화함이며, 그 경전을 민중화함이다. 둘째 그 제도를 민중화함이며, 그 재산을 민중화함이다.

-〈불교유신회〉(1922)

"아우여 형이여, 들리지 않는가. 이는 파리 소리가 아니라 닭의 울음임을!" 불교의 개혁을 바라는 한용운의 외침이 아직도 우리의 가슴을 때리는 것은 무슨 까닭일까요?

한용운은 국민국가 세우기를 꿈꾼 3·1운동에 불교계를 대표해 민족대표의 한 사람으로 참가했습니다. 자주적 국민국가 수립에 나선 한용운의 다음과 같은 생각은 식민지 시대에도 불교계가 일제와 타협 속에서 종속적 발전만을 꿈꾸지는 않았다는 사실을 잘 말해줍니다.

반만년의 역사를 가진, 나아가 오직 군함과 총포의 수가 적은 이유 하나 때문에 남의 유린을 받아 역사가 단절됨에 이르렀으니, 누가 이를 참으며 누가 이를 잊겠는가. 나라를 잃은 뒤 때때로 근심 띄운 구름, 쏟아지는 빗발 속에서도 조국의 통곡을 보고, 한 밤중 고요한 새벽에 천지신명의 질책을 듣거니와, …… 합방 후로부터 조선 민족은 부끄러움을 안고 수치를 참는 동시에 분노를 터뜨리며 뜻을 길러 정신을 쇄신하고 기운을 함양하는 한편 어제의 잘못을 고쳐 새로운 길을 찾아 왔다.

—《한용운전집》1(p. 349, 351)

한용운의 3·1운동 법정심문 내용을 담은 신문기사. 심문 과정에서 "국가는 국가의 자존심이 잇나니 자존심이 잇는 민족은 남의 나라의 간섭을 절대로 밧지 아니하오"라고 당당히 말하던 한용운의 독립에 대한 열망은 불교 사상을 토대로 한 것이었다. 그러나 현재 불교의 모습은 이 같은 한용운의 당당함과 거리가 멀다.

그러나 1911년 일제에 의해 만들어진 사찰령은 모든 사원과 승려를 일제의 식민통치 하에 묶어두는 결과를 낳았습니다. 1920년대 한용운 등이 사찰령 폐지운동을 벌였지만 그 성과는 미미했습니다. 그렇기에 한용운의 다음과 같은 일갈一喝이 아직도 한국 불교계의 자성自省과 자정自淨을 기대하는 모든 이의 가슴에 긴 여운을 남기고 있는 것이겠지요.

재래의 불교는 권력자와 합하여 망하였으며 부호와 합하여 망하였도다

...... 이제 불교가 실로 진흥하고자 할진대 권력 계급과의 관계를 단절하고 민중의 신앙에 세워야 할지며, 진실로 그 본래의 생명을 회복하고자 할진대 재산을 탐하지 말고 이 재산으로써 민중을 위하여 법을 넓히고 도를 전하는 실수단으로 삼아야 할 것이다.

뿌리 깊은 전통 시대 민중불교의 전통

다음으로 민중과 불교의 관계를 살펴볼까요? 김상현 선생님에 의하면, 극히 소수지만 한국 불교의 역사에서 권력에 유착한 승려만 있었던 것은 아니더군요.

삼국통일을 이룩한 문무왕이 왕경王京을 꾸미기 위해 대규모 토목공사를 일으켜 백성을 괴롭히자, 태백산의 의상義湘은 "왕이 정치를 잘한다면 땅에 금을 그어 놓고 성城이라 해도 백성이 감히 넘지 않지만, 정치가 잘못되면 비록 장성長城이 있더라도 지키기가 어렵다"는 편지를 보내 공사를 중지시켰다고 하더군요.

고려 충숙왕 때 천태종의 무기無寄도 권력과 부와 사치에 눈이 먼 당시의 불교계에 대해 "급하고 급하다. 위태롭고 위태롭다"고 말하며 불교의 타락을 경계했다고 합니다. 물론 배부른 승려들의 귀에 들릴 리 만무하기는 했지만 말이지요. 하지만 승려에 대한 국가의 탄압과 일반의 냉대가 극심했던 조선 시대에도 이에 굴하지 않고 대중을 교화하는 데 몸과 마음을 바친―자비승慈悲僧이나 선심승善心僧으로 불리던― 이름 모를 승려들이 있었습니다. 이 같은 승려들 덕분에 부끄러운 역사로 가득 찬 한국 불교가 1,600년의 역사를 이어올 수 있었겠지요.

또한 근심 많고 고통 많은 사바세계, 욕심으로 물든 더러운 예토穢土를 벗어나 근심과 고통이 없고 맑고 깨끗한 정토淨土에 왕생往生할 것을 권하는 부처님은 때와 장소에 따라 수많은 몸으로 나타나십니다. 세계는 끝이 없고 중생도 다함이 없기에 석가모니불이 미처 다하지 못한 구세의 염원을 이루기 위해 미래불인 미륵불이 사바세계에 출현한다는 희망의 신앙은 이 땅에 뿌리 깊은 민중불교 전통 중 하나입니다.

삼국 시대에 불교 미술을 대표하는 국립중앙박물관 소장 금동미륵보살반가상이 웅변하듯 당시 미륵신앙은 매우 번성했지요. 미륵불 행세를 한 후삼국 시대의 궁예나 고려 우왕 때의 이금伊金의 존재는 당시 고통 받는 민중들에게 미륵신앙이 얼마나 크게 퍼져 있었는지를 역설적으로 잘 말해줍니다. 특히 고려나 조선 시대에 민중들이 만든 미륵불상은 세련되지 못한 외모와 몸체와 머리가 균형이 맞지 않는 투박하고 우스꽝스러운 모습이지만, 그 잔잔한 미소는 수탈과 고통이 없는 이상세계를 향한 민중의 소박한 꿈을 잘 표현합니다.

조선 후기에 미륵신앙은 정감록과 같은 감결사상과 결합하여 양반 지배 체제의 질곡을 뚫고 세상을 바꿀 것을 꿈꾸는 체제변혁사상이자 민중들의 희망으로 기능하기도 했습니다. 허나 기독교의 메시아사상과 유사한 미륵신앙에

금동미륵보살반가상(국보 제83호, 국립중앙박물관 소장)

보이는 초월자의 힘에 기댄 변혁의 꿈은 현실적으로 실현되기 어려운 것이 예나 지금이나 움직일 수 없는 사실입니다. 깨어나지 못한 우중으로서 전통 시대의 민중은 새로운 세상을 만들기에는 역부족이었다는 것이 제 생각입니다.

그런데 박 선생님께서는 마르크스와 레닌을 "현대의 보살"로, 계급투쟁과 민중혁명을 통한 사회주의의 실천을 일종의 "보살행"으로 보시더군요. 허나 제 생각에는 미륵불을 자칭하며 살육을 일삼은 궁예와 마찬가지로 마르크스와 레닌—적어도 스탈린이나 모택동 같은 이는—또한 겉으로 내건 이상사회의 건설의 기치와는 달리 폭력과 살육을 자행한 현대판 미륵불 사칭자로 보입니다. 자본주의나 신자유주의가 지배하는 세상에서 불교의 타락과 부패를 지적하는 날카로운 성찰의 잣대는 사회주의의 기치 아래 행해진 악행에 대해서도 동일하게 적용되어야 하지 않을까요?

거대 담론으로서 민족이나 민중의 신화에서 놓여나 주체로서 개인들이 거듭나는 것이 다함께 더불어 사는 세상을 앞당기는 지름길입니다. 그것이 제 생각입니다. 글을 마치면서도 달은 못 보고 달을 가리키는 손가락 그림자만 쳐다보는 우를 범한 것 같은 생각을 지울 수가 없군요.

봄이 다가오는 수원에서
허동현 드림

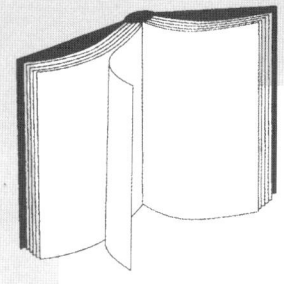

더 읽을 만한 글

김상현, 《한국불교사 산책》, 우리출판사, 1995.

김광식, 《한국근대불교사연구》, 민족사, 1996.

만해사상연구회 편, 《한용운사상연구》, 민족사, 1980.

이광린, 〈개화승 이동인〉, 《개화당연구》, 일조각, 1973.

정광호, 《근대한일불교관계사 연구》, 인하대출판부, 1994.

_____, 《일본침략시기의 한일불교관계사》, 아름다운세상, 2001.

조동걸, 〈오촌奧村의 "조선국포교일지"〉, 《한국학논총》 7, 1985.

허동현, 〈어윤중의 개화사상 연구: 온건개화파 내지 친청사대파설에 대한 비판적 검토〉, 《한국사상사학》 17, 2001.

V.Tikhonov(박노자), "The first stages of Lee Tongin's career(1878~1880): the forerunner of dependent development." *Sungkyun Journal of East Asian Studies* 2~1, 2002.

村上重良·吉田久一, 〈明治期の宗教〉, 《宗教史: 體系日本史叢書 18》, 山川出版社, 1964.

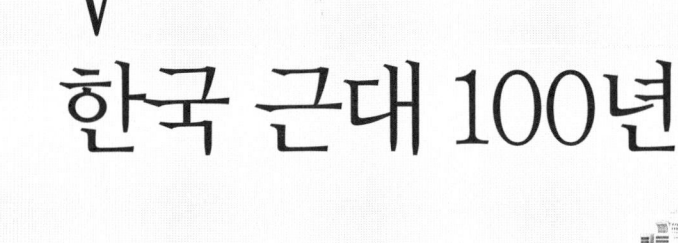

V
한국 근대 100년

한국 근대 100년을 말한다

지나간 100년? 우리가 얻은 것과 잃은 것, 복지와 여성 문제 | 박노자
지난 한 세기 역사가 우리에게 주는 교훈은 무엇인가 | 허동현

한국 근대 100년을 말한다

지나간 100년?
우리가
얻은 것과
잃은 것,
복지와
여성 문제

박노자

100년 전 근대화론자들의 바람

허동현 교수님, 안녕하십니까?

지나간 한 세기의 "결산"을 하려면 100년 전의 근대화론자들이 미래의 조국을 과연 어떤 모습으로 보고 싶어 했는지부터 기억해 보는 것이 좋을 듯합니다.

우리는 지금 공화제 국가에서 살고 있습니다. 일본 경찰의 보고를 그대로 믿는다면 구한말 최초로 공화제를 국가의 모델로 제시한 단체는 《대한매일신보》 계통의 언론인(양기탁, 신채호, 박은식 등)과 친미적 기독교인(윤치호, 안창호 등) 등이 힘을 모아 1907년경 만든 것으로 추측되는 "신민회"라는 비밀 결사였습니다. 그들은 〈취지서〉에서 "인민과 나라"의 전체적인 "유신", 즉 전반적이며 본격적인 근대적 개혁을 외친 당대의 가장 급진적인 근대화론자였습니다. 그렇다면 그들은 "스스로 새로워진" 나라의 모습을 과연 어떻게 봤을까요?

《대한매일신보》에 1910년 2월 22일부터 3월 3일까지 연재됐던 〈20세기 신국민〉이라는 글(신채호가 저자로 추정됨)을 통해 그들의 포부를 어느 정도 이해할 수 있습니다. 국가 간에 서로 경쟁하고 약자가 강자의 먹이가 되는 "민족주의와 경쟁의 시대"에 한국 국민이 "독립과 자유의 자격"을 얻으려면 먼저 "문명 열강"의 전례대로 "인민"의 에너지를 풀어주는 "계급 타파"(즉 세습적 신분층의 철폐)와 "만인 평등"을 이루어내야 한다는 것이 이 글의 주된 주장이었습니다. 물론 이 글에서 "만인 평등"은 업적에 따른 사회적 지위 획득의 가능성뿐만 아니라 모두 다 평등하게 "사리심"을 버리고 "공공심"으로 무장하여 사회를 위해 헌신해야 한다는 당위를 의미하기도 했지요. 또한 "헌신"은 유럽 열강들과 경쟁할 수준의 강력한 군대를 만들기 위해 모두 병역의 의무를 져야 한다는 것을 의미하기도 하고, 세계 시장의 점령을 최종 목표로 해서 외국 기술로 무장하여 "생산에서 분투하는" 일을 의미하기도 하고, 학교에서 의무적으로 "상무尚武 교육"(군사 교육, 즉 교련)을 받는 것을 의미하기도 했습니다. 한 마디로 100년 전 급진파 근대주의자들은 미래의 "신국민"을 국가와 공익에 절대적으로 충성하고, 군사 교육과 병역의 의무를 기쁘게 받아들이고, 진취적이고 생산적이며 공리적인 "문명인"으로 상상한 셈입니다.

지금 한반도의 모습

지금의 한반도의 모습을 보지요. 과연 그들의 희망에 상응할까요? 그들이 그토록 선망했던 기술적인 근대성과 규율적이고 근대적인 인간형은 한반도에서 다른 어느 지역보다 번창했습니다. 이는 부인하기 어려운 사실입니다. 그들의 바람대로, 100년 전 그렇게도 든든해 보였던 신분 계층들의 경계선들은 결국 다 허물어지고 말았습니다. 그들이 열망했던 대로, 오늘날의 한국 기업들이 외국 기술을 잘 활용해서 자동차와 배, 반도체 등 몇 개의 품목에서 외국 시장을 석권하고 있습니다. 그들의 희망대로, 한국의 군대는—적어도 양적으로—영국이나 독일, 프랑스 등 서구의 강국이나 일본에 비해 거의 2~3배로 커졌습니다. 미국과 대결을 선언할 만큼 군사력을 키운 북한도 그들의 희망과 아주 엇갈린 길로 간 것은 아닌 듯합니다. 그들의 숙원대로, 대다수의 한국인과 북한인들은 학교 때부터 "국가 사상"과 "상무 정신"으로 무장되어 군 복무를 "사나이가 꼭 해야 할 일"로 당연시합니다. 물론 그렇다고 해서 군 복무 기피가 가능한 위치에 있는 지배층의 자제들이 자신들의 특권을 포기하는 것은 아닙니다. 하지만 어쨌든 국민개병제 담론에 본격적으로 도전하는 사람들은 소수입니다. 그들의 꿈대로, 오늘날의 한국인들은 불타는 "교육열"을 통해 진취적이며 업적 지향적인 "신국민"의 면모를 선보이고 있습니다. 그렇다면 그들의 근대화 프로젝트가 성공했다고 볼 수 있을까요?

거시적인 차원에서는, 남한이 1980년대 후반에 세계체제의 준準

핵심부에 진입함에 따라 "문명국 모방"을 핵심으로 했던 100년 전의 근대주의적 프로젝트가 어느 정도 결실을 얻었다고 할 수 있겠지요. 자본주의적 세계체제와 거리를 유지하고 있는 북한 또한 보기 드문 정도의 국민적 통합을 자랑할 수 있을 것입니다.

그러나 문제는, 한국인이면 누구나 평소에 피부로 느끼듯이 미시적인 차원에서 "신민회" 이념가들이 바라던 "국민의 유신"이 거의 이루어지지 않은 데에 있습니다. 자신들도 꼭 이상에 따른 것은 아니었지만 "신민회" 핵심 회원들은 "세력가"들에게 굽실거리지 않고 가족주의에 휩쓸리지 않는, 문중이나 고향보다 국가와 국민을 더 중요시하는 근대적인 독립적 개체로서의 "국민"의 출현을 기대했습니다. "신민회" 지도자들도 주로 서북 지역의 부르주아 세력들에게 의지하는 등 "지방열"(지역감정)과 가족주의로부터 결코 자유로운 것은 아니었습니다. 또 어려울 때 기댈 수 있는 근대국가가 아직 성립되지 않았던 상황에서 사적 네트워크 외에 개인의 생존을 보장해주는 장치가 존재하지 않았던 것도 당시의 실정이었지요. 하지만 그들은 원칙적으로는 전근대적인 연줄의 네트워크를 부정했습니다.

그러나 과연 그들의 기대대로 연줄망이 그 중요성을 잃었을까요? 1996년 공보처의 여론 조사에 의하면 93.5퍼센트의 국민이 가장 소속감을 느낀 단체로 "가족"을 우선적으로 뽑았습니다. 최근의 또 다른 여론 조사에 의하면 20대의 68퍼센트가 연줄망이 한국 사회에서의 성공의 관건임을 믿는다고 합니다. 즉 우리는 늘 누군가에게 "공"을 들여야 하는, "인연"을 챙겨야 하는, 유력자와 "안면"을 터야 하는—근대적인 업적주의의 이상과는 거리가 먼—사회에 살고 있는 것입니다. 물론 대다수의 한국인들은 이와 같은 전근대적인 현실을 비판적으로 인식합니다. 한국적 근대의 프로젝트를 일상이라는 가장 핵심적인 영역에서 얼마든지 더 심화시킬 여지가 있다는 것이지요.

인터넷 이용률이나 이미 세계 최고 수준인 90퍼센트를 넘는 고졸의 대학/전문대 진학률 등으로 보면 한국 사회는 "근대적"이라기보다 차라리 "초超근대적"이라고 해야 할 겁니다. 그런데 왜 이런 사회에서 아직까지도 "가족"이라는 울타리를 떠난 개체를 거의 상상하기 어려운 것인가요? 우리는 보통 그 이유를 "유교적 풍습의 영향"으로 돌리고 일종의 "유습遺習"으로 치부합니다. 그러나 이러한 태도는 진실의 한 면만을 보여줍니다. 물론 "시골"의 품을 떠난 지 얼마 안 된 1세대의 도시민들이 많은 한국의 도심 문화에 유교의 유습이 많다는 것이 틀린 이야기는 아닙니다. 가부장제적 대가족의 유풍이 자연스럽게 도시로 이어진 것이지요. 그러나 말 그대로 "도덕 파시즘"(김상봉 교수의 표현)이라고 불러야 할, 국가주의적 제도 교육이 인위적으로 확대 재생산시킨 사이비 유교적인 "충효 사상"도 한 몫을 해왔을 것입니다. 물론 1970~80년대에 비해서는 많이 순화됐습니다. 하지만 지금도 《도덕》 교과서를 보면 불평등한 사회의 의례적인 표현인 소위 "예절"이라든가 자본주의 사회에서 허위 밖에 아무것도 될 수 없는 "사회에의 봉사와 공헌" 등은 한없이 강조됩니다. 반면 불의와 착취에 대한 저항의 도덕성과 관련해서는 일언반구의 언급도 없습니다. 결국 학교에서 배우는 "도덕"은 타자가 이미 그 틀을 잡아놓은 사회에 순응적인 타자 지향적, 자아포기自我抛棄적 처세술입니다. 특히 한국 사회의 "도덕"은 가족주의의 틀을 그대로 받아들여 가국家國의 신민臣民임을 자랑스럽게 여길 사람을 키우는 것입니다. 복종하는 아이를 "착하다"고 부르는 학교가 없었다면 중세 기독교의 유습이 유럽에서 사라진 것처럼 한국에서도 중세 유교의 유습들이 훨씬 더 빨리 역사의 쓰레기통으로 향했을 것입니다.

그런데 "똘똘 뭉치는" 한국적인 "가족"이라는 현상을 단순히 권위주의 주입식 교육으로만 설명할 수는 없을 것입니다. 그것보다 훨씬 더 현실적인 이유들이 있는 것 같습니다.

저低복지 사회, 근대화 성공의 그늘

우리의 근대성에서 가장 부족한 한 가지를 꼽는다면 바로 "복지"일 겁니다. 근대국가가 성립되긴 했지만 그것은 복지국가가 아닌 군국, 안보국가였습니다. 국방부 등 국가 폭력을 전담한 부처들의 예산과 국방 산업 진흥을 위한 지출 등이 정부 지출 전체의 거의 절반에 임박했던 군사주의적 야만의 박정희 시대는 그렇다 칩시다. 비교적 평화스러운 지금에도 국가 예산 중 복지 분야의 지출 비중은 26.6퍼센트로, OECD 회원국 평균 51.7퍼센트의 절반 수준에 불과합니다. 허동현 교수님께서도 잘 아시겠지만 내로라하는 한국의 사립대학들의 예산 가운데 국가로부터 들어오는 보조금은 많아야 5퍼센트 정도밖에 안 됩니다. 그러니까 사립대학들이 대기업에게 동냥하거나 천만 원대에 이르는—한국적인 소득 수준으로 봐서는 대단히 부담스러운—등록금으로 학생과 학부모들을 수탈하고 있지요. 한국 학부모의 교육비 부담 비중은 국내총생산GDP의 4.9퍼센트로 OECD 회원국 평균 0.7퍼센트의 7배나 됩니다.

복지의 혜택을 받기는커녕 개인이 수탈당하는 것이 어디 교육뿐입니까? 건강 보험의 보장률은 61퍼센트로, OECD 회원국 평균 85퍼센트에 비해 낮은 수준입니다. 유럽의 경우 "돈이 없어서 병원 못 간다"는 말은 19세기 소설에나 나는 문구입니다. 하지만 미국이나 한국형型의 야수적 자본주의 국가에서는 아직도 현실입니다.

이처럼 개인은 수탈을 당합니다. 반면 독점 기업은 개발주의의 고전적인 모델대로 국가적인 혜택을 받습니다. 한국의 경제 분야로의 국고 지출 비중은 19.7퍼센트로 OECD 회원국 평균 9.5퍼센트의 2배가 넘습니다. 일본의 전례前例가 있어서일까요? 한국의 국가는 돈을 풀어 토건 자본을 비롯한 정치적 비중이 높은 주요 기업체들을 살찌움으로써 경기를 부양하는 방법을 대단히 잘 익혀왔습니다. 물론 "국은國恩"을 입은 건설업체들은 일본의 방식대로 보수정객들에 대한 정치자금 조달을 게을리 하지 않습니다. 그렇지만 토건 위주의 경기부양책은 개발 일변도로 돌아가는 사회에서 개인이 기댈 수 있는 것이 절대 아니었습니다. 개인이 국가와 재벌의 "인력", 즉 일회용 소모품이 되어버리기 때문입니다. 국가가 지원하는 "삽질" 현장의 비정규직 피고용자야 될 수 있지만, 기본적인 고용 안정성도 보장받지 못합니다. 물론 중산계층과 일부 숙련노동자들은 1980년대 이후로는 소비자로서 나름의 비중을 차지합니다. 그러나 그럼에도 개인에게 허락된 여지는 그리 넓지 않습니다. 국가 내지 사회와의 관계의 맥락에서 "공부"나 "병 치료"와 같은 가장 근본적인 욕구도 전혀 해결할 수 없는 실정인 것이지요.

재벌들을 키우느라 바쁜 국가에 기댈 수 없는 개인이 결국 어디에 기대겠습니까? 당연히 가족 밖에 없지요. 한국 대학생은 사교육과 입시 지옥의 좁은 문을 통과하고 나서도 대학 등록금과 거의 필수가 된 어학연수 비용, 자격증 공부 비용, 구직 기간 생계보조 비용 등 최소 거의 5~6천만 원에 가까운 돈을 지불해야 중산계층의 "성인"의 대열에 합류할 수 있습니다. 부모들의 훈계와 강요가 아무리 싫어도 부모를 떠난 자립은 현실적으로 봤을 때 사회적 자살에 가깝습니다. 유럽에서 자주 볼 수 있는, 고등학교 시절이나 대학교 시절 부모로부터 독립하여 애인과 같이 살기 시작한 젊은이들은 다름 아닌 복지 사회의 수혜자들입니다. 등록금이 무엇인지 모르고 살기에 애인과의 동거를 즐기면서 부모의 통제를 자유롭게 떠날 수 있는 것입니다. 요즘 한국 신문들을 보면 대학교 1학년생을 "고등학교 4학년생"이라 부르면서 그들의 자립심 부족과 부모에 대한 지나친 심리적 의존, 뚜렷한 개인적인 인생 설계의 결여 등을 꼬집더군요. 그러한 문제의 원인으로 젊은이들만을 질타해도 괜찮은 걸까요? 과잉 경쟁과 복지 부재의 사회에서 20대 후반이나 30대 초반 이전에 자립하는 것은 현실적으로 불가능합니다. 이런 요인들 때문에 성장기의 한국 시민들은 "시민으로서의 개인"보다 "가정의 구성원"으로서의 정체성이 훨씬 더 가시적입니다. 이미

1900년대에 개화주의적 신문, 잡지들이 "개인 독립"의 필요성을 역설했습니다. 그러나 한국의 역대 지배자들이 선택한 개발주의의 모델 하에서는 가정과 각종의 "연緣"을 떠난 개인이란 사실상 성립이 불가능한 것입니다. 그러한 측면에서 보면 "우리들의 근대화 성공"을 기리는 일은 조금 이르지 않나 싶습니다.

여성 차별, 근대의 치명적인 약점

우리 근대의 가장 치명적인 또 하나의 미비점이라면 물론 여성 문제일 것입니다. 여성도 "국민"으로서의 계몽의 대상이자 국가에 충성하는 주체가 되어야 한다는 목소리는 이미 개화기 때부터 시작되었습니다. 그러나 여성 교육의 진흥 등을 요구했던 개화기의 남성 민족주의자들은 일차적으로 "아버지가 나빠도 아들이 현명할 수 있지만 현명한 어머니 밑에서 불초한 아들이 나타난 일이란 일찍이 없었다或有父惡而子賢 未有母賢而子不肖"는 현모양처식 발상에 입각하곤 했습니다(예컨대 이철주, 〈女子敎育이 爲尤急〉, 《기호흥학회월보》 제6호, 1909년 1월, pp. 1~3). 즉 어머니, 아내로서의 여성은 남성이 지배하는 "국가와 사회"의 "문명개화"의 하나의 도구로, "천부天賦의 자질이 극히 총명한 우리 단군의 후손, 한민족이 20세기의 만국 경쟁의 장에서 보다 높은 위치를 점유하기 위해" 교육을 받아야 할 부차적인 존재(강매姜邁, 〈여성계의 진보〉, 《대한흥학보》 제2호, 1909년 4월, pp. 54~56)로 인식됐던 것입니다.

여성이 남성의 "도솔導率"(지도)을 벗어나 어떤 독립적인 사회적 역할을 동등하게 수행한다는 것은 남성 근대주의자들에겐 악몽이었습니다. 예컨대 초기 도일 유학파 교육자들의 대표라 할 수 있는 장응진張膺震(1880~1950, 당시에는 휘문고등보통학교 교사)을 보시지요. 그는 개화기에 조선인으로서는 거의 최초로 1898년부터 일본에서 근대적 교육학을 체계적으로 수행하여 국내에서 안창호 계통의 "문화민족주의" 운동에 참여했다가 결국 대다수의 자산 계급 출신의 지식인처럼 친일의 길로 돌아섭니다. 그런 그가 1920년에 〈여성 해방〉이라는 주제에 대해 다음과 같은 의견을 피력한 바 있습니다.

근래 소위 신식 여자 즉 신교육을 받았다는 여자를 보면 여간 쥐꼬리만큼의 학문을 배우고 보면 곧 여장부가 된 듯이 태도가 교만하여지고 특히 여자의 직분으로 가장 중요한 의복 음식 등의 조리와 같은 것은 이것을 알지 못할 뿐만 아니라 가정적 업무에 악착齷齪함을 도리어 신여자의 수치로 오해하고 심하면 일평생을 자립자영自立自營으로 독신생활을 한다고 이것을 명예와 같이 주창하는 여자도 왕왕 불무不無하니 이와 같이 교육하면 필경 여자교육은 우리의 가정을 파멸하며 우리의 사회를 쇠퇴케 하고 말 것이라 합니다. 이것도 과연 일리가 없지는 않습니다마는 그러나 이것은 과도시대의 반동反動으로 일어나는 일시적 현상에 불과한 것인 줄 생각합니다. 즉 지금까지 교육이 전무한 여자사회 중에서 자기가 처음으로 약간의 신학문을 배우고 본 즉 주위의 타他 여자에 비교하여 자기가 가장 걸출한 여자인 줄로 자인할 것은 사세事勢의 부득이한 것이지오. 그러나 일반 여자의 교육이 보급 향상하여 자기보다 이상以上의 학문을 수득修得한 타 여자가 무수히 많음을 볼 때에는 그 심리가 자연히 겸손하여지는 동시에 여자의 직분이 무엇인지를 자각하게 될 것은 필연의 사세理勢라고 생각합니다.

또 하나 차此에 주의를 요할 것은 일언一言으로 여자의 해방이라 하면 여자가 가사家事도 불관不關하며 자녀의 양육도 불고不顧하고 남자의 하는 사업을 대신하며 남자와 같은 업무를 취하여야만 남녀동등이 되는 줄로 생각함은 오해의 심한 자이올시다. 물론 근래 구미歐米 여자 중에는 정치문제 노동문제 기타 온갖 사회문제에 열중하는 이가 불소不少할 듯하고 심지어 전차운전수, 순사巡査, 우편배달부 등 기타 각종 육체노동에 종사하는 이가 대전 후에 현저히 증가하게 된 것은 사실이라 합니다. 그러나 이것은 전쟁 중 남자의 결핍으로 인하여 나타난 특수의 현상이며 또 과연 이것이 여자 자신에 대하여 행복을 느낄는지 사회발전에 대하여 필요할 것인지 의문이올시다. 남녀양성男女兩性이 결합하여 우리의 가정과 사회를 작성한 이상에는 남자는 남자의 신체에 적당한 노동을 하고 여자는 여자의 신체에 가장 적합한 노동을 분담하여 각각 분업적으로 영위營爲하는 것이 문화발전상 다대多大한 효과를 낼 것은 물론이오 또 남자는 신체가 건강하고 완력이 강한 즉 외부사업 육체노동에 종사하며 여자는 그것에 반反하여 심신이 다 취약軟弱한 즉 내부노동에 종사함이 가장 적당할 것은 누구나 다 부정치 못할 사실이오. 더구나 여자에게는 아해兒孩를 생산하여 양육함이 그 선천先天의 약속이니 여자가 이 임무를 완전히 수행함은 우리 인류사회의 기초조건이라 할 수 있습니다.

-《諸 名士의 朝鮮 女子解放觀》(《개벽》 제4호, 1920년 9월, pp. 28~30)

남자보다 심신이 취약한데다가 선천적으로 아이나 낳아 키우게 돼 있는 여자라는 열등한 존재가 감히 겸손을 잃어 교육을 받았다고 자부하고 남자와 같은 직업을 가지려 하다니요! 장응진의 주장은 바로 이 한 문장으로 요약하면 될 것 같네요. 이 같은 견해는 다소 보수적인 윗세대 "문화민족주의자"들의 공론公論에 가까운 것이었습니다. 즉 여성의 바람직한 위치는 기본적으로 "집안"이었지요. 자아실현을 위해서든 단순히 생활이 어려워서 돈을 벌기 위해서든 "집안"을 탈출하여 직업 전선에 뛰어든 여성들은 그야말로 모험을 감행하는 것이었습니다. "병원 오는 환자들까지도 병 외에 간호부를 위하여 오는 수가 많고", 백화점이 여자 점원을 구경하고 희롱하는 장소가 되고, 여성이 서비스 직종에 취직하면 "노동 외에 에로 서비스가 조건이 되는" 등 일제 강점기의 "직업 부인"들은 패권적인 남성 사회의 성애화된 대상물이 되게끔 강제되어 있었습니다(《직업부인 좌담회》, 《신여성》 1933년 4월, p. 46; 김경일, 《여성의 근대, 근대의 여성》, 푸른역사, 2004, p. 360에서 재인용). 물론 개화기의 소수의 근대주의자들은 여성의 직업 종사를 "국민 된 자의 의무"이자 국권을 회복하기 위한 하나의 방법으로 생각하여 장려하기도 했습니다. 1920~30년대의 사회주의자들은 여성의 취직을 경제적 독립과 해방의 조건으로 생각하여 적극적으로 긍정했습니다. 그러나 한국 근대의 주류적인 민족주의 담론에서 여성은 어디까지나 종속적인 위치에 머물러 있었습니다.

대학에 남학생보다 여학생이 더 많은 오늘날은 어떤가요? 과연 사회가 진보된 만큼 남성의 패권이 퇴장했나요? 많은 여학생이 우수한 성과를 보이고 있습니다. 그러나 여성의 직업 진출은 여성 인구 전체의 50퍼센트 정도로 OECD 평균인 78퍼센트에 크게 못 미치고 있습니다.

제가 지금 살고 있는 노르웨이에서는 전업 주부들을 거의 찾아볼 수 없습니다. 반면 한국에서는, 여유가 많은 중산계층 이상의 가정에서는 남편의 외벌이가 거의 하나의 관습이 되어 있습니다. 유부녀는, 특히 출산 이후에는 입시라는 "전쟁"을 통해 계급적 위치를 상향 이동하거나 적어도 현상 유지시켜야 할 아이에게 전심전력하는 "교육 엄마"가 되어야 한다는 것이지요. 이런 상황에서 여성의 "독립"이 과연 가능할까요? 여성의 학력이 유럽의 웬만한 나라보다 우수한 한국에서 여성의 직업적 진출이 이처럼 저조한 이유는 무엇일까요? 입시에 대한 거족적 집착, 즉 "학력 출세"라는 "국민적 꿈"도 하나의 이유겠지만, 국가와 독점 기업(재벌)의 정책이 유부녀를 "전업 어머니"로 만들기도 하지요. 한국의 주요 독점 기업이나 정부 부처 가운데 부속 탁아소, 놀이방, 유치원 시설이 있는 곳이 과연 몇 개나 될까요? 일하는 여성이 아이를 맡길 수 있는 편리한 산하 시설이 한국에서는 보기 드문 일입니다. 하지만 노르웨이의 경우 그러한 시설이 없다는 것이 오히려 이상한 일입니다. 직장에서의 공공 보육 시설은 그렇다 칩시다. 과연 공립이 8퍼센트 정도밖에 안 되는 일반 사회의 초등학교 이전 보육 시설을 소득 수준이 높지 못한 여성이 이용하기가 수월합니까? 비용 문제뿐만이 아닙니다. 얼마 전 "꿀꿀이 죽" 사건 등을 통해 볼 수 있듯이 이윤에 눈이 먼 유치원 원장들에게 아이의 건강은 뒷전입니다.

아이 맡기기가 여간 불안한 것이 아니라는 말이지요. 사회의 공공 기관이 담당해야 할 육아를 사실상 영리를 목적으로 하는 자본가에게 전담시키니 결국 일해야 할 여성의 발목이 가정에 묶이게 되는 것 아닙니까?

 자본을 살찌우는 것을 특기로 하는 국가가 피지배자들의 육아 문제에 무관심한 것 외에도 여성의 사회 진출을 막는 장벽은 많습니다. 특히 요즘에는 여성에 대한 극심한 차별과 신자유주의적인 "노동의 불안화"라는 두 현상이 얽히고설켜 여성이 안정되고 자아 실현의 가능성이 있는 직장을 잡는 일이 거의 하늘의 별 따기처럼 어렵게 됐습니다. 여성 근로자의 70퍼센트 이상이 비정규직입니다. 그리고 그들의 평균 임금은 남성 정규직 평균 임금의 36퍼센트밖에 안 됩니다.

 이렇게 통계 숫자만 제시하면 약간 추상적으로 들리실 지도 모르겠네요. 그렇다면 멀리 가실 것도 없이 허동현 선생님께서 계시는 학교 식당에 근무하는 여성 노동자나 청소를 하는 여성 노동자에게 근무 조건과 월급에 대해 물어보십시오. OECD 어느 국가를 가도 만나볼 수 없는 노동 시장에서의 심각한 차별을 실감하실 수 있을 겁니다. 여성에 대한 사회적 "왕따 만들기"의 실태를 확인하실 수 있을 겁니다.

 그럼 월급이나 근로 조건 외에는 문제가 없을까요? 물론 아닙니다. 여성에 대한 성희롱을 "동료로서 당연히 할 수 있는 농담" 쯤으로 아는 대다수 직장의 성차별적 분위기도 일제 강점기에 비해 얼마나 나아졌는지 궁금합니다. 과거 한 면세점의 여성 노동자로부터 "임신만 하면 남성 관리자가 '네가 벌써 산란기냐'고 만날 따지는 게 우리 직장의 다반사"라는 이야기를 들은 적이 있었습니다. 노르웨이 같으면 바로 소송감입니다. 그러나 이 같은 추행이 우리에게는 그저 "애교"로 인식돼온 모양입니다. 한국 자본주의는 언제나 여성에 대한 직장에서의 "분리 통치"와 초과 착취를 특색으로 삼아왔습니다. 그리고 아무리 시대가 바뀌어도 그 본질은 바꿀 수 없는 것 같습니다. 우리가 자본주의의 점진적 철폐의 길에 들어서지 않는 이상 과연 우리 여성에게 동등한 노동자, 자기 존엄성을 지킬 수 있는 동등한 인간이 될 희망이 있을까요?

"국민 만들기" 프로젝트 성공의 대가

저의 근본적 질문은 한국을 "세계 12위의 통상 대국", 중국이나 베트남 노동자들을 착취할 수 있는 아류 제국주의적 국가로 만든 "국민 만들기" 프로젝트의 가시적인 성공의 대가가 과연 무엇인가입니다.

환경 파괴, 노동자에 대한 무제한적 착취, 미국의 군사력과 구미·일본 자본에의 종속, 여성에 대한 구조화된 차별 등의 굵직굵직한 거시적인 문제들은 차치하고 미시적인 영역만을 들여다보더라도 우리의 "근대적" 생활의 모습은 그야말로 지옥적입니다. 어릴 때부터 "경쟁에서 이겨라"라는 소리만 듣고 자라서인지 아이들은 커서도 남과의 연대의 중요성이나 휴식을 즐기는 법을 모릅니다. 군사적 획일주의에 길들여져서인지 국민들이 타자, 소수자(동성연애자, 외국인 노동자, 장애인 등)에 대해서 공격적, 경멸적 태도를 자주 취합니다. "선진국"(100년 전의 "문명 열강")에 대한 선망만큼이나 "후진국"에 대한 무관심과 경멸심이 깊습니다.

탈脫자본주의의 길에 들어서지 않는 한 군인, 생산자, 소비자의 기능만 아는 근대적 국민이 인간의 본분으로 돌아오기는 어려울 듯합니다. 물론 체제 전복의 가능성 봉쇄야말로 남한의 지배자들이 반세기 넘어 가장 심혈을 기울인 부분입니다. 학교나 군대를 통한 "길들이기"부터 노조 간부에 대한 포섭, 이권 나누어먹기 전략까지 "자본주의에 순응하는 인간"을 만들기 위해 온갖 노력을 다 해온 것입니다. 하지만, 그럼에도 불구하고, 일제 강점기 조선의 "적색 노조", "적색 농민 조합"의 전통을 생각하거나 오늘날 비정규직화에 맞서 싸우는 KTX여승무원과 같은 여성계, 노동계 영웅의 실천을 생각하면, 앞으로 더 가혹해질 대공황과 전쟁, 환경 파괴에 대한 전 세계적인 저항의 대열에 한국의 무산 계급도 같이 서게 될 것이라는 희망이 듭니다. 자본주의와의 80여 년 동안의 전투에서 흘린 피와 눈물은 결국 씨알이 되어 새로운 사회의 새싹이 될 것입니다.

은세계의 오슬로에서
박노자 드림

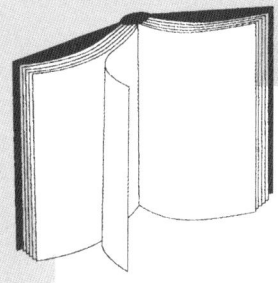

더 읽을 만한 글

강만길 엮음, 《신채호》, 고려대학교 출판부, 1990.

단재신채호선생기념사업회, 《단재신채호 전집》, 형설출판사, 1998.

유영렬, 《대한제국기의 민족운동》, 일조각, 1997.

이광린·신용하 편, 《사료로 본 한국 문화사―근대편》, 일지사, 1984.

"[Survey] Young Koreans Down on Modern Society", *Korea Herald*, 2003, June 14(http://kn.koreaherald.co.kr/SITE/data/html_dir/2003/06/14/200306140023.asp).

한국 근대 100년을 말한다

지난 한 세기 역사가 우리에게 주는 교훈은 무엇인가

허동현

그 때와 지금의 유사성, 하나
: 외세의 중압과 우리 안의 이분법

반갑습니다. 박노자 선생님

2003년 2월에 《프레시안》 지면을 빌려 논쟁을 시작한 지가 엊그제 같습니다. 최종회를 쓰고 있는 지금 '쏜살같이 빠른 세월'이란 말이 가슴에 와 닿는군요.

높이 나는 새의 눈bird's-eye view을 빌려 지나간 한 세기를 조감해보면, 우리 삶의 방식을 근본적으로 바꾼 두 개의 전환점인 갑오경장(1894~1896)과 IMF금융위기(1997~1999)가 도드라져 보입니다. 갑오경장은 1876년 개항이후 시작된 일본 지향형 근대화가, 그리고 IMF금융위기는 1945년 해방 이후 추동된 영미 지향형 근대화가 본격화된 계기였습니다.

전자는 8세기 통일신라 경덕왕景德王 때 시작된, 사람 이름과 땅 명칭, 그리고 관직명까지 중국식으로 바꾼 중국 문화 지향에서 벗어나 서구의 아류亞流로서 일본의 메이지 유신식 부국강병의 근대화를 따라 배우려 한 출발점이었다고 볼 수 있습니다. 반면 후자는 5·16군사쿠데타 이후 군부정권과 12·12군사쿠데타 이후 신군부정권에 의해 추진된, 개인의 인권을 유보하고 산업화(부국강병)를 우선하는 재벌과 군부가 유착된 정경유착의 일본식 근대를 넘어 "민주주의와 시장경제의 병행 발전"을 추구하기 시작한 계기로도 볼 수 있습니다. 그러나 시각을 달리하면 논란을 빚고 있는 미국과의 FTA(자유무역협정) 체결 협상이 웅변하듯 미국이 주도하는 신자유주의의 거센 파도 속에서 미국식 제도와 가치체계의 본격적 세례를 받게 만든 전환점이기도 했습니다.

허나 이 두 개의 획기적 전환점은 우리 내부의 동력에 의해 초래된 것이 아닙니다. 그 이면에는 청일전쟁에서 승리해 동양의 패권을 손아귀에 넣은 일본과 IMF라는 국제금융기구 뒤에 숨은 신자유주의의 주창자 미국의 힘이 도사리고 있었습니다. 우리에게 결정적 영향을 미친 계기가 외세에 의해 촉발되었다는 것, 가슴 아픈 일입니다. 하지만 이러한 비극이 초래된 가장 큰 원인은 우리가 한 세기 전이나 지금이나 매 한가지로 세계 질서의 변동에 제대로 대응하지 못해 "시간의 경쟁"에서 뒤처진 것입니다.

역사는 반복되는걸까요? 냉전 붕괴 후 다시 돌아온, 힘이 지배하는 신자유주의 세상을 맞아 다시 돌아본 우리의 현재는 한 세기 전과 너무도 유사합니다. 그 때나 지금이나 우리는 국제 질서가 도덕률moral politics에서 힘의 정치power politics로 바뀔 때 이미 세계적으로 그 기능이 소멸한 구질서를 자력으로 청산하지 못하고 도도히 밀려드는 새 질서에 타율적으로 편입되는, 역사 시간의 지체 현상을 겪고 있다는 점에서 유사한 상황에 처해 있습니다.

내부적으로도 한 세기 전 난맥상은 지금 우리가 겪고 있는 복마전의 태아적 원형embryonic prototype입니다. 남북분단은 논외로 치더라도 "보수와 진보", "친미와 반미", "근대와 탈근대", 그리고 "민족과 탈민족"으로 나뉜 우리 안의 이분법은 한 세기 전 "개화와 수구", "친일과 반일"의 분열과 다를 바 없어 보입니다.

한 세기 전 역사를 돌아볼 때 떠오른 생각은, 역사의 시간은 우리를 기다려 주지 않는다는 것입니다. 지나간 역사에서 교훈을 찾지 못하는 사람들에게 더 이상 미래는 없는 것이지요. 세계사의 시계는 "똑딱똑딱" 가고 있는데 우리는 또 한 번 "똑이요 딱이요" 하고 있는 것은 아닐까요? 우리에게 주어진 역사 시간을 헛되이 보내 버리는 어리석음을 거듭하지 않기 위해 한 세기 전 그 때 참담한 실패의 역사를 곱씹어 볼 필요가 있는 것 같습니다.

그 때와 지금의 유사성, 둘
: 우리 어깨를 짓누르는 두 개의 과제

한 세기 전 메이지 유신의 주역들이 일본과 일본인을 근대 국민국가와 국민으로 거듭나게 하는 데 성공한 반면, 이 땅의 사람들은 좌절의 역사를 써야 했습니다. 우리는 양반과 상놈의 신분제 사회를 넘어 국민 만들기를 통한 평등사회 이루기와 민족(국민)을 단위로 한 "국민국가 만들기nation building"에 실패해 약육강식의 생존 경쟁에서 낙오한 쓰라린 경험을 갖고 있습니다. 우리의 지도층은 나라가 식민지로 전락하게 만들었고, 백성百姓들은 국민國民, 나아가 시민市民으로 거듭나지 못해 "천황폐하의 신민臣民"이 되고 말았습니다. 이처럼 우리는 한 세기 전 국민국가 형성의 시기에 "서세동점西勢東漸"이라는 또 다른 세계화의 충격이 동아시아를 강타했을 때, "시간의 경쟁"에서 낙오한 것을 부인할 수 없습니다.

 냉전 붕괴 후 다시 힘이 지배하는 신자유주의 세상을 맞아 되돌아본 우리의 현재는 한 세기 전과 너무도 유사합니다. 근대 국민국가 만들기와 제국주의 열강의 침입에 맞서 나라 지키기라는 이중의 과제를 짊어졌던 한 세기 전 이 땅의 사람들처럼, 오늘의 우리들도 동시대 다른 나라 사람보다 훨씬 무거운 책무를 어깨에 짊어지고 있습니다.

 하나는 지난 세기가 남긴 숙제인 민족을 단위로 한 통일된 국민국가 세우기이며, 다른 하나는 혼혈인과 이주노동자라는 이 시대의 상놈에 대한 차별 넘어서기와 남녀 동권의 양성 평등 사회 만들기를 통한 국민을 넘어 시민으로 거듭나기, 그리고 동아시아와 더불어 사는 지역 공동체 만들기입니다. 이처럼 이 땅의 사람들은 100년 전 이루지 못한 민족 지키기와 근대화 달성하기라는 '근대 과제'와 함께 타자·타민족과 더불어 살기와 근대가 낳은 역기능인 여성차별과 환경 파괴와 같은 '근대 이후 과제'를 함께 고민해야 하는 이중의 책무를 어깨에 짊어지고 있는 것입니다.

다시 한 번 민족주의와 국가주의의 기치가 휘날리기 시작한 지금 우리를 둘러싼 열강 중 어느 누구도 만만히 볼 수 없습니다. 그렇기에 우리는 더불어 살기를 도모하는 동아시아 공동체의 실현을 위해 마땅히 노력해야만 합니다. 내부적으로도 이미 다인종·다문화의 잡종 사회로 접어든 우리는 혈통을 중시하는 자민족 중심주의를 넘어서는 데 힘을 기울어야만 합니다. 왜냐하면 한 세기 전 제국주의에 맞서 싸운 약자의 민족주의는 생존을 위한 최소한의 방패였지만, 오늘 우리의 자민족 중심주의는 혼혈인과 같은 우리 안의 타자를 배제하고, 우리 밖의 다른 인종과 민족을 타자로 규정해 차별하는 오리엔탈리즘을 복제할 위험성이 크기 때문입니다. 아울러 소위 "발전"을 내세운 근대화 지상주의도 요즘의 시각에서 보면 환경 파괴, 여성 차별, 그리고 인간 소외를 심화시키는 역기능을 발할 뿐이니 말입니다.

이처럼 지금 우리는 타자·타민족과 더불어 살기와 남녀가 동등한 권리를 누리는 양성 평등의 사회도 꿈꿉니다. 민족이라는 거대 담론과 근대지상주의를 넘어서기를 꿈꾸는 것은 정당하다고 봅니다. 그러나 민족 분단의 아픈 현실 그리고 유럽과 달리 중국의 동북공정과 일본의 역사교과서 왜곡으로 상징되는 동아시아 지역 내 민족주의의 부활은 우리가 이상적인 당위만을 꿈꾸게 내버려 두지 않는 것 같습니다.

탈민족은 우리의 생존을 담보할 수 있을까

지금 이 땅의 사람들은 민족 지키기와 근대화 이룩하기라는 근대 과제와 함께 타자·타민족과 더불어 살기나 양성평등 사회의 실현과 같은 근대 이후 과제를 양 어깨에 짊어지고 있는 형국입니다. 프랑스가 나치에 협력한 부역 세력들을 숙청해 과거사 정리에 성공하고 독일이 분단을 극복한 것과 달리, 우리는 친일파 청산에 실패했고 분단 극복도 미완의 과제로 남아 있습니다. 또한 유럽은 침략의 과거사에 대한 독일의 쉼 없는 반성을 토대로 더불어 사는 지역 공동체 만들기에 성공한 반면, 동아시아 지역은 일본의 침략의 과거사를 부정하는 역사 왜곡으로 인해 민족주의 사이의 대립과 갈등이 증폭되는 상황에 처해 있습니다. 아직도 제2차 세계대전이 남긴 앙금이 채 가라앉지 않고, 냉전이 남긴 상처도 아물지 않은 동아시아를 사는 우리들은 유럽공동체european community(1967)를 거쳐 유럽연합European Union(1993)을 이룬 유럽인들이 너무 부럽기만 합니다.

지금 여기를 사는 우리들은 한 세기 전 그때 거기를 산 이들처럼 또 다시 우리 앞의 역사 시간을 허송할 수는 없습니다. 우리가 이러한 시대적 소명에 부응하는 데 걸림돌로 작용하는 것은 합치하지 않는 역사 기억을 둘러싼 충돌입니다. 대대적으로는 친일파 청산을 둘러싸고 일고 있는 '기억의 내전'이, 그리고 대외적으로는 침략의 과거사를 부정하는 일본 우파의 역사교과서 미화와 고구려에 대한 역사 기억을 가로채려는 중국의 동북공정이 야기한 '기억의 국제전'이 그것입니다. 더 큰 문제는 지금 우리 사회가 미완의 근대 과제 수행을 우선하는 쪽과 앞으로 이루어야 할 근대 이후 과제의 달성을 앞세우는 쪽으로 나뉘어 있다는 데 있습니다. 전자는 민족을 외세에 판 친일파를 역사적으로 단죄하는 과거사 청산과 민족 통일이, 후자는 민족을 넘어 동아시아 지역 공동체를 이루는 것이 급선무라고 목청을 높입니다.

이처럼 요즘 우리 지성사회의 뜨거운 감자는 민족입니다. 보편적으로 좌파는 민족을 넘어서는 민중(계급) 간의 연대를 중시하고, 우파는 자국과 자민족의 우월함을 자랑합니다. 허나 우리의 경우 좌파는 민중과 민족을 함께 품으려 하고, 우파는 한 손에는 태극기를, 다른 손에는 성조기를 같이 잡으려 합니다. 뜨거운 감자를 집어 삼키는 쪽이 좌파이고 뱉으려는 쪽이 우파로 보이는 아이러니가 연출됩니다. 이러한 혼돈은 우리 근현대사의 특수성이 빚은 산물이겠지요.

영어로 민족과 국민은 모두 '네이션nation'입니다. 한 세기 전 이 땅의 사람들은 일본 제국의 식민지 국민으로 살면서 미래에 올 나라의 국민 또는 인민이 되기를 꿈꾼 민족이었습니다. 해방 후 국민과 인민으로 갈라선 민족은 동족상잔의 비극도 맛보았습니다. 아이러니컬하게도 민족은 남한에서 개발독재정권이 국민을 동원하기 위해 사용하던 수사였으며, 민중은 당시 이에 맞서 새 세상을 꿈꾼 이들이 쓰던 반격무기였습니다. 냉전 시대를 산 이들의 머릿속에는 제방에 난 구멍을 고사리 손으로 막아 마을을 구한 네덜란드 소년의 이야기가 담겨 있습니다. "우리는 민족중흥의 역사적 사명을 띠고 이 땅에 태어났다." 1994년 국민교육헌장이 역사의 뒤안길로 사라지기 전까지 우리는 민족의 중흥을 위해 살아야 했지요. 아이의 손바닥 하나로 둑에 난 구멍을 막을 수는 없는 법이지요. 전체의 이름으로 낱낱의 희생을 강요하던 시절 국가가 국민을 동원하기 위해 만든 신화에 지나지 않습니다. 허나 이에 맞서 민중의 이름으로 새 세상을 꿈꾼 이들의 눈에도 개인은 비치지 않았습니다. 이데올로기가 모든 것을 지배하던 시대에 자신들이 상상하는 세상에 정당성을 주기 위해 만들어진 개인 동원을 위한 거대담론의 수사. 민족과 민중은 일란성 쌍둥이일 뿐입니다.

　냉전 붕괴 후 들이닥친 신자유주의의 세상에서 살아남기 위한 우리 정치세력의 해법은 너무도 다릅니다. 좌파는 민족을 방패로 민중이 주인이 되는 세상을 아직도 꿈꿉니다. 허나 우리 사회는 이미 생각과 지향과 이해를 달리 하는 이들이 함께 살아가야 할 다원화된 시민사회로 진화했습니다. 이제 낱낱을 전체에 종속시키는 좌파의, 민족에 기댄 민중 지키기는 시대착오적이란 비판을 면할 수 없습니다. 마찬가지로 미국과 일본이라는 외세를 빌려 대한민국이란 국민국가의 번영을 도모하려는 우파의 민족 넘어서기도 한 세기 전 일본의 아시아주의에 빠진 이들의 친일행각을 떠오르게 한다는 비난을 피할 수 없습니다.

　서구에서는 탈근대와 탈민족이 유행인 것에 비추어 볼 때 우리 지성사회는 철지난 민족을 화두로 내전 중이라는 점에서 지체 현상을 보이고 있습니다. 서구 사람들은 남녀차별과 환경파괴, 그리고 대량살육이 자행된 근대와 그 원인을 제공한 민족주의를 벗어나려 애씁니다. 허나 우리의 좌파는 국민과 인민이 하나 되는 민족통일이라는 근대 기획을 지고의 가치로 내세우고 있습니다. 그들은 아직도 실존 사회주의 체제의 몰락 이후 서구 좌파들이 폐기한 민중혁명 필연론도 가슴 속에서 지우지 않고 있는 것 같습니다. 오늘 우리는 국가 · 민족 · 인종 · 성차(젠더)를 넘어 생각과 지향과 이해를 달리 하는 이들이 함께 살아가는 다원화된 시민사회를 꿈꿉니다. 그렇다면 낱낱을 전체에 종속시키는 좌파의 민족에 기댄 민중 지키기나 민족을 빌미로 한 북한 인권에 대한 눈감기에 우리는 더 이상 침묵할 수 없지 않습니까?

그렇기에 유럽의 경험을 거울로 삼아 민족을 넘어선 동아시아 공동체를 세우자는 탈민족주의자들의 이야기가 귀에 솔깃합니다. 특히 탈민족을 통한 동아시아 만들기를 주창하는 김기봉 선생님의 친일파 청산 문제에 대한 제언은 경청할 만하다고 생각합니다.

일본은 중일전쟁을 맞이해서는 이전의 중국의 지위를 전유하기 위해 중화사상을 대체하는 '대아시아주의'를 만들어냈다. 그리고 2차 세계대전이 발발했을 대는 '황도의 위대한 정신에 의거한' '대동아공영권'이라는 근대적인 제국을 건설하고자 했다 …… 일제 협력자가 된 조선 지식인들이란 일반적으로 위와 같은 동아시아 담론을 전유appropriate 함으로써 일본 제국주의가 행한 범죄와 만행의 공범자가 되었다. 그들의 역사적 선택은 분명 잘못되었다. 그런데 만약 지금의 우리가 그 시대를 살았다면, 우리는 과연 그들과 다른 역사적 선택을 할 수 있었을까? …… 역사적 사유 공간을 실제 일어난 역사의 현실태뿐만 아니라 그 가능태까지 확장시키기 위해서는 먼저 지금까지 식민지 시대의 역사를 '저항'과 '협력'의 이분법적 틀로 바라보았던 시각에서 벗어나야 한다. '저항'과 '협력'이라는 이분법을 형성하는 코드는 민족이다. 민족이라는 코드에서 탈피해 우리 역사를 볼 때, 동아시아라는 대안적 역사 세계가 진지하게 고려될 수 있다.

-《역사를 통한 동아시아 공동체 만들기》(푸른역사, 2006, pp. 45~46)

이처럼 김기봉 선생님은 일제에 대한 "저항과 협력"을 기준으로 식민지 시대를 산 이들을 애국자와 매국노의 둘로 나누는 이분법의 주술에서 벗어나라고 충고합니다. 그래야만 동아시아는 과거의 갈등을 재생산하는 "기억의 터"가 아닌 미래의 희망을 위한 "기억의 장"이 될 수 있으며, 이 땅의 사람들도 민족과 국가를 넘어서 동아시아 시민으로 거듭날 수 있다고 말입니다.

이 문제에 관해서는 우리와 같이 식민지를 경험한 인도 근대사를 연구하는 이옥순 선생님의 지적에도 귀를 기울여야 한다고 봅니다. 이 선생님은 《식민지 조선의 희망과 절망, 인도》(푸른역사, 2006)라는 책에서 민족의 신화화神話化를 통해 국가가 주도하는 "위로부터의 기억 만들기"인 참여정부의 과거사 청산 작업의 문제점을 꼬집더군요. 친일親日은 악이고 반일反日은 선이라는 이분법적 잣대는 두 극단의 중간에 자리한 수많은 사람들을 배제하는 문제가 있다는 지적입니다. 식민지 시대를 살아 간 지식인은 친일과 반일, 강경한 저항과 무기력한 순응 가운데 어느 하나를 택한 것은 아니라는 것입니다. 이 선생님은 조선에서 자치 문제가 대두되고 인도에서도 자치령 문제를 놓고 간디·어윈 총독 회담, 인도·영국 원탁회의 등 지배자와 피지배자 간의 협상이 대등하게 전개된 1920년대 말에서 1930년대 초 사이에 국내 언론에 논설과 논평기사가 집중된 이유가 어디에 있는지에 주목하더군요. 일제에 대한 저항과 해방에 대한 희망을 인도의 민족운동을 빌려 말하는 행위를 "식민화된 몸에 식민화하지 않은 정신"을 가졌으되 직접 항일운동 전선에 나서지 못한 지식인들이 펼친 "은유적 저항"으로 보아야 한다는 지적이더군요. 식민지 사람들의 "인도를 통해 말하기"는 일제 탄압의 직격탄을 피하는 중간지대에 자리한 저항의 한 방법이었다는 말이 우리 안의 이분법을 은유적으로 비판하는 것 같아 신선하게 느껴집니다.

이처럼 탈민족을 말하는 이들은 민족이라는 초역사적 거대담론에 사로잡혀 있으면 동아시아라는 대안적 역사세계에 눈을 뜰 수 없으니 민족이라는 색안경을 어서 벗어던지고 공동체 만들기에 동참하라고 손을 잡아끕니다. 일본의 역사교과서 왜곡과 중국의 동북공정을 탓하기 전에 국사 교과서를 들여다보고 우리 눈 안의 들보를 먼저 없애는데 힘을 기울이는 게 순리가 아니냐고 묻습니다. 동화 《백설공주》에 나오는 "마녀의 거울"처럼 민족의 영광만을 노래하는 국사를 버리고 더불어 사는 평화로운 미래를 이야기하는 동아시아사라는 "공동의 거울"을 새로 들여놓으라고 말입니다.

허나 공동번영과 평화를 꿈꾸는 공동체의 싹을 돋아나게 하기엔 아직 동아시아의 토양은 너무도 척박합니다. 일본 우파의 역사왜곡과 독도에 대한 영유권 주장, 그리고 중국의 동북공정을 보면 가슴이 답답해집니다. 동아시아에는 다시 민족주의의 깃발이 넘실거리고 북소리가 둥둥 울립니다. 이런 상황에서 공동체를 말하는 이들의 민족 넘어서기도 강대국이 민족주의를 먼저 폐기하지 않는 한 순진한 이상론에 지나지 않는 것 같습니다. 약자가 갑옷을 먼저 벗을 수는 없는 법 아닐까요? 아직은 민족주의 폐기를 말할 때가 오지 않았습니다. 우리 안의 타자를 차별하는 민족주의 역기능은 줄이고, 민족주의 사이의 전압을 낮춰 국가 사이의 충돌은 막는 열린 민족주의를 지향하는 것만이 현재 우리가 취할 수 있는 현실과 이상을 아우르는 차선책이 아닐까요?

우리가 이룬 근대를 어떻게 보아야 하나

한 세기 전 우리는 우리 손으로 근대국가를 만들지 못한 대가로 쓰디쓴 식민통치를 맛보았고, 해방도 우리 힘으로 얻지 못하여 분단과 동족상잔이란 쓰라린 역사의 기억을 갖게 되었습니다. 이렇듯 우리의 근·현대 100년은 고통과 재앙이 연이어 일어난 암울한 모습으로 우리에게 다가옵니다. 강행군에 강행군을 거듭한 우리의 근대국가 만들기는 빈익빈 부익부 현상의 심화와 대립적 노사관계, 입시지옥으로 표현되는 과도한 교육 경쟁, 인간 소외 현상과 가치관 혼란 등 인간성 상실과 사회적 갈등을 증폭시키고 위기 상황을 불러일으켜 우리가 인간답게 사는 것을 꿈꾸지 못하게 했다고 할 수 있습니다.

2001년 한 대학신문이 17개 국 대학생을 대상으로 실시한 설문조사 결과는 실로 충격적입니다. 프랑스 대학생의 80퍼센트, 러시아·캐나다 대학생의 78.6퍼센트와 75.9퍼센트가 "다시 태어나도 모국을 택하겠다"고 응답한 반면, 우리 대학생의 절반 이상(51.4퍼센트)이 "다시 태어난다면 모국을 택하지 않겠다"고 응답한 것입니다. "민족"을 절대 가치로 교육받아 온 최고 학부 젊은이들의 절반 이상이 "다시 태어나고 싶지 않은" 나라로 생각할 정도로 우리 한국 사회가 앓고 있는 병은 위중한 것이지요.

그러나 저는 근대라는 것이, 그 문을 여는 순간 인간에게 없던 질병과 전쟁·증오·슬픔·고통이 빠져나와 인간을 괴롭히기 시작했다는 신화 속 판도라 상자처럼 열어서는 안 될 것이었다고는 보지 않습니다. 물론 근대가 물신 숭배와 인간 소외, 도덕성 타락, 타자에 대한 차별과 박해라는 야수성으로 우리의 인간성을 타락시킨 점을 부인할 수 없지만, 또한 자유와 평등·박애·관용이란 가치를 소개하고 널리 퍼뜨려 우리를 진정한 인간으로 거듭나게 한 시대이기도 했기 때문입니다.

사민四民 가운데 가장 높은 것이 사士이니 이것이 곧 양반이다 …… 이웃집 소를 가져다가 자기 밭 먼저 갈고, 마을 사람을 불러다가 내 밭 먼저 김매게 한다. 이리해도 어느 누구도 욕하지 못한다. 잡아다가 코에 잿물을 들이붓고 상투를 잡아매어 벌을 준대도 아무도 원망하지 못한다.

이제는 박지원의 《양반전》에 그려진 양반들처럼 무소불위의 권력을 휘두르는 특권층은 없습니다. 대통령이나 재벌조차 견제와 심판을 받을 만큼 시민의 힘이 성장하지 않았나요? 오늘날 한국인들이 동시대의 선진국 사람들에 비해 정치·경제·사회·교육 여건에서 열악한 삶을 살고 있는 건 사실이지만, 조선 시대나 일제 강점기 사람들에 비해서는 이루 다 말할 수 없을 만큼 삶의 질이 개선된 것도 부정할 수 없는 사실이 아닌가요?

어떤 관점에서 보느냐에 따라 사물에 대한 평가가 달라지듯, 역사 해석의 폭도 큰 낙차를 보이는 것 같습니다. 유리잔에 조금 남은 물을 보고 "이것밖에 남지 않았네"라고 생각할 수도 있지만, "아직도 이만큼 남았네"라고 볼 수도 있지요. 이제 구구단을 갓 배운 아이에게 방정식을 풀지 못한다고 나무라는 것이 무리이듯, 서구 선진국들이 수 세기에 걸쳐 이룩한 근대와 뒤떨어진 역사의 시간을 만회하기 위해 "빨리 빨리"와 "바쁘다 바빠"를 외치며 불과 반세기만에 일궈낸 "압축 근대"를 같은 잣대로 잴 수는 없는 것 아닙니까?

사실 서구 선진국들도 환경 파괴와 노동자 착취·여성과 타자에 대한 차별 같은 근대가 가져온 부작용에서 결코 자유롭지 못합니다. 오늘의 서구 사회가 우리에 비해 야수성이 덜 하다는 것은 그들이 좀 더 오랫동안 근대의 부작용을 막기 위한 제도적 장치 마련에 힘써 왔음을 말해주는 것이겠지요. 사람이 바르게 성장하는 데에는 따끔한 지적과 훈계도 필요하지만, 때로는 따뜻한 포용과 칭찬이 약이 되기도 합니다. 잘되라고 가한 비판의 채찍이 본래 의도와는 달리 제 자신을 경멸하는 역사 허무주의를 불러일으킬 수도 있다고 생각하기에, 저는 우리 근현대사를 긍정적인 시각으로 감싸 안을 필요도 있다고 봅니다.

그렇다면 이 나라 젊은이들이 자신의 모국을 진정으로 사랑하게 하려면 어떻게 해야 할까요? 아마도 그 첫걸음은 시간과 속도를 상대로 한 전쟁을 끝내고 느림의 미학을 되찾는 것, 그간 "민족"이라는 거대 명제에 억눌려 소외돼 온 작지만 소중한 가치에 관심을 돌리는 것에서 시작해야 하지 않을까 합니다. 그렇게 하면 물질적인 측면에서 이룩한 "압축 성장"을 어쩌면 정신적인 면에서도 이룰 수 있다는 희망을 우리가 연 근대라는 이름의 판도라 상자 속에서도 찾을 수 있지 않을까요?

연구실 창 너머로 보이는 신록의 아름다움에 취한

허동현 드림

찾아보기

ㄱ

《가디언》 171
가라테 169, 173
가부장(권/제/주의) 31, 81, 110, 111, 112, 137, 152, 153, 157, 160, 161, 172, 215~219, 224
가토 기요마사 301
간디, 마하트마 19~21, 24, 27, 28, 43, 44, 343
《감자》 130
갑신정변 60, 78, 303, 305
갑오경장 78, 193, 270, 291, 303, 333
강우석 210~213
강홍식 222
개조 33, 34, 55~58, 60, 61, 69, 71, 72, 75, 76, 81
개조 단체 54~56, 63
《개벽》 53, 71~73, 103, 257, 268, 325
〈거미숲〉 195

게이 162
〈겨울연가〉 193, 194, 198, 237
경성방직 57, 61
경허 176
계몽 34, 115, 120, 197, 207, 229, 230, 323
《계몽의 변증법》 207
계몽운동 60
계몽주의(자) 15, 18, 19, 24, 56, 65, 105, 115, 130~132, 137, 140, 147, 255, 256, 272
〈공동경비구역 JSA〉 195, 231, 241
공민왕 282
공창(제) 100, 105, 112, 118
교파신도 273
구로사와 아키라 174
국가 해체론 34
국가유기체론 56
국가주의 16, 45, 161, 294, 304, 337
국민 만들기 150, 329, 335

국민교육헌장 80, 159, 340
국민국가 40, 41, 75~78, 80, 111, 150, 153, 154, 157, 159, 214, 234, 248, 268, 271, 272, 293, 306, 336, 340
국민성 개조론 76
군대 24, 35, 111, 185, 200, 210, 211, 228, 286, 316, 317, 330
군사주의 210, 211, 213, 233, 249, 287, 294, 320
굿 246~248, 250, 251, 253, 258, 262, 267~269
권번 105, 127
《그의 자서전》 25, 26
근대 16, 31~33, 45, 49, 60, 77, 101, 103, 111, 127, 135, 147, 153, 161, 217, 257, 262, 289, 294, 299, 335, 336, 340, 345, 347
근대주의(자) 255, 257, 272, 273, 291, 316, 318, 323
근대지상주의 337
근대화 39, 106, 119, 264, 270, 271, 292, 294, 303~305, 317, 333, 334, 336, 338
근본 단체 56
금동미륵보살반가상 192, 309
기독교 25, 36, 43~45, 53, 60, 132, 135, 138, 140, 243, 244, 246, 249, 250, 255, 256, 265, 266, 268, 270~273, 287, 289, 291, 293, 308, 320
기복 35, 244, 245, 254, 264, 270, 274, 299
기복성 250
기복신앙 265, 283, 287, 298
기생 102~105, 110, 118~120, 122~124, 129, 130, 140, 237
기우제 254
김기영 252
김대중 167
김동리 256
김동인 130, 131
김명순 156
김명식 71, 82, 83
김성수 22, 42, 57, 59, 61, 62, 79
김연실 222
김옥균 303, 305
김용준 79
김우영 143, 161
김우창 183
김은희 124
김일성 181, 182, 201
김일송 222
김정일 181
김채봉 123
김활란 143

⟨꽃잎⟩ 238

ㄴ

나도향 130, 131
나베야마 사다치카 50
나운규 214, 221, 237
나카무라 하지메 35
나혜석 143, 144, 154~156, 158, 159, 161, 162
《난장이가 쏘아올린 작은 공》 178
⟨남극일기⟩ 195
남성성 110, 111, 116, 234
남성우월(주의) 135, 224, 233
남성중심주의 141
노국공주 282
노류장화 118
노르웨이 141, 151, 167, 168, 172~174, 194, 195, 326~328
노무현 정권 78, 89, 93, 96, 114
노벨상 167
노병희 132
노재신 219
《눈물》 140
⟨늑대와 춤을⟩ 228
니시타니 게이지 31, 32

ㄷ

담징 192
대딸방 96, 120
⟨대성석가大聖釋迦, 석가여래釋迦如來의 가르치심⟩ 22, 23, 29
⟨대장금⟩ 198
대중문화 122, 124, 133, 173, 193, 194, 197~200, 213, 217~219, 224
도덕률 334
도래인 192
도스토예프스키, 표도르 미하일로비치 15
독립협회(운동) 60, 78
동류 191~193, 200
《동아일보》 22, 57, 60
동학 42~44, 60
"두 공화국" 148, 149
드 구즈, 올랭프 150
들라크루아, 외젠 148, 149
⟨딥 임팩트⟩ 196, 231, 232

ㄹ

⟨라스트 모히칸⟩ 228

〈라이언 일병 구하기〉 235
〈란〉 174
러시아 17, 75, 82, 92, 100, 205, 207, 229, 293
러시아 혁명(볼셰비키 혁명) 60, 66, 75, 81
레닌, 블라디미르 73, 74, 205~207, 229, 245, 282, 310
《레디메이드 인생》 129
레즈비언 141, 162
로베스피에르, 막시밀리앙 149, 150
르 프티, 알프레드 148, 149

ㅁ

마르크스, 칼 205, 245, 246, 265, 266, 282, 310
마르크스주의(자) 83, 207, 230
마리안느 149
마초주의 213, 233
《만세전》 129
매매춘 90, 99, 100, 101, 112, 115~119, 121, 124, 128
매매춘 공화국 89
매춘 90

《메밀꽃 필 무렵》 215
메이지 유신 273, 305, 335
메이지 일본 135, 137, 142, 255, 272, 273
모택동 180, 310
무교 251, 252
《무기의 그늘》 178
〈무녀도〉 256
《무녀도》 256
무당 252~254, 256, 257, 262, 263, 268, 269, 274
무소유 246, 247, 281, 282~284, 287, 298
무속(신앙) 44, 243~247, 250~258, 261~270, 272~274
무솔리니, 베니토 20, 28, 64
《무정》 19
《문명론의 개략》 137
문화민족주의(자) 207, 323, 325
문화산업 207, 210
문화정치 219
문화제국주의 224
《물레방아》 130
미륵보살반가사유상 192
미륵불 309, 310
미륵신앙 309
미신 255, 261~264, 293
미신 타파 257, 258, 262

〈미워도 다시 한번〉 236
〈민족개조론〉 21, 47, 53~56, 58, 60~63, 66, 69~73, 75, 76, 78~81
민족독립운동 80, 159
민족문화 213, 214, 277, 278, 298
민족성 21, 47, 63, 77, 215
민족운동 29, 43, 45, 47, 122, 343
민족(의) 개조 16, 19
민족자결주의 73, 74
민족주의(자) 20, 28, 32, 42~45, 47, 49, 54, 61, 62, 73, 76, 81, 83, 130, 138, 180, 184, 185, 187, 210, 212, 223, 257, 277, 292, 298~300, 316, 323, 326, 337, 338, 340, 344
민족지도자 56
민족해방운동 61, 80
민주성노동자연대(민성노련) 113
민중불교 308, 309
민중신학 183
"민중을 이끄는 자유의 여신" 148

ㅂ

〈바람 불어 좋은 날〉 224
박금도 123
박영효 270~272
박정희(정권) 62, 186, 210, 224, 286, 320
박종화 71
박찬명 42
박찬욱 170, 171, 195
〈박하사탕〉 177, 179, 197, 238
박헌영 78, 79
반공주의 23, 249
방한준 217
배화(학당) 132
백낙청 183
백인 남성 우월주의 228, 229
백철 197
범일 285
〈별들의 고향〉 237
베네수엘라 247
베르토프, 지가 206
베트남 178, 179, 186, 329
벤야민, 발터 209
별기은 254
《별건곤》 64
보시布施 21, 29, 31
보편(성) 116, 158, 180, 184~186, 201, 234
보편이론 183, 185
〈복수는 나의 것〉 195
복지 320~322
복지국가 320

복혜숙 124, 222
〈봄 여름 가을 겨울 그리고 봄〉 168, 174, 175
부르주아 20, 28, 40, 54, 63, 76, 81, 121, 149, 150, 230, 318
부시, 조지 181
북한 56, 66, 81, 82, 180~182, 201, 223, 317, 318, 341
불교 21~24, 28~32, 34~36, 44, 45, 53, 244, 246, 247, 249, 253, 264, 267, 273, 277~280, 282~294, 297, 298, 300~310
불교사회주의 23
불국사 277, 278, 298, 301
〈붉은 수수밭〉 212
비숍, 이사벨라 버드 243, 244, 258
비폭력(운동) 19, 20, 23, 27, 31, 32, 43, 47
〈비폭력론〉 20, 27
〈빈집〉 168
《뽕》 130

ㅅ

사노 마나부 50
〈사랑〉 26
〈사랑인가〉 16, 39
사찰령 307
사찰령 폐지운동 307
사회진화론 20, 26, 28, 32, 42~45, 64, 65, 272
〈살인의 추억〉 168, 171, 172
〈삼전론〉 42, 43
《삼천리》 64
상무 교육 316
상무 정신 63, 317
상상의 공동체 77, 101, 223
서광범 305
서류 193
서부영화 227
서세동점 336
서재필 16, 74, 75
〈서편제〉 174, 175, 238
석굴암 278, 298, 301
성리학 135, 138, 139, 252, 255
성매매방지법 90, 112, 115
성철스님 277, 278
성황당 218, 262, 263
〈성황당〉 217, 218
《성황당》 217, 218
세계체제 230, 290, 291, 317, 318
센티멘털리즘 15
소춘풍 118
손병희 42, 43

송광사 285, 286
〈송환〉 177, 179
수령(론/제/주의) 180, 182, 201
수양동맹회 69
숭의(여학교) 132
〈쉬리〉 198, 237
스탈린, 이시오프 20, 28, 78, 180, 181, 310
스탠턴, 엘리자베스 151
스펜서, 허버트 32
승가 246, 283, 287, 288, 298
승가 공동체 281
신경제정책 229
신도神道 255, 257, 272, 273, 305
신민회 70, 137, 293, 315, 318
신사神社 255, 273, 274, 305
신사신도 273
신사임당 160
《신여대학》 137
신여성 124, 138, 142, 143, 152~154, 157~162
신일선 222
신자유주의 65, 93, 95, 96, 99, 119, 196, 231, 232, 310, 334, 336, 340
신채호 292, 315, 316
신파(조)영화 236, 237
실력양성(운동) 46~48, 75
〈실미도〉 210, 211~213, 224, 233

쓰루미 순스케 46, 49

ㅇ

〈아내가 결혼했다〉 133
아도르노, 테오도르 207~209, 213, 216
〈아름다운 시절〉 178
〈아름다운 청년 전태일〉 238
〈아리랑〉 221, 222, 236, 237
〈아마겟돈〉 196, 231
아소카왕 29, 284
안보국가 320
안창호 28, 69, 70, 72, 73, 75, 315, 323
안향 262, 263
알레고리(풍유) 149
얌전 131~133, 138, 139
양공주 100, 101, 110
양성평등 117, 162, 336~338
양처현모 137, 142
앤더슨, 베네딕트 77, 78
〈어 퓨 굿맨〉 228
〈어린 희생〉 17
어윤중 291, 303
억불 정책 282

엄인섭 293
여권선언 150
여권운동(가) 112~115
《여권의 옹호》 151
〈여권통문〉 152
여성독립선언서 150
여성부 94, 116
〈여자는 남자의 미래다〉 195
《여자소학수신서》 132, 134
여제 254
엽기성 170~173, 181
〈엽기적인 그녀〉 133, 198
염상섭 129, 130, 153
〈영웅〉 212, 213
오도실 124
오리엔탈리즘 173, 174, 182, 184, 280, 337
오리엔탈리즘적 무의식 173, 178, 218
〈오몽녀〉 214, 217, 233
《오몽녀》 214
〈오발탄〉 178, 224
오산학교 42, 45, 46
오야꼬 돔부리 46, 47, 49
오은희 123
〈올드보이〉 168~171, 180
우민 210, 223, 230, 299
우민화 33, 221, 224, 238, 301

원효 182
월러스틴, 이매뉴얼 230
월스톤크래프트, 메리 150, 151
〈월하의 맹서〉 219, 220
윌슨, 우드로 73, 74
유곽 103, 105, 106, 129, 130
유관순 160
유럽공동체 338
유럽연합 338
유부기 102
유흥기 305
윤백남 219, 220
윤심덕 142~144
윤치호 17, 291, 305
의상義湘 308
의화단(봉기) 135, 136
이경선 222
이광수 15~36, 39~50, 53~66, 69~73, 75, 76, 78~83, 153, 161
이규설 222
이동인 290, 291, 303, 305
이만현 280
이상협 140
이승만 62, 74, 75, 283
〈이어도〉 252
이영실 156
이원용 222
이월화 220

이익李瀷 253
이재유 66
이찬갑 72
이태준 214, 215
〈이혼 고백장〉 143
이홍장 136
이화학당 132, 138, 139
이황 182
인권선언 147, 150
인욕忍辱 23, 24, 31
《인형의 집》 151, 158
임권택 176
임흑얼 136
입센, 헨리크 151, 158

ㅈ

자강회 137
자유시 참변 82
잔 다르크 136, 137, 149
장승업 176
장예모 212, 213
장응진 323, 325
장족壯族 136, 160
장하준 184
《장한》 122, 123

〈장한몽〉 218, 222, 236
〈장화홍련〉 195
전국성노동자연대(전성노련) 113, 114
〈전함 포템킨〉 206
전향 46, 49, 50
〈접속〉 236
정기탁 222
정비석 217
정신(여자고등보통학교) 132
제3세계 178, 179, 183
제국주의 21, 32, 36, 40, 41, 110, 111, 187, 265, 272, 290, 304, 329, 336, 337, 341
제석풀이 251, 252
젠더 135~138, 157, 158, 299, 341
조만식 28
《조선불교유신론》 279, 303, 306
조선영화령 220
《조선일보》 64, 218
조선프롤레타리아예술가동맹 KAPF 197
종교다원주의 265
종교상대주의 265
주세죽 143, 160
주술성 250
주종건 70, 71
중심인물 55~57, 63

〈쥬만지〉 196, 232
지경순 219
지눌 284, 285
지도자 16, 20, 21, 27, 28, 56, 64
지증대사 283
진오귀굿(영혼천도굿) 250
집창촌 89, 92, 95, 96, 102, 120

ㅋ

〈카게무샤〉 174, 175
카스트로, 피델 247
커밍아웃 17, 141
쿠바 247
〈킬 빌〉 171

ㅊ

차베스, 우고 247
채만식 129, 130
청일전쟁 193, 305, 334
총후보국銃後報國 21
최남선 33
최린 144, 161
최선화 124
최옥진 123
최제우 176
최창익 143
최한기 176
추근(감호여협) 136, 137
《춘향전》 132
〈취화선〉 170, 172~176
친일 파시즘 16
〈친절한 금자씨〉 195, 197

ㅌ

탁정식 305
탈민족(주의) 184, 298, 299, 335, 338, 340, 341, 343
탈성매매 94~96, 119
탈식민주의 184
태권도 167~169, 172, 173, 180
태평양전쟁 30, 48
태평양회의(워싱턴 군축회의) 73
태평천국 135, 136, 160
톨스토이, 레프 니콜라예비치 24~26, 31, 34, 42~46
톨스토이주의 19, 26
특수 184, 199, 201, 202, 234
특수성 157, 158, 183, 201, 234, 235, 290, 339

ㅍ

파리강화회의 73
〈파업 전야〉 224
〈패트리어트: 늪 속의 여우〉 234, 235
페미니스트 112, 115~117, 120, 124
페미니즘 144, 158, 160
페티시 클럽 97, 121
폐불훼석 305
폴란드 17, 18, 83
프랑스 혁명 76, 147, 149
프랑크푸르트 학파 207, 230
프로크루스테스의 침대 201
프롤레타리아 149, 150
프롤레타리아 혁명 75, 149

ㅎ

하나부사 요시모토 290
〈하녀〉 177, 178
하화중생 287, 288
한국 영화 167~169, 172, 173, 178, 195, 213, 220, 224, 233~238
한류 176, 179, 191, 193~195, 198~200, 235, 237, 238
〈한반도〉 211, 212
한용운 23, 64, 279, 284, 292~294, 303, 305~307
할리우드 영화 228, 229, 233, 235, 238
함석헌 72, 79, 183
해어화 118
허정숙 143, 158, 159
헤게모니 220, 221, 223, 224, 236, 238
헤겔, 빌헬름 프리드리히 205, 206
현모양처 81, 111, 116, 122, 138, 139, 142, 144, 151, 153, 154, 156, 161, 219, 323
혜심 285
호국불교 286, 294, 298, 301, 302
호르크하이머, 막스 207, 208, 213, 217
홍등부대 135, 136
홍만선 253
활인서 253
황도 33, 341
황도 불교 29, 34, 35
황신덕 138
황우석 34, 35
황인종 단결론 34
후쿠자와 유키치 137, 139, 304

홍사단(운동) 69, 70
힘의 정치 334
〈힘의 찬양〉 20

기타

007시리즈 227, 231
〈2·8 독립선언서〉(2·8독립선언) 42, 292
3·1운동 46, 73, 80, 122, 159, 236, 272, 306
6·25전쟁 249
7월 혁명 149
IMF금융위기 333
〈Mr. 로빈 꼬시기〉 133

길들이기와 편가르기를 넘어

- 2009년 3월 2일 초판 1쇄 발행
- 2014년 6월 3일 초판 5쇄 발행
- 글쓴이　　　박노자 · 허동현
- 발행인　　　박혜숙
- 책임편집　　정호영
- 디자인　　　조현주
- 영업 · 제작　변재원
- 종이　　　　화인페이퍼
- 펴낸곳　　　도서출판 푸른역사
　　　　　　우 110-040 서울시 종로구 통의동 82
　　　　　　전화: 02)720 - 8921(편집부) 02)720 - 8920(영업부)
　　　　　　팩스: 02)720 - 9887
　　　　　　전자우편: 2007history@naver.com
　　　　　　등록: 1997년 2월 14일 제13-483호

ⓒ 박노자 · 허동현, 2014

ISBN   978-89-91510-87-6   03900

· 잘못 만들어진 책은 교환해드립니다.